MedR Schriftenreihe Medizinrecht

Springer-Verlag Berlin Heidelberg GmbH

Arbeitsgemeinschaft Rechtsanwälte im Medizinrecht e.V. (Hrsg.)

Risiko Aufklärung

Schmerzensgeld trotz Behandlungserfolg – Wohin führt die Rechtsprechung?

Schriftleitung
Thomas Ratajczak · Christoph-M. Stegers

Mit Beiträgen von
K.-O. Bergmann, W. Gaus, R. Jungbecker, H. F. Kienzle, R. T. Müller, T. Ratajczak, H. Schünemann, Ch.-M. Stegers

Springer

Arbeitsgemeinschaft Rechtsanwälte im Medizinrecht e.V.
Wegenerstr. 5
D-71063 Sindelfingen

Schriftleitung:

RA Thomas Ratajczak
Wegenerstr. 5
D-71063 Sindelfingen

RA Christoph-M. Stegers
Leopoldstr. 10
D-44147 Dortmund

ISSN 1431-1151
ISBN 978-3-540-41765-1

Die Deutsche Bibliothek – CIP-Einheitsaufnahme
Risiko Aufklärung / Hrsg.: Arbeitsgemeinschaft Rechtsanwälte. Schriftl.: T. Ratajczak ... – Berlin; Heidelberg; New York; Barcelona; Hongkong; London; Mailand; Paris; Singapur; Tokio: Springer, 2001
(MedR, Schriftenreihe Medizinrecht)
ISBN 978-3-540-41765-1 ISBN 978-3-642-56611-0 (eBook)
DOI 10.1007/978-3-642-56611-0

Umschlaggestaltung: Design & Production GmbH Kirchner, Heidelberg
Satz: K+V Fotosatz GmbH, Beerfelden

SPIN 10832132 64/2202-5 4 3 2 1 0 – Gedruckt auf säurefreiem Papier

Vorwort

Referate und Diskussionen auf dem XI. Kölner Symposium der Arbeitsgemeinschaft Rechtsanwälte im Medizinrecht e.V. zum Thema „Risiko Aufklärung - Schmerzensgeld trotz Behandlungserfolg. Wohin führt die Rechtsprechung?“ boten Gelegenheit, theoretische Überlegungen mit praktischen Erfahrungen zu verbinden. Kaum eine ärztliche Aufgabe ist unter Medizinern und Juristen so umstritten, mit Unsicherheiten und Vorurteilen verbunden, wie die seit über 100 Jahren bestehende Pflicht, Patienten über Chancen und Risiken vorgesehener Maßnahmen aufzuklären. Bisweilen gewinnt man den Eindruck, die Anzahl der Publikationen zu diesem Dauerthema verhalte sich umgekehrt proportional zu seiner forensischen Bedeutung. Denn in der Heilwesenhaftpflicht überwiegen die Fälle der Haftung wegen Behandlungsfehler bei weitem diejenigen wegen Aufklärungsversäumnisse. In den Kliniken scheint man insgesamt sensibilisierter zu sein als in den ambulanten Praxen der unter hohem Zeitdruck arbeitenden Human- und Zahnmedizinern. Die Aufklärung des Patienten gehört zum kommunikativen Teil des Arztberufs. Das Leitbild des mündigen Patienten verlangt eine partnerschaftliche, nach Verständigung suchende Arzt-Patienten-Beziehung und kein Subordinationsverhältnis. Der Dauerstreit ist zum Teil zurückzuführen auf die bestehenden Unsicherheiten angesichts einer sich laufend erneuernden Medizin. Im arbeitsteiligen klinischen Alltag reicht der Rekurs auf Topoi wie „Primum nihil nocere“ oder „Im Zweifel: Aufklären!“ kaum. Die Instanzgerichte und der Bundesgerichtshof haben die ärztliche Aufklärungspflicht näher ausgestaltet. Orientierung bieten mitunter ärztliche Leitlinien oder Empfehlungen. Im Brennpunkt stehen jedoch die Urteile der Gerichte mit ihrer weit über den Einzelfall hinausgehenden Bedeutung.

Die Entwicklung der Medizin findet in ihnen mit zeitlichem Abstand ein haftungsrechtliches Korrelat. Diese Rechtsprechung ist in ihrer Gesamtheit für den einzelnen Arzt jedoch nicht immer überschaubar. Für ihn besteht daher das „Risiko Aufklärung“. Die Unsicherheit über Art und Umfang der abverlangten Pflichten begleitet den klinischen Betrieb.

Das Risiko „Aufklärung“ vermögen selbst die beteiligten Haftpflichtjuristen beider Seiten angesichts des „Schweinezyklus in der Aufklärungsrechtsprechung“ (Ratajczak) kaum sicher einschätzen. Um der Entwicklung der Medizin wie den Windungen der Rechtsprechung entsprechen zu werden, stützt sich Patientenaufklärung heute auf Merkblätter, Computerprogramme und vorformulierte Einwilligungen. Jungbecker geht der materiellrechtlichen und beweisrechtlichen Ebene solcher Formulare nach. Sie können ein Aufklärungsgespräch vorbereiten, dienen dabei als Gedächtnisstütze und erleichtern die Dokumentation. Allerdings verstoßen seiner Ansicht nach formularmäßige Einwilligungserklärungen gegen § 11 Nr. 15b des Gesetzes über die Allgemeinen Geschäftsbedingungen.

Müller berichtet über computergestützte Aufklärung, mit der die Entscheidung eines Patienten für oder gegen einen Eingriff bei immer komplexer werdenden medizinischen Abläufen präzise, verständlich, aber auch überschaubar dargestellt werden könne. Das Programm ermöglicht eine Individualaufklärung und Qualität, die mit herkömmlichen Mitteln nicht zu erreichen ist. Denn der aufklärende Arzt muss nicht mehr aus eigenem Wissen alles Wesentliche aufzählen. Vielmehr hat er aus der Zahl der angebotenen Positionen auszuwählen.

Bei Unklarheiten hilft das Studium der Risikobeschreibung im Unterfenster weiter. Eine bildliche Darstellung verdeutlicht den vorgesehenen Eingriff.

Der Medizinstatistiker Gaus liefert einen Beitrag zum Begriff der Wahrscheinlichkeit und relevanten Risiken. Seiner Ansicht nach ist in Medizin und Jurisprudenz die mathematisch-axiomatische Definition der Wahrscheinlichkeit kaum praktikabel.

Die Übertragung des statistischen Begriffs der Wahrscheinlichkeit auf den Einzelfall lehnt er ab und gibt Hinweise, wie man ein publiziertes Risiko auf einen bestimmten Behandlungsfall anwenden kann. Damit bestärkt er gleichzeitig die Unabhängigkeit richterlicher Überzeugungsbildung. Das „Für wahr Erachten“ gemäß §§ 286, 287 ZPO setzt keine bestimmte statistische Wahrscheinlichkeit voraus.

Wie weit juristische Tätigkeit sich in medizinische Abläufe und hypothetische Verhaltensweisen einer Partei hineinzuversetzen hat, zeigt der Beitrag von Schünemann zur Bedeutung des plausiblen Entscheidungskonflikts der Parteien für den haftungsrechtlichen Zurechnungszusammenhang zwischen Aufklärungsmangel und Gesundheitsschaden. Damit die Haftung für Aufklärungsmängel nicht zu einer Haftung für jedweden komplikativen Verlauf wird, hat die Rechtsprechung die Rechtsfigur des „plausiblen Entscheidungskonflikts“ des Patienten eingeführt. Schünemann plädiert dafür, in Fällen nicht nachgewiesener Aufklärung die Grundsätze der Zurechnung nach dem Schutzbereich der Norm anzuwenden. Die Verästelungen der Aufklärungsrechtsprechung könnten selbst von Fachjuristen kaum noch nachvollzogen werden und seien juristisch inkonsequent.

Der Patient werde vor Operationen mit einer Informationsflut belastet, Akte der Beweissicherung seien kautelarjuristisch und in der besonderen Situation der Erkrankung unangebracht.

Die Aufklärungspflichten in der arbeitsteiligen Medizin systematisiert Bergmann. Seiner Ansicht nach sollten die „Richtlinien zur Aufklärung der Krankenhauspatienten über vorgesehene ärztliche Maßnahmen" unter Gesichtspunkten des Risikomanagements fortgeschrieben werden. Die Person des aufklärungspflichtigen Arztes müsse bestimmt werden. Die Richtlinien der Deutschen Krankenhausgesellschaft sollten um den Grundsatz der Mündlichkeit der Aufklärung und einen Hinweis darauf, dass der Arzt im Streitfall die Aufklärung seiner Patienten beweisen müsse, ergänzt werden.

Auf die praktischen Schwierigkeiten, die Anforderungen an die ärztliche Aufklärung im klinischen Alltag sicherzustellen, macht Kienzle aufmerksam. Dies wird das Recht bei der Bewertung nicht außer Acht lassen können.

Der Frage, ob die zivilrechtliche Haftung des Arztes wegen unzureichender Selbstbestimmungsaufklärung auf dem Weg zu einem verschuldensunabhängigen Schadensausgleich ist, geht der Verfasser dieses Vorworts nach. Aufklärung hat sich an den gesicherten Erfahrungen der Medizin einerseits und dem erkennbaren Bedürfnis des Patienten, die Bedeutung eines Risikos zu erfahren andererseits, zu richten. In Fällen, in denen die Fachwelt zwar um das Risiko weiß, die Judikatur hierüber jedoch noch nicht entschieden hat, ist auf die Validität der Risikohinweise und vergleichbare Fälle abzustellen.

Neue Risiken sind unter die allgemeinen höchstrichterlichen Maßstäbe zu subsumieren. Dies kann zu einer Differenzierung und Bildung von verschiedenen und kleineren Verkehrskreisen führen. Solche können sich anlehnen an die Weiterbildungsordnung der Ärztekammern und die sich aus der Versorgungsstufe ergebende Aufgabenstellung des Krankenhauses. Im Einzelfall kann es wegen der ausgeprägten Kasuistik an der Vorhersehbarkeit fehlen. Kann ein Arzt die Risikorealisierung nicht vorhersehen, fehlt es am Verschulden. Dass die Haftung wegen Aufklärungsmangel nicht zur verschuldensunabhängigen Haftung mutiert, bleibt Aufgabe der Rechtspflege.

Der vom OLG Jena (VersR 1999, 86) entschiedene Fall einer Patientin, die nicht hinreichend aufgeklärt worden war, sich aber erwiesenermaßen bei Einhaltung der Aufklärungspflicht hätte operieren lassen und der das Gericht trotz erfolgreicher Behandlung wegen der Verletzung ihrer Persönlichkeit ein - wenn auch gemindertes - Schmerzensgeld zugesprochen hat, war Anlass, Antworten auf die Frage zu suchen, ob jede Aufklärungspflichtverletzung zur Haftung führt oder ob das Recht hierzu ausreichend Korrektive entwickelt habe.

Inzwischen hat der Bundesgerichtshof ein weiteres Korrektiv für die Fälle formuliert, in denen verschwiegenes und eingetretenes Risiko voneinander abweichen. Bei der Prüfung des Zurechnungszusammenhangs hält er offenbar nicht mehr an dem Grundsatz der Unteilbarkeit der Einwilligung fest. Hat sich in einem Streitfall gerade das Risiko verwirklicht, über das aufklärt werden musste und tatsächlich auch aufgeklärt worden ist, so spielt es regelmäßig keine Rolle (mehr), ob bei der Aufklärung auch andere Risiken der Erwähnung bedurften.

Der Patient habe, so der Bundesgerichtshof (BGH, Urt.v.15.02.2000 - VI 48/99 = MDR 2000, 701), in Kenntnis des verwirklichten Risikos eingewilligt. Aus dem Eingriff könne keine Haftung hergeleitet werden. Überlegungen dazu, ob er die Zustimmung bei Hinweis auf ein anderes Risiko möglicherweise versagt hätte, seien „notwendigerweise spekulativ" und können nicht Grundlage für einen Schadenersatzanspruch sein. Damit weist er die in anderem Zusammenhang bemühte Rechtsfigur der „hypothetischen Einwilligung" in die Schranken. Eine abschließende Entscheidung darüber, ob in solchen Fällen eine schwere Persönlichkeitsverletzung Ersatzansprüche auslösen kann, hat das höchste deutsche Zivilgericht allerdings noch nicht gefällt.

Dortmund, im Dezember 2000

Christoph-M. Stegers

Inhaltsverzeichnis

Autorenverzeichnis

Bergmann, Dr. Karl-Otto
Rechtsanwalt und Notar
Schützenstr. 10, 59071 Hamm

Gaus, Prof. Dr. Wilhelm
Universitätsklinikum Ulm
Abteilung Biometrie und Medizinische Dokumentation
Schwabstr. 13, 89075 Ulm

Jungbecker, Dr. Rolf
Rechtsanwalt
Erbprinzenstr. 8, 79098 Freiburg

Kienzle, Prof. Dr. Hans Friedrich
Arzt für Chirurgie, Unfall- u.
Gefäßchirurgie
Städt. Krankenhaus Köln-Holweide
Neufelder Str. 2, 51067 Köln

Makiol, Hans-Joachim
Rechtsanwalt
Erftstr. 78, 41460 Neuss

Müller, Prof. Dr. Reinhold Traugott
Orthopädische Universitätsklinik Essen
Hufelandstr. 55, 45122 Essen

Ratajczak, Dr. Thomas
Rechtsanwalt, Fachanwalt für Sozialrecht
Wegenerstr. 5, 71063 Sindelfingen

Schünemann, Dr. Hermann
Rechtsanwalt
Hannoversche Str. 57, 29221 Celle

Stegers, Christoph-M.
Rechtsanwalt
Leopoldstr. 10, 44147 Dortmund

Der Schweinezyklus in der Aufklärungsrechtsprechung

Thomas Ratajczak

Inhaltsübersicht

I. Einführung

Der Begriff Schweinezyklus kommt aus der Volkswirtschaftslehre. Er bezeichnet die zyklischen Angebots- und Preisschwankungen auf dem Schweinemarkt: ein höherer Marktpreis für Schlachtschweine regt zu gesteigerter Aufzucht an. Das gesteigerte Angebot führt nach der Aufzuchtperiode zu fallenden Preisen und eingeschränkter Produktion. Nach der nächsten Aufzuchtperiode ergibt sich aufgrund des eingeschränkten Angebots wiederum ein Preisanstieg. Der Schweinezyklus gilt als praktisches

Beispiel für eine dynamische Angebotsfunktion und als Anwendungsfall des sog. Cobweb-Theorems[1].

Was hat die Aufklärungsrechtsprechung mit dem Schweinezyklus zu tun? Die Aufklärungsrechtsprechung hat in den letzten vier Jahrzehnten Wandlungen vollzogen, die an das Verhalten von dynamischen Märkten erinnern.

Im folgenden werde ich diese Aussage anhand der Entwicklung der wesentlichen Grundzüge der Aufklärungsrechtsprechung nachvollziehen und darlegen. Die Rechtsprechungsauswahl erfolgte subjektiv einerseits nach der Bedeutung der jeweiligen Fragestellung für die Darlegung des Themas, andererseits nach der Prägnanz der in den Entscheidungen i.S. eines dynamischen Rechtsmarktgeschehens zum Ausdruck gekommenen Entwicklung. Insgesamt wurde eine Auswahl unter mehr als 1.000 Urteilen zur Aufklärungsrechtsprechung getroffen und die Auswahl fast ausschließlich auf die für die sog. Risikoaufklärung relevante Rechtsprechung beschränkt.

II. Ausgangspunkt

Ausgangspunkt der Aufklärungsrechtsprechung ist die Feststellung, dass eine Heilbehandlung, gleichgültig auf welch gutgemeinten Überlegungen sie beruht, nie gegen den Willen bzw. ohne die Einwilligung des Patienten durchgeführt werden darf, ohne Rücksicht darauf, wie unvernünftig die Einwilligungsverweigerung sich für einen "verständigen" Patienten darstellen mag. Ausnahmen hiervon werden grundsätzlich nur bei Minderjährigen und bei in ihrer Fähigkeit zur Entscheidungsfindung eingeschränkten Personen gemacht.

Dieser Grundsatz wurde erstmals in einer 1767 in Sachen Slater v. Baker verkündeten Entscheidung eines englischen Lordrichters niedergelegt[2]. Er wurde vom Reichsgericht 1894 aufgegriffen[3] und vom Bundesgerichtshof fortgeführt. Er ist theoretisch unbestritten. Nur Staatsanwaltschaften und Strafgerichten fällt es mitunter schwer, diesem Grundsatz auch dann Geltung zu verschaffen, wenn das Leben des Patienten unmittelbar bedroht ist.

---

[1] Vgl. Brockhaus, Die Enzyklopädie, 20.A., 1998, Band 19, S. 590

[2] Slater v. Baker 2 Wils 359, 95 ER 860; zitiert nach Giesen, International Medical Malpractice Law, 1988, Rz. 482

[3] RGSt 25, 375 [380 ff.]; s. ferner RG, JW 1933, 2062; RGZ 168, 206; der Ausgangspunkt war insbesondere in der Zeit des Dritten Reiches hoch umstritten; a.A: insbesondere Engisch, Ärztlicher Eingriff zu Heilzwecken und Einwilligung, ZStW 58 (1939), 1 [35]; Eb. Schmidt, Der Arzt im Strafrecht, 1939, S. 91

In der älteren Rechtsprechung sowohl des Reichsgerichts wie des Bundesgerichtshofs wurde dieses Ergebnis damit begründet, dass auch der zu Heilzwecken vorgenommenen Eingriff in die körperliche Integrität des Patienten grundsätzlich den Tatbestand einer rechtswidrigen (strafbaren) Körperverletzung erfüllt und die Rechtswidrigkeit nur durch die **Einwilligung** des Patienten aufgehoben wird (**Rechtfertigungslehre**).[4] In der neueren Literatur wird versucht, von dieser die Einwilligung als Rechtsfertigungsgrund in den Mittelpunkt rückenden Sichtweise etwas wegzukommen und die Einwilligung als Gegengewicht zur medizinischen **Autorität** zu postulieren. Ausgangspunkt für das Einwilligungserfordernis soll der Eingriff in die Patientenautonomie sein. Die durch den Arzt festgestellte medizinische Indikation der Behandlung und die Einwilligung des Patienten sollen ein **Junktim** der ärztlichen Behandlung bilden.[5]

Dieser Schwenk in der Betrachtungsweise hat bis jetzt zu keiner Änderung der Rechtsprechung zur Beweislast geführt. Mit der Qualifizierung der Patienteneinwilligung als Rechtfertigungsgrund ergibt sich zwangsläufig die Beweislast der Arztseite als derjenigen, die sich auf die Rechtfertigung beruft, schon nach allgemeinen Beweislastgrundsätzen.[6] Mit der Qualifizierung als Tatbestandsmerkmal der Verletzung der Patientenautonomie müsste der Patient den Aufklärungsmangel beweisen.[7]

III. Umfang der Aufklärung

Die Rechtsprechung hat sich im Laufe der Jahre sehr kontrovers mit dem Umfang der Aufklärung beschäftigt. In einer Entscheidung aus dem Jahre **1957** differenzierte das OLG Stuttgart den Umfang der Aufklärungspflicht nach der Gefährlichkeit der Operation[8]:

Ist die Gefährlichkeit der Operation als erheblich zu beurteilen, muss eine weitgehende Aufklärungspflicht angenommen werden.

In einer Entscheidung aus dem Jahre **1971** präzisierte der Bundesgerichtshof diese Auffassung und postulierte, dass die rechtfertigende Einwilligung des Patienten in erster Linie das Wissen um die **Art des Eingriffs** zur Voraussetzung habe. Es müsse dazu dem Patienten in einer seinem Verständnisvermögen angepassten Weise der Eingriff so erläutert werden, dass er - wenn auch nur im großen und ganzen - wisse, worin er einwillige.

---

[4] Vgl. RGZ 168, 206; BGHSt 11, 111; BGH, NJW 1979, 1933

[5] Vgl. Steffen/Dressler, Arzthaftungsrecht, 8. A. 1999, Rz. 321 mwN.

[6] Vgl. Laufs in Laufs/Uhlenbruck, Handbuch des Arztrechts, 2. A., 1999, § 63 Rz. 3

[7] S. zu diesem Aspekt Stegers, in diesem Band

[8] OLG Stuttgart, AHRS 4510/1

Hinsichtlich Folgeschäden meint der Bundesgerichtshof, dass die Aufklärung

unter Umständen auch den Hinweis mit dem Eingriff nicht beabsichtigter, aber durch ärztliche Kunst nicht sicher vermeidbare Folgeschäden, für welche eine mehr oder minder große, dem medizinischen Laien aber aus der Art des Eingriffs nicht schon ohne weiteres ersichtliche Möglichkeit

bestehe, umfasse[9].

In einer Entscheidung aus dem Jahre **1979** hat der Bundesgerichtshof diese Rechtsprechung präzisiert und ausgeführt, dass sich der Arzt *"bei der Aufklärung über Natur und Risiko dieses Eingriffs im allgemeinen kurzfassen"* könne. Es würde in der Regel genügen, *"wenn er sich davon überzeugt, dass der Patient nicht direkt davon ausgeht, dass dieser Eingriff gegen seine Alltäglichkeit ganz ungefährlich sei".*[10]

Diese aus heutiger Sicht sehr gemäßigten Anforderungen an die Aufklärung wurden in einer Entscheidung des OLG Schleswig aus dem Jahre **1981** fortgeführt. Das OLG betont darin, dass

grundsätzlich der Arzt im Rahmen der Risikoaufklärung lediglich dazu verpflichtet [ist], auf die möglichen Gefahren einer geplanten Behandlung hinzuweisen, die ein verständiger Patient unter Berücksichtigung seiner körperlichen Beschaffenheit und seiner sonstigen Situation für die Entscheidung oder die Einwilligung als bedeutsam ansehen würde.

Das OLG betonte, einer weiteren Entscheidung des BGH aus dem Jahre 1979 folgend,

dass nachträgliche Aufklärungsrügen nicht als Vorwand dazu verwendet werden [dürfen], das Risiko unvermeidbarer Fehlschläge einer lege artis durchgeführten Operation auf den Arzt zu überbürden.[11]

In der frühen Rechtsprechung des Bundesgerichtshofs hat der **verständige** Patient eine große Rolle gespielt. So heißt es in einem Urteil aus dem Jahre **1958**, dass die

Aufklärung des Patienten über mögliche schädliche Folgen einer vorgesehenen Operation oder Heilbehandlung <u>nicht</u> erforderlich [ist], wenn die Schäden nur in äußerst seltenen Fällen auftreten und anzunehmen ist,

---

[9] BGH, AHRS 5350/3 = Ratajczak/Stegers, Medizin-Haftpflichtschäden, 1989, Rz. 807
[10] BGH, AHRS 4280/3 = Ratajczak/Stegers, a.a.O., Rz. 489
[11] OLG Schleswig, VersR 1982, 378 = Ratajczak/Stegers, a.a.O., Rz. 583; BGH, NJW 1979, 1933 = Ratajczak/Stegers, a.a.O., Rz. 824

dass sie bei einem verständigen Patienten für seinen Entschluss, in die Behandlung einzuwilligen, nicht ernsthaft ins Gewicht fallen.[12]

Das LG Frankfurt/M. hat in einem Urteil aus dem Jahre **1958** eine Abwägung vorgenommen zwischen den Vor- und Nachteilen des Eingriffs und eine Aufklärungspflichtverletzung verneint, *"wenn ohne die Behandlung die wirtschaftlichen und körperliche Nachteile für den Patienten noch größer gewesen wären".*[13] In der gleichen Entscheidung hat der Bundesgerichtshof betont, dass der Umfang der Aufklärungspflicht nur nach den Umständen des Einzelfalles beurteilt werden könne.

Auf die reine Vernunft des Patienten vertraute der Bundesgerichtshof aber auch damals nicht. Drohte der Patient sich unvernünftig zu verhalten, verlangt der Bundesgerichtshof in einer Entscheidung aus dem Jahre **1959**, dass dem Patienten

die Schwere und Lebensgefährlichkeit seiner Erkrankung (hier: Krebsdiagnose) zu eröffnen [sei], wenn nur so seine Einwilligung in die Behandlung (hier: Strahlentherapie) erreicht werden könne.[14]

Der Bundesgerichtshof bejaht hier die Pflicht, auf den Kranken im Sinne eines vernünftigen Verhaltens einzuwirken. Nimmt der Arzt diese Einwirkungspflicht sehr ernst, kann ihm dies aufklärungsrechtlich zum Nachteil geraten.

In einem Urteil aus dem Jahre **1994** hat der Bundesgerichtshof die Pflicht, auf den Patienten, der die Behandlung ablehnt, mit dem Ziel einzuwirken, ihn zu einem medizinisch vernünftigen Verhalten zu bewegen, mit erhöhten Anforderungen für den Arzt belegt, der einen die Behandlung ablehnenden Patienten doch zum Eingriff überreden konnte und verlangt, dass an den Beweis der Behauptung des Arztes, dass sich der Patient auch bei ordnungsgemäßer Aufklärung zu dem vorgenommenen Eingriff entschlossen hätte, besonders hohe Anforderungen zu stellen sind, wenn der Patient sich nach zunächst erfolgter Ablehnung des Eingriffs erst dazu bereitgefunden habe, nachdem der Arzt (im Sinne einer vernünftigen Entscheidung) auf ihn eingewirkt habe.[15]

1968 begann der Bundesgerichtshof eine Abkehr von den bis dahin "moderaten" Anforderungen an die Aufklärung. Bei Operationen, die nicht der Abwendung einer akuten Gefahr für die Gesundheit des Patienten die-

---

[12] BGH, AHRS 4680/2
[13] Vgl. LG Frankfurt/M., AHRS 0180/2, 5450/2
[14] BGH, AHRS 4150/1, 4730/1 = Ratajczak/Stegers, a.a.O., Rz. 809
[15] BGH, AHRS 1050/128

nen, sondern nur zu einer Besserung seines Zustandes führen sollen, seien an die Aufklärungspflicht des Arztes *"strenge Anforderungen"* zu stellen.[16]

1971 hat der Bundesgerichthof sich bemüht, diese Rechtsprechung wieder etwas zu reduzieren. Er betont erneut, dass der Patient *"wenn auch nur im großen und ganzen"* wissen müsse, worin er einwillige. Eine in dieser Sicht sachgemäße Aufklärung umfasse *"unter Umständen"* auch den Hinweis auf mit dem Eingriff nicht beabsichtigte, aber durch ärztliche Kunst nicht sicher vermeidbare Folgeschäden, für welche eine mehr oder minder große, dem medizinischen Laien aber aus der Art des Eingriffs nicht schon ohne weiteres ersichtliche Möglichkeit bestehe[17]. In einer weiteren Entscheidung aus dem Jahre 1971 knüpft der BGH an frühere Rechtsprechung an und beginnt einen Entscheidungsweg, der die Anforderungen an die Risikoaufklärung mit der Dringlichkeit des Eingriffs und damit mit der medizinischen Indikation verknüpft. Je weniger der Eingriff aus der Sicht eines vernünftigen Patienten vordringlich oder geboten erscheine, um so weitgehender sei der Patient über die Möglichkeit schädlicher Folgen des Eingriffs aufzuklären[18]. Diese Rechtsprechung verdichtet sich einerseits im akuten Notfall auf den Bereich der mutmaßlichen Einwilligung, also dem unter Umständen vollständigen Verzicht auf die Aufklärung und im Bereich der rein kosmetischen Operationen auf die Verpflichtung zur schonungslosen Aufklärung, der sogenannten Brutalaufklärung.

1975 hat der Bundesgerichtshof seine Aufklärungsrechtsprechung differenziert nach *"Intelligenz und Bildungsgrad des Patienten sowie dessen Erfahrungen aus der Krankenvorgeschichte"*. Das Wissen um diese Umstände befreie den Arzt zwar nicht von einer Aufklärung über die Risiken der Operation, sofern er nicht die Gewissheit habe, dass der Patient schon von anderer Seite hinreichend aufgeklärt worden sei. Wohl aber könnten diese Umstände auf Art und Intensität der unumgänglichen Aufklärung nicht ohne Einfluss bleiben. Im konkreten Fall hat der Bundesgerichtshof dem klagenden Patienten *"im Gegensatz zu einem geistig einfachen und der Materie ganz fremd gegenüberstehenden Patienten"* vorgehalten, dass ihm zuzumuten gewesen sei, *"durch Fragen selbst auf eine Vervollständigung der Belehrung hinzuwirken"*.[19]

1978 modifizierte der Bundesgerichtshof die Intensität der vor einem operativen Eingriff erforderlichen Aufklärung zusätzlich nach der zeitlichen Notwendigkeit der Operation. Im konkreten Fall ging es um die Mittelohroperation bei einem Kleinkind, die nach Auffassung der Gerichte sachlich und zeitlich absolut indiziert gewesen sei. In einem solchen Fall

---

[16] BGH, AHRS 4510/3

[17] BGH, AHRS 5350/3 = Ratajczak/Stegers, a.a.O., Rz. 867

[18] BGH, AHRS 3110/5, 4550/1 = Ratajczak/Stegers, a.a.O., Rz. 810

[19] BGH, AHRS 1220/18, 5350/5 = Ratajczak/Stegers, a.a.O., Rz. 702

hält der Bundesgerichtshof die Aufklärung der Eltern über das Risiko einer Durchtrennung N. facialis als *"verhältnismäßig geringes Operationsrisiko"* für entbehrlich[20].

In einer Entscheidung aus dem Jahre **1979** sekundiert das OLG München den geringe Anforderungen stellenden Entscheidungen der früheren Rechtsprechung des BGH und meint, dass vor der Entfernung eines Ganglions im Bereich der linken Kniekehle der Arzt seiner Aufklärungspflicht genüge, wenn er dem Patienten den Operationsablauf erkläre und ihn darüber informiere, dass es sich nicht um eine große Operation handele und diese keine besonderen Risiken enthalte. Auf das allgemeine Thrombose- und Embolierisiko müsse er ohne Nachfrage nicht hinweisen.[21]

Strengere Anforderungen wollte der Bundesgerichtshof in einer weiteren Erscheinung aus dem Jahre **1979** nur bei diagnostischen Eingriffen ohne therapeutischen Eigenwert stellen. Zur Begründung führte er aus, dass es gelte, insbesondere *"diagnostische Perfektionismus oder gar wissenschaftliche Neugier"* vorzubeugen. Er warnte allerdings davor, hier undifferenziert vorzugehen. Auch rein diagnostische Eingriffe könnten mitunter vital oder bedingt vital indiziert sein.[22]

In einer Entscheidung vom Oktober **1979** führt der Bundesgerichtshof schließlich aus, dass sich der Arzt bei der Aufklärung über Natur und Risiko im allgemeinen kurz fassen könne. Es werde in der Regel genügen, wenn er sich davon überzeuge, dass der Patient nicht direkt davon ausgehe, dass dieser Eingriff wegen seiner Alltäglichkeit ganz ungefährlich sei.[23]

Ab **1980** ändert sich diese Beurteilung des Bundesgerichtshofs. Die Anforderungen an die Aufklärungen werden zunehmend verschärft bis zu der bekannten Impfarztentscheidung aus dem Jahre 1994.

In einer Entscheidung vom 23.9.**1980** hat der Bundesgerichtshof die Anforderungen an die Aufklärung stark angezogen. Es ging um eine zweifelhafte Operationsindikation mit hohem Misserfolgsrisiko. Für diesen Fall gab der Bundesgerichtshof vor, dass hier nicht *"nur eine kurze Schilderung der Operationsablaufs und die unmissverständliche Aufklärung darüber, dass ernsthaft mit einem Fehlschlag der Operation zu rechnen"* sei, genüge. Dem Patienten müsse vielmehr zunächst *"klar gesagt werden, welche Unannehmlichkeiten und Schmerzen er auf sich"* nehme, *"welche Heilungskomplikationen eintreten können und wie langwierig und schmerzhaft ggf. deren Beseitigung sein"* könne. Vor allem dürfe ihm nicht verschwiegen werden *"dass es, wenn auch in sehr seltenen Fällen, im Ergebnis zu*

---

[20] BGH, AHRS 2520/5, 5510/8 = Ratajczak/Stegers, a.a.O., Rz. 891

[21] OLG München, AHRS 4265/14, 4959/2 = Ratajczak/Stegers, a.a.0., Rz. 530; NA-Beschluss BGH vom 20.11.1979 – VI ZR 82/79 -

[22] BGH, AHRS 455/2 = Ratajczak/Stegers, a.a.O., Rz. 829

[23] BGH, AHRS 4280/3 = Ratajczak/Stegers, a.a.O., Rz. 489

einer Verschlechterung des vor der Operation bestehenden Zustandes kommen kann, wenn solche Risiken bestehen".[24]

In einer knapp fünf Monate später verkündeten Entscheidung aus dem Jahre **1981** präzisierte der Bundesgerichtshof seine Anforderungen. Es bedürfe in einem solchen Fall

einer detaillierten, für die medizinischen Laien verständlichen Darlegung des Für und Wider, um sicher zu gehen, dass sich der Patient über die Erfolgschancen der geplanten Operation und über das, was er im Falle eines Fehlschlag unter Umständen auf sich nehmen muss, keine Illusionen macht.[25]

Das OLG Celle versuchte in einer Entscheidung vom 15.6.**1981**[26] dieser Entwicklung entgegenzusteuern und betont:

Es gehört zu den hohen Berufspflichten des Arztes, nicht nur zu heilen, sondern auch **Trost** zu spenden, den Genesungswillen des Kranken, diesen wichtigen Heilungsfaktor, nicht zu lähmen, sondern zu stärken und dem Patienten nicht in unnötige Ängste zu versetzen. Der Arzt muss deshalb auch Rücksicht nehmen auf die psychosomatische Ausnahmesituation, in der sich der schwer erkrankte Patient gerade während des Klinikaufenthalts regelmäßig befindet, und darf diesen Patienten nicht über sein Krankheitsleid hinaus seelisch unnötig belasten und dadurch den Kranken womöglich von der Einwilligung in eine dringend gebotene Behandlung abschrecken. Die Aufklärung darf deshalb nicht uferlos werden. Maßstab für ihren Umfang muss bleiben, was nach einer vorausschauenden Betrachtung ein verständiger Patient in einer konkreten Situation unter Berücksichtigung der Dringlichkeit der Indikation vermutlich wissen möchte, um seine Entscheidung für oder gegen die ihm angeratene Behandlung treffen zu können. Solange kein anderes Wissensbedürfnis des Patienten für den Arzt erkennbar ist, kann er sich auf die Mitteilung derjenigen Risiken beschränken, die unter Berücksichtigung der Umstände des Einzelfalls ernsthaft im Bereich des möglichen liegen und die ihm deshalb auch aufgrund seines Fachwissens präsent vor Augen stehen müssen. Dagegen ist der Arzt nicht verpflichtet, sich etwa generell auf das Informationsbedürfnis eines besonders ängstlichen, misstrauischen oder neugierigen Patienten einzustellen, oder sich zunächst in der Fachliteratur darüber zu unterrichten, mit welchen fernliegenden Risiken die Behandlung unter Umständen auch noch verbunden sein könnte. Auf Behandlungsalternativen braucht der Arzt nur dort hinzuweisen, wo sie aus medizinischer Sicht ernsthaft in Betracht zu ziehen sind. In diesem Fall darf er sich nicht darauf beschränken, dem Patienten nur das Für und Wider der einen und der

---

[24] BGH, AHRS 5350/7 = Ratajczak/Stegers, a.a.O., Rz. 533
[25] BGH, AHRS 5350/8
[26] OLG Celle, AHRS 4730/4a

anderen Behandlungsart vorzustellen und sodann um die Entscheidung des Patienten zu bitten. Das hieße, den Patienten ratlos zu lassen. Es ist gerade die Pflicht des Arztes, diejenige Behandlungsart, die er aus ärztlichem Gewissen für die bestgeeignete hält, dem Patienten auch zu empfehlen und dabei Entscheidungshilfen zu geben, deren die meisten Patienten dringend bedürfen und diese in der Regel auch dankbar annehmen.

Der Bundesgerichtshof hat die dagegen eingelegte Revision durch Beschluss vom 21.9.**1982** zwar nicht zur Entscheidung angenommen, aber entgegen seiner sonstigen Gepflogenheiten in einem ausführlichen Beschluss die Gründe hierfür dargelegt und insbesondere klargestellt, dass er mit dieser Auffassung des OLG Celle nicht einig sei.[27]

Auch das OLG Schleswig erkannte offenbar die Bedenklichkeit der Entwicklung und entschied am **8.5.1981**[28]:

Grundsätzlich ist der Arzt im Rahmen der Risikoaufklärung lediglich dazu verpflichtet, auf die möglichen Gefahren einer geplanten Behandlung hinzuweisen, die ein verständiger Patient in dieser Lage unter Berücksichtigung seiner körperlichen Beschaffenheit und seiner sonstigen Situation für die Entscheidung oder die Einwilligung als bedeutsam ansehen würde. Nach den von der Rechtsprechung auf der Grundlage dieses Prinzips entwickelten Kriterien sind für den Umfang der Aufklärung die Dringlichkeit des Eingriffs sowie das Risiko der eingetretenen Komplikation maßgeblich. Bei der nach diesen Kriterien erforderlichen wertenden Beurteilung, ob der Arzt seiner Aufklärungspflicht genügt hat, ist zu berücksichtigen, dass nachträgliche Aufklärungsrügen nicht als Vorwand dazu verwendet werden, das Risiko unvermeidbarer Fehlschläge eine lege artis durchgeführten Operation auf den Arzt zu überbürden.

In dieselbe Richtung geht noch die Entscheidung des OLG Hamm vom 15.3.**1982**[29]:

Die Aufklärung ist genügend, wenn dem Patienten in einer ihm verständlichen Sprache die Komplikationsmöglichkeiten erläutert werden und es keine Hinweise darauf gibt, dass der Patient nicht verstanden hat, um welche Gefahren es geht. Zwar ist die Einwilligung des Patienten in einen Heileingriff eine Willenserklärung. Aus diesem Umstand darf aber nicht geschlossen werden, dass der Arzt auch ein ihm nicht erkennbares Risiko zu tragen hat, das darin besteht, dass der Patient entgegen dem äußeren Anschein die Äußerungen des Arztes über die Risiken eines Eingriffs nicht verstanden hat.

---

[27] NA-Beschluss BGH vom 21.9.1982 – VI ZR 192/81 -, AHRS 4730/4b
[28] OLG Schleswig, VersR 1982, 378 = Ratajczak/Stegers, a.a.O., Rz. 583
[29] OLG Hamm, AHRS 5350/10, 6450/14

Nachdem die Tendenz des Bundesgerichtshofs, die Aufklärungspflichten auszuweiten klargeworden war, hat das OLG Oldenburg am 4.11.**1983** für eine Stellatumblockade gefordert, dass der Patient auch über die Einzelheiten der Ausführungsart der vorgeschlagenen Injektion zu unterrichten ist[30].

Das OLG Düsseldorf hat am 15.12.**1983** die Verpflichtung bejaht, den Patienten über Behandlungsmöglichkeiten in Spezialkliniken zu unterrichten, wenn der Eingriff dort *"deutlich risikoloser"* durchgeführt werden könne[31].

Die mit der vorstehend zitierten Entscheidung des OLG Düsseldorf eingeleitete Tendenz, die Aufklärungspflicht über Spezialkliniken zu begründen, hat der Bundesgerichtshof mit Urteil vom 28.2.**1984** zu dämpfen versucht. Es ging dabei um die Frage, ob der Patient zu einer am behandelnden Krankenhaus nicht möglichen Untersuchung mit dem damals neuen Computertomographen an eine Spezialklinik überwiesen (Behandlungsfehlervorwurf) bzw. ob er über die Möglichkeit zumindest aufgeklärt werden musste. Der Bundesgerichtshof hat beides verneint und ausgeführt, dass der Patient nicht über *"die neuesten Erkenntnisse der medizinischen Wissenschaft und über solche Diagnose- und Behandlungsmöglichkeiten, die erst in wenigen Spezialkliniken erprobt und durchgeführt werden"* aufgeklärt werden müsse, sofern das Krankenhaus bzw. der behandelnde Arzt davon ausgehen dürfen, *"das der personelle und apparative Standard ausreicht, um den Patienten medizinisch zu versorgen".*[32]

Am 7.2.**1984** führt der Bundesgerichtshof seine Verschärfung der Anforderung in zwei Entscheidungen fort. Er betont, dass es nicht Aufgabe der Aufklärung sei, *"dem Patienten auch die entferntesten Möglichkeiten eines ungünstigen Behandlungsverlaufs im einzelnen so darzustellen, dass der Patient dem Behandlungsrisiko einen viel höheren Stellenwert beimisst, als dem Risiko in Wirklichkeit zukommt"*[33].Was der Bundesgerichtshof unter "entferntesten Möglichkeiten" versteht, ist bis heute ungeklärt; denn in der konkreten Entscheidung ging es um die Bestrahlungsbehandlung bei Morbus Hodgkin, die als vital indiziert angesehen wurde. Der Arzt hatte den Patienten nicht über das strahlenbedingte Risiko von Lähmungserscheinungen im Bereich der Wirbelsäulen aufgeklärt, auch wenn zu diesem Zeitpunkt nach den Feststellungen in der Entscheidung des Bundesgerichtshofs die genaue Verlaufskette zwischen Bestrahlung und Querschnittsyndrom der medizinischen Wissenschaft noch unbekannt und lediglich bekannt war, dass ein solcher Zusammenhang besteht. Die mittle-

---

[30] OLG Oldenburg, VersR 1985, 274 = Ratajczak/Stegers, a.a.O., Rz. 759

[31] OLG Düsseldorf, MedR 1985, 85 [87]

[32] BGH, MedR 1984, 230 = Ratajczak/Stegers, a.a.O., Rz. 269

[33] BGH, AHRS 4730/5 = Ratajczak/Stegers, a.a.O., Rz. 799

re Lebenserwartung ohne Bestrahlung wird im Urteil von dem Patienten mit 3,2 Lebensjahren angegeben.

In einer weiteren Entscheidung vom 7.2.**1984** hat der Bundesgerichtshof die Einwilligung in einen Diagnoseeingriff für unwirksam erklärt, weil der Patient nicht darüber aufgeklärt worden war, dass er dabei ggf. erhebliche Schmerzen erleiden müsse.[34]

Diese beiden Entscheidungen haben zu erheblicher Unruhe unter den Ärzten gesorgt. Mit Urteil vom 26.2.**1985** versuchte der Bundesgerichtshof, die Entwicklung etwas zu beruhigen und betonte, dass *"nicht über jede schädliche Nebenwirkung aufzuklären ist"*. Es genüge eine Aufklärung im großen und ganzen. Indessen seien dem Patienten

stets solche Risiken von Gewicht mitzuteilen die speziell dem geplanten Eingriff anhaften und von denen der Arzt nicht annehmen kann, dass der Patient mit ihnen rechnet und sie bei seiner Entscheidung, ob er in die Operation einwilligen will, berücksichtigen kann. Aufklärungspflichtig sind auch mögliche Komplikationen, die nur selten aufzutreten pflegen, aber erheblich die körperliche Empfindlichkeit des Patienten belasten können.[35]

Im Gefolge dieser Beruhigungsversuche hat der Bundesgerichtshof am 19.11.**1985** entschieden, dass der Arzt mit dem Hinweis, es werde *"besser operiert"*, seiner Aufklärungspflicht genüge, wenn die Heilungschancen bei einer operativen Versorgung der Fraktur deutlich besser seien als bei konservativer Behandlung, sofern der Patient keine weiteren Fragen stelle.[36]

Vom selben Jahr (20.6.**1985**), wenn auch erst sehr viel später veröffentlicht, stammt aber eine Entscheidung des OLG Düsseldorf, die den Aufklärungsbedarf stark ausgedehnt hat. Zum ersten Mal wurde von einem Arzt verlangt, bei schwerwiegenden Eingriffen mit erheblichen Risiken über seinen **konkreten Erfahrungsstand** mit Operationen dieser Art aufzuklären, wenn für den Patienten die konkrete Möglichkeit bestehe, den Eingriff deutlich risikoloser durch einen anderen Arzt in einer anderen Klinik durchführen zu lassen.[37]

Demgegenüber bemüht sich das OLG Hamburg in einer Entscheidung vom 17.1.**1986**, die Anforderungen an die Aufklärung zurückzuschrauben und verlangt vor der Injektion einer schmerzstillenden Kortisonspritze bei

---

[34] BGH, MedR 1984, 227 = Ratajczak/Stegers, a.a.O., Rz. 799

[35] BGH, MedR 1985, 173 = Ratajczak/Stegers, a.a.O., Rz. 936

[36] BGH, AHRS 4400/5, 5000/12 = Ratajczak/Stegers, a.a.O., Rz. 577

[37] OLG Düsseldorf, VersR 1987, 161 = Ratajczak/Stegers, a.a.O., Rz. 259, 701

Hexenschuss nur, dass der Patient darüber aufgeklärt wird, dass man ihm jetzt Kortison indizieren und alsbald er beschwerdefrei sein werde.[38]

IV. Komplikationshäufigkeit

Die Entwicklung der Aufklärungsrechtsprechung war begleitet von einer Diskussion um die Bedeutung der Komplikationshäufigkeit.

In einer Entscheidung aus dem Jahre **1951** bejahte der Bundesgerichtshof eine Aufklärungspflicht vor der damals in der Psychiatrie beliebten Elektroschocktherapie angesichts eines angenommenen Risikos von 7 % (etwa 1:14).[39]

1961 hatte der Bundesgerichtshof eine Aufklärungspflicht bei einem Risiko von **1: 50 - 1:100** noch verneint.[40] In einer weiteren Entscheidung aus diesem Jahr zu einer Kropfoperation hat der Bundesgerichtshof aber erstmals angedeutet, dass er die Anforderungen an die Risikoaufklärung nicht so sehr nach allgemeinen Feststellungen über die Komplikationshäufigkeit richten will; es komme vielmehr auf den voraussichtlichen Verlauf gerade im einzelnen Falle an.[41]

In einer Entscheidung vom 16.11.**1971** hat der Bundesgerichtshof erstmals es für denkbar angesehen, über die Möglichkeit schädlicher Folgen einer Strahlenbehandlung aufzuklären, auch wenn die Komplikationsdichte unter 1:100 lag.[42] In dieser Entscheidung greift der Bundesgerichtshof auch den Hinweis aus seinem vorstehend zitierten Urteil aus dem Jahre 1961 auf und betont im folgenden nun ständig, dass es für die Frage, ob der Patient über ein Risiko aufgeklärt werden müsse, nicht allein auf die erfahrungsgemäß zu befürchtende Komplikationsdichte ankomme, sondern auf das Gewicht, das mögliche, nicht ganz außerhalb der Wahrscheinlichkeit liegende Risiken für den Entschluss des Patienten haben können, in die Operation einzuwilligen.[43]

Das OLG Frankfurt hat am 10.7.**1972** die Aufklärungspflicht über das Zwischenfallrisiko bei abdominalen Aortographien und angesichts einer durchschnittlichen Komplikationshäufigkeit von etwa **1:100** die Verpflichtung zum Hinweis auf ernsthafte Risiken bejaht.[44]

---

[38] OLG Hamburg, AHRS 270/4, 4650/11; NA-Beschluss BGH vom 3.2.1987 – VI ZR 29/86 -

[39] BGH, NJW 1956, 1106 = Ratajczak/Stegers, a.a.O., Rz. 786

[40] BGH, VersR 1961, 725

[41] BGH, NJW 1961, 2203 = Ratajczak/Stegers, a.a.O., Rz. 916

[42] BGH, VersR 1972, 153 = Ratajczak/Stegers, a.a.O., Rz. 810

[43] Vgl. z.B. BGH, NJW 1980, 1905 = Ratajczak/Stegers, a.a.O., Rz. 892

[44] OLG Frankfurt, AHRS 4710/3

Der Bundesgerichtshof hat in einer Entscheidung vom 4.11.**1975** die Komplikationsmarge, die aufzuklären ist, auf eine Zwischenfallhäufigkeit von **1:1.000** bzw. **1:2.000** bezogen und dabei von *"extrem seltenen Zwischenfallrisiken"* gesprochen.[45]

Dies hat das OLG Karlsruhe in einer Entscheidung vom 21.9.**1978** aufgegriffen und im konkreten Fall die Aufklärungspflicht bei einem Risiko von **1:1000** vereint[46]. Das OLG differenziert dabei nach der Art der Behandlungsindikation.

Das OLG Frankfurt hat mit Entscheidung vom 22.9.**1978** eine Komplikationsdichte von 5 bis 10 % (**1:10 - 1:20**) für eine N. ulnaris-Verletzung bei Entfernung eines Grützbeutels als aufklärungspflichtig angesehen[47].

In einem Urteil vom 22.4.**1980** hält der Bundesgerichtshof eine Komplikationsdichte von **1:2000** für aufklärungspflichtig, wobei er darauf abhebt, dass der Sachverständige angegeben hat, er pflege vor Operationen im Mittelohr auf die Möglichkeit der Beschädigung des Gesichtsnervs hinzuweisen.[48]

In einer Entscheidung vom 15.6.**1981** geht der Bundesgerichtshof eine halbe 10er-Potenz höher und hält ein Risiko von **1:10.000** für die Schädigung des Armplexus nach Strahlenbehandlung nach Mammakarzinom für aufklärungspflichtig.[49]

Mit dieser Entscheidung begann ein stetiger Verfall der Anforderungen hinsichtlich der Häufigkeit von Nebenwirkungen, wobei gleichzeitig betont wird, dass der Komplikationsdichte allein kein entscheidendes Gewicht zukommen solle.[50]

Das OLG Düsseldorf befasst sich in einer Entscheidung vom 20.10.**1988** noch mit Zwischenfallrisiken von 1:1.000 bzw. 1:2.000 und bejaht grundsatzlich eine Aufklärungspflicht.[51]

In einer Entscheidung vom 14.12.**1988** prüft das OLG Schleswig, ob es angehen kann, dass angesichts einer Komplikationsrate von nur **1:1.000.000 von bis 1:2.000.000** (hier: Risiko einer Schädigung der Arteria vertebralis bei einer chirotherapeutischen Behandlung an den beiden oberen Halswirbeln) eine Aufklärungspflicht anzunehmen ist und hält bei

---

45 BGH, AHRS 1220/18, 5350/5 = Ratajczak/Stegers, a.a.O., Rz. 702

46 OLG Karlsruhe, AHRS 2750/6, 5100/4

47 OLG Frankfurt/M. AHRS 4320/1 = Ratajczak/Stegers, a.a.O., Rz. 927

48 Vgl. z.B. BGH, NJW 1980, 1905 = Ratajczak/Stegers, a.a.O., Rz. 892

49 BGH, AHRS 4730/4

50 BGH, NJW 1971, 1887 = Ratajczak/Stegers, a.a.O., Rz. 687; BGH, NJW 1977, 337 = Ratajczak/Stegers, a.a.O., Rz. 890; BGH, NJW 1984, 1395 = Ratajczak/Stegers, a.a.O., 617, OLG Karlsruhe, VersR 1989, 1053

51 OLG Düsseldorf, VersR 1989, 290

einer solchen Komplikationsdichte sowohl eine Aufklärungspflicht für *"sehr zweifelhaft"* wie auch das Verschulden des Arztes *"für fraglich"*.[52]

Der Versuch des OLG Frankfurt, dieser Entwicklung etwas gegenzusteuern, wurde vom Bundesgerichtshof gestoppt. Mit Urteil vom 21.9.**1989** hat das OLG Frankfurt das Risiko einer Darmoperation anlässlich der Entfernung eines Polypen an der Darmwand bei weniger als ein Promille für nicht aufklärungspflichtig erachtet. Die dagegen eingelegte Revision hat der Bundesgerichtshof zwar nicht zur Entscheidung angenommen aber auch hier als eine Begründung abgeliefert, dass diese Rechtsauffassung des OLG auf Bedenken stoße.[53]

Am 27.9.**1989** hat das OLG Bremen bei einer chiropraktischen Behandlung an der Halswirbelsäule das Risiko einer Intimaverletzung (**1:400.000**) für aufklärungspflichtig angesehen[54].

Mit Entscheidung vom 7.7.**1992** unterstrich der Bundesgerichthof dieser Rechtsauffassung unter Rückgriff auf eine Entscheidung vom 7.2.1984[55], wonach nicht die Komplikationsdichte von Relevanz ist. Der Patient sei auch über sehr seltene Risiken aufzuklären, wenn sie im Falle ihrer Verwirklichung die Lebensführung des Patienten schwer belasten.[56] Diese Vorgabe wurde von nun an von den Gerichten befolgt.

In einer Entscheidung vom 2.11.**1993** hält der Bundesgerichtshof das mit einem Risiko von ca. **1:5000** verbundene Risiko einer Erblindung nach einem endonasalen Siebbeineingriff für aufklärungspflichtig.[57]

Den Gipfelpunkt und auch theoretischen Endpunkt der bisherigen Entwicklung stellt die Entscheidung des für Amtshaftpflichtsachen zuständigen III. Zivilsenates des BGH vom 7.7.**1994** dar. Der Bundesgerichtshof hielt eine Impfärztin für verpflichtet, über das mit **1:15.500.000** angesetzte Ansteckungsrisiko für besonders gefährdete Kontaktpersonen bei einer staatlichen Schutzimpfung gegen Kinderlähmung unter Verwendung von Lebendviren hinzuweisen.[58]

Das Urteil ist viel und auch zu Recht kritisiert worden.[59] Die Kritik ist grundlegend und auch mit Anlass für das Symposium der Arbeitsgemeinschaft Rechtsanwälte für Medizinrecht 1999 geworden. Mühlendahl weist

---

52 OLG Schleswig, AHRS 4255/1, 2335/1

53 OLG Frankfurt/M. VersR 1991, 185; NA-Beschluss BGH vom 3.7.1990 – VI ZR 302/89

54 OLG Bremen, AHRS 4255/2; NA-Beschluss BGH vom 9.10.1990 – VI ZR 1/89 -

55 MedR 1985, 224 = Ratajczak/Stegers, a.a.O., 799

56 VersR 1993, 228

57 BGH, MedR 1994, 277

58 BGH, MedR 1995, 25

59 Vgl. z.B. Mühlendahl, Ärztliche Aufklärungspflicht bei extrem geringen Risiken, NJW 1995, 3043; Kamps, Der Umfang der Aufklärung und Haftung des staatlich angestellten Impfarztes und des niedergelassenen Arztes bei der Polio-Schutzimpfung, MedR 1995, 268

zu Recht darauf hin, dass bei etwa 4.000.000 Polio-Impfungen, die jährlich in der Bundesrepublik Deutschland durchgeführt werden, sich ein solches Risiko nur bei etwa 30 Fällen in 100 Jahren verwirkliche. Es ist in solchen Fällen die Frage zu stellen, ob ein solches Risiko überhaupt relevant sein kann. Es ist aber auch zu fragen, woher Gutachter den Mut nehmen, solche Risiken als dem wissenschaftlichen Erkenntnisstand entsprechend anzugeben.

Der einzige Korrekturversuch der Rechtsprechung zur Komplikationsdichte liegt bisher darin, dass der Arzt nach einer Reihe von Urteilen aus dem Jahre **1994** im Aufklärungsgespräch die Komplikationsrate zugrunde legen darf, die den in der eigenen Klinik gemachten Erfahrungen entspricht.[60]

V. Entscheidungskonflikt

Die Rechtsprechung verkannte nicht, dass eine solche Ausweitung der Aufklärungspflichten nicht nur zu praktischen Problemen, sondern auch zu Inkongruenzen führt und hat deshalb Anfang der 80er-Jahre begonnen, an die Aufklärungsrüge des Patienten zunehmend besondere Anforderungen zu stellen.

Die erste obergerichtliche Entscheidung dazu stammt vom Kammergericht. Das KG hat am 28.11.**1980** die *"nicht weiter substantiierte Behauptung des Patienten, dass er in eine dringend notwendige Behandlung bei Aufklärung über die Risiken der Medikation nicht eingewilligt hätte"*, für unbeachtlich gehalten und sich nicht daran gehindert gesehen, die Feststellung zu treffen, dass sich der Patient in jedem Fall der Behandlung unterzogen hätte.[61]

In ähnlicher Weise argumentierte das OLG Köln in einer Entscheidung vom 29.11.**1982.**[62]

Der Bundesgerichtshof reagierte mit zwei Entscheidungen vom 27.10.**1981**[63] und einer weiteren Entscheidung vom 21.9.**1982**[64], in denen er anerkennen ließ, dass auch den Patienten Substantiierungspflichten treffen könnten, wenn er Ersatzansprüche aus einem Aufklärungsversäumnis herleiten wolle.

---

[60] OLG Düsseldorf, AHRS 5350/110, 2410/114; ebenso OLG München, AHRS 5350/106, 2260/105; OLG Zweibrücken, MedR 1995, 407

[61] KG, AHRS 1050/4 = Ratajczak/Stegers, a.a.O., Rz. 776; NA-Beschluss BGH vom 27.10.1981 – VI ZR 63/81 -

[62] OLG Köln, AHRS 0550/5, 2360/10

[63] BGH, NJW 1982, 697; BGH, NJW 1982, 700

[64] BGH, VersR 1982, 1142

In seiner Leitentscheidung vom 7.2.**1984** hat der Bundesgerichtshof dann erstmals gefordert, dass

jedenfalls dann, wenn die Gründe für eine **Ablehnung der Behandlung** angesichts der Schwere der Erkrankung und der angewendeten, als Methode der Wahl anerkannten Therapie mit einer günstigen Erfolgsprognose und im Regelfall verhältnismäßig geringen Belastungen für den Patienten nicht ohne weiteres zu Tage liegen [es geboten sei], dass der Patient plausibel darlegt, weshalb er bei Kenntnis der aufklärungsbedürftigen Umstände die Behandlung gleichwohl abgelehnt haben würde.

Der Vortrag des Patienten müsse erkennen lassen, dass er

bei ordnungsgemäßer Aufklärung aus seiner Sicht vor einem echten Entscheidungskonflikt gestanden hätte, aus dem heraus die behauptete Ablehnung der Behandlung im damaligen Zeitpunkt verständlich wird, und er nicht das Aufklärungsversäumnis nachträglich ausschließlich zur Begründung einer Schadensersatzklage benutzt. Nur auf diese Weise kann einem Missbrauch des Aufklärungsrechts allein für Haftungszwecke vorgebeugt werden.[65]

In der Folgezeit konzentrierte sich die Aufklärungsrechtsprechung darauf, dass der Patient darlegt, dass und warum er die Behandlung verweigert hätte. Hierzu gibt es eine Vielzahl von Urteilen. Sehr viele Aufklärungsrügen scheiterten in den Folgejahren an dem Nachweis der plausiblen Behandlungsverweigerung.[66]

Diese Entwicklung stoppte der Bundesgerichtshof mit Entscheidung vom 11.12.**1990**.[67] Der BGH verlangte nunmehr vom Patienten nicht mehr, dass er darlegt, wie er sich entschieden hätte, sondern nur darlegt, dass er in einen **Entscheidungskonflikt** geraden wäre.

In einer Entscheidung vom 16.4.**1991** führt der BGH diese Rechtsprechung fort und führt aus, dass vom Patienten keine genauen Angaben darüber zu verlangen sind

wie er sich wirklich verhalten hätte; einsichtig machen kann und soll er nur, dass ihm die vollständige Aufklärung über das Für und Wieder des ärztli-

---

[65] BGH, MedR 1985, 224

[66] Vgl. z.B. LG Koblenz, AHRS 1050/13 = Ratajczak/Stegers, a.a.O., Rz. 543; OLG Köln, AHRS 1050/24, 4265/35 = Ratajczak/Stegers, a.a.O., Rz. 912; OLG Schleswig, AHRS 1050/33; OLG Schleswig, AHRS 1050/27, 4800/5; OLG Koblenz, MedR 1990, 342; OLG Köln, NJW 1990, 2940; OLG München, VersR 1991, 1241; OLG Köln, AHRS 4490/11; OLG Köln, AHRS 1050/46

[67] BGH, VersR 1991, 315

chen Eingriff ernsthaft vor die Frage gestellt hätte, ob er zustimmen solle oder nicht.

Dabei betont der Bundesgerichtshof, dass es für die Annahme der hypothetischen Einwilligung nicht auf den verständigen Patienten nicht ankomme. Ein Missbrauch des Einwands der mangelhaften Aufklärung liege nicht vor, wenn der Patient plausibel mache,

dass und warum gerade er nach seinen persönlichen Verhältnissen bei gehöriger Aufklärung vor einem echten Entscheidungskonflikt gestanden hätte.[68]

Dieser Schwenk in der Rechtsprechung führte in der Gerichtspraxis dazu, dass die Aufklärungsrüge wieder zum *"Matchwinner"* wurde, jedenfalls dann, wenn die Patienten das Gericht plausibel von einem Überzeugungskonflikt überzeugen konnten, was in der Realität vielfach bedeutete, dass es nun auf die Qualität der anwaltlichen Beratung vor der persönlichen Anhörung der Partei durch das Gericht ankommt.

Ein weiterer Wechsel der Anforderungen gab es dadurch, dass von der Arztseite erwartet wird, dass er zunächst den Einwand der hypothetischen Einwilligung erhebt und erst dann vom Patienten verlangt wird, dass der Patient plausibel darlegt, warum er in einen Entscheidungskonflikt geraten wäre.[69]

VI. Beweissituation der Behandlerseite

Die Beweislast dafür, dass der Patient vor dem Eingriff hinreichend aufgeklärt wurde oder aber auf die Aufklärung verzichtet hat bzw. eine Aufklärung nicht erforderlich war, weil der Patient über entsprechendes Fachwissen verfügte, obliegt nach ständiger Rechtsprechung der Behandlerseite.[70] Dem liegt der von Giesen einmal sehr drastisch formulierte Erfahrungssatz zugrunde, dass die Ärzte ihrer Aufklärungspflicht in der Regel nicht nachkommen.[71] In der Rechtsprechung bestand lange Zeit Uneinigkeit, welche Anforderungen an den Beweis der ordnungsgemäßen Aufklärung zu stellen sind.

Der Bundesgerichtshof hat in einer Entscheidung vom **8.1.1985** ausgeführt, dass *"keine unbilligen und übertriebenen Anforderungen gestellt*

---

[68] BGH, VersR 1991, 812

[69] OLG Stuttgart, AHRS 1050/113, 4265/102; BGH, VersR 1988, 766

[70] Vgl. z.B. BGH, AHRS, 6340/3, 4475/5 mwN.; OLG Celle, AHRS 4265/10, 6360/1 = Ratajczak/Stegers, a.a.O., Rz. 919

[71] Vgl. Giesen, Arzthaftungsrecht, 1990, S. 254

werden" dürfen.[72] Schon in dieser Entscheidung wurde auf die Möglichkeit einer Parteivernehmung des Arztes von Amts wegen hingewiesen, sofern etwa durch schriftliche Aufzeichnungen im Krankenblatt einiger Beweis für die Durchführung eines Aufklärungsgesprächs geführt wurde.[73] Nachdem aber die Dokumentation vielfach auch unzulänglich ist, hat das OLG Hamm in einer Entscheidung vom 23.3.**1993** entgegen einer Entscheidung des OLG Dortmund vom 10.9.**1992**[74] es ausreichen lassen, dass - sofern nicht gewichtige Gründe im Einzelfall dagegen sprechen - von der Behandlerseite bewiesen wird, dass die ärztlichen Aufklärungsgespräche *"nach Art und Inhalt einer ständigen und ausnahmslosen Übung entsprechen"*[75].

Daraus entwickelte sich der Grundsatz, dass im Zweifel dem Arzt geglaubt werden solle, dass die behauptete Aufklärung in der im Einzelfall gebotenen Weise geschehen ist, wenn einiger Beweis dafür erbracht ist.[76]

Der Bundesgerichtshof ist in einer Entscheidung vom 21.11.**1995** einen ganzen Schritt weitergegangen und hat es zugelassen, dass derjenige Arzt, dem der Vorwurf eines Behandlungsfehlers gemacht wird (der aber nicht verklagt worden war), als Zeuge für die ausreichende Aufklärung des Patienten über ein bestimmtes Risiko herangezogen wird und ihm geglaubt wird, selbst dann, wenn er in einem vorhandenen Vermerk über das Aufklärungsgespräch das betreffende Risiko nicht ausdrücklich erwähnt hat.[77]

Diese Rechtsprechung ist extrem weitgehend und hat nun umgekehrt auf Seiten der den Arzt beratenen Anwälte zu einem intensiven coaching geführt. So gesehen hat sich die Rechtsprechung zu den immer minimaler werdenden Anforderungen an die Darlegung eines Entscheidungskonflikts auf Patientenseite mit immer weitergehenden Beweiserleichterungen für das durchgeführte Aufklärungsgespräch auf Arztseite langsam aufgewogen.

Das OLG Karlsruhe hat in einer Entscheidung vom **8.10.1997** hierzu ausdrücklich festgestellt, dass auch ein Arzt, der *"keine konkrete Erinnerung mehr an das Aufklärungsgespräch"* hat, dem Gericht die Überzeugungsbildung von einer korrekten Durchführung des Aufklärungsgesprächs vermitteln kann, wenn dieser

---

[72] BGH, AHRS 6805/3 = Ratajczak/Stegers, a.a.O., Rz. 613

[73] Ebenso OLG München, VersR 1991, 189 L; OLG München, ArztR 1989, 292; OLG Düsseldorf, AHRS 7030/7, 2280/4

[74] LG Dortmund, MedR 1993, 392

[75] OLG Hamm, VersR 1995, 661; NA-Beschluss BGH vom 15.3.1994 – VI ZR 164/93 -

[76] OLG Köln, VersR 1995, 967

[77] BGH, AHRS 7230/103

in nachvollziehbarer Weise die übliche Vorgehensweise bei der Aufklärung vor einer solchen Operation schildert und er zugleich bekräftigt, er sei sich ganz sicher, dass dieses Programm immer eingehalten worden sei.[78]

Dass es hierbei auch Feinheiten des Bestreitens auch auf Arztseite ankommt, lehrt die Entscheidung des BGH vom 29.9.**1998**.[79]

VII. Ausländischer Patient

Mit der Aufklärung der deutschen Sprache nicht ausreichend mächtiger Patienten hatte sich - soweit ersichtlich - erstmals das OLG München in einer Entscheidung vom 26.7.**1978** auseinander zu setzen.[80] Das OLG hat aus eigener Anschauung die Auffassung vertreten, dass der Patient die Aufklärung über die Risiken einer Koronarangiographie wohl schon grundsätzlich begriffen habe. Er habe bei der weiteren Behandlung ja auch aktiv mitgearbeitet. Die Frage nach der Hinzuziehung eines Dolmetschers entschied das Gericht nicht. Der Bundesgerichtshof hat die Revision nicht zur Entscheidung angenommen.[81]

Mit der Frage der Hinzuziehung eines Dolmetschers befasst sich dann erstmals das OLG Düsseldorf am 12.10.**1989** und betont, dass bei der Behandlung ausländischer Patienten, notfalls mittels Zuziehung eines Dolmetschers sichergestellt werden müsse, dass die Gefahr eines Missverständnisses ausgeschlossen sei.[82]

Das OLG München hat mit einer Entscheidung vom 31.5.**1990** versucht, diesen Weg nicht zu gehen und eine Aufklärung akzeptiert, sofern der ausländische Patient während der Aufklärung nicht mitteilt, dass er diese nicht verstanden hat, auch nicht die Hinzuziehung eines Dolmetschers oder wenigstens eines deutschsprechenden Familienangehörigen verlangt.[83]

Das OLG Stuttgart hat am 7.1.**1993** den gegenteiligen Weg eingeschlagen und die Hinzuziehung einer sprachkundigen Person verlangt, wenn für den Arzt nicht ohne weiteres sicher ist, dass der Patient die deutschen Erklärungen versteht und auch gleichzeitig hierfür dem Arzt die Beweislast auferlegt.[84]

---

[78] OLG Karlsruhe, NJW 1989, 1800

[79] BGH, NJW 1999, 863

[80] OLG München, AHRS 6805/1 = Ratajczak/Stegers, a.a.O., Rz. 859

[81] NA-Beschluss BGH vom 22.5.1979 – VI ZR 226/78

[82] OLG Düsseldorf, VersR 1990, 852; siehe dazu kritisch Debong, Aufklärung ausländischer Patienten nur noch unter Hinzuziehung eines Dolmetschers?, ArztR 191, 20

[83] OLG München, AHRS 2350/21, 2365/26

[84] OLG Stuttgart, AHRS 5350/100, 2620/100

Dieser Linie hat sich das OLG München dann mit Entscheidung vom 23.6.**1994** angeschlossen.[85] Sekundiert wurde diese Rechtsprechung durch eine Entscheidung des Bundesverwaltungsgerichts zur Krankenhilfe nach § 37 BSHG. Danach sind Dolmetscherkosten von der Sozialhilfe umfasst *"wenn und soweit der Anspruch auf Krankenhilfe ohne sprachliche Hilfestellung nicht erfüllt werden kann"*.[86] Dagegen hat das Bundessozialgericht in einer Entscheidung aus dem Jahre 1995 die Übernahme von Dolmetscherkosten im Rahmen der Krankenbehandlung zu Lasten der gesetzlichen Krankenkassen abgelehnt.[87]

Dem KG gebührt der Verdienst, sich in einer Entscheidung vom 15.1.**1998** die Konsequenzen solcher Rechtsprechung überlegt zu haben. In dem Fall ging es um die Hinzuziehung eines Dolmetschers zur Anamnese. Die Anamnese ist zweifellos ein wichtiger Teil der ärztlichen Diagnostik, denn ohne zutreffende Anamnese ist es in der Regel schwierig, zu einer präzisen Diagnostik und damit auch zu einer sinnvollen Therapieentscheidung zu kommen. Das Kammergericht führt aus:

Letztlich erscheint die Pflicht zur Hinzuziehung eines Dolmetschers für die Übersetzung der Symptome überzogen und kaum praktikabel. Denn dies hätte zur Folge, dass der Arzt stets Dolmetscher vorhalten muss, weil nie auszuschließen ist, dass sich sprachunkundige Ausländer, welcher Sprache sie auch immer mächtig sind, bei dem Arzt vorstellen. Gleiches gilt, wenn auch nicht mit diesen gravierenden Bedenken für die Auffassung, der Beklagte hätte den Kläger wieder wegschicken müssen, mit dem Bemerken, dieser solle mit einer sprachkundigen Person wieder erscheinen, wobei nicht einmal sichergestellt wäre, dass der Kläger diesen Hinweis überhaupt erfasst hätte.[88]

VIII. Formularaufklärung

Die Rechtsprechung zur Bedeutung von Aufklärungsformularen und Einverständniserklärungen hat vielfache Wandlungen erfahren. Das OLG München hatte in einer Entscheidung vom 26.7.**1978** die Auffassung vertreten, dass einer unterzeichneten Einverständniserklärung des Patienten die Funktion eines **Anscheinsbeweises** für die durchgeführte Aufklärung zukommt[89]. Die gegen die Entscheidung eingelegte Revision hat der Bun-

---

[85] OLG München, VersR 1995, 95
[86] BVerwG, NJW 1996, 3092
[87] BSG, NJW 1996, 806
[88] KG, MedR 1999, 226
[89] OLG München, AHRS 6805/1

desgerichtshof zwar nicht zur Entscheidung angenommen, gleichzeitig aber ausgeführt, dass er diese Auffassung nicht teile[90].

Diese Distanz zur Formularaufklärung hat der Bundesgerichtshof in einer Entscheidung vom 8.1.**1985** relativiert. Der Bundesgerichtshof ist zwar nach wie vor gegen eine Formularaufklärung, wertet aber unterzeichnete Einwilligungserklärungen und Merkblätter zur Aufklärung immerhin als

> Indiz dafür, dass vor der Aufklärung überhaupt ein Aufklärungsgespräch über den geplanten Eingriff geführt worden ist. Sie besagt noch nichts darüber, ob und was der Patient gelesen und verstanden hat und welchen Inhalt das Aufklärungsgespräch hatte.[91]

Dementsprechend sah das OLG München einer Entscheidung vom 25.9.**1986** den Hinweis auf die möglichen Komplikationen bei geplanten Operationen im Aufklärungsformular nicht als ausreichend an, um zu beweisen, dass der Patient über eine Misserfolgsquote von 20 % aufgeklärt worden sei.[92]

In der Folgezeit wurde es ständige Rechtsprechung, dass ein Rückzug auf Formulare und Merkblätter das erforderliche Aufklärungsgespräch nicht ersetzen und zu Wesen und Sinn der Patientenaufklärung geradezu in Widerspruch stünde.[93]

Die Gegenbewegung setzte ein mit einer Entscheidung des OLG Nürnberg vom 8.12.**1992**, die zunächst nur vereinzelt geblieben ist. Das OLG vertrat die Auffassung, dass die Unterzeichnung eines Merkblattes auf den Patienten, *"in dem in einer für den Durchschnittsleser verständlichen Form über die Durchführung des bei dem Patienten geplanten ärztlichen Eingriffs und seiner möglichen Folgen berichtet wird"*, sofern der Patient keine weiteren Fragen hat die Einwilligung auch dann wirksam bleiben lässt, *"wenn der Arzt ihn nicht noch einmal mündlich über den Eingriff und dessen Risiken"* aufgeklärt hat[94]. Das OLG billigt also erstmals eine reine Formularaufklärung.

In dieselbe Richtung entschied das OLG Hamm am 10.10.**1994**. Es führte aus, dass die Einwilligung des Patienten in einen ärztlichen Eingriff auch dann wirksam sein kann, wenn der Patient ein *"ihm ausgehändigtes Merkblatt zur Risikoaufklärung zwar unterschrieben, aber nicht durchge-*

---

[90] BGH, AHRS 6805/1

[91] BGH, AHRS 6805/3, 7240/6 = Ratajczak/Stegers, a.a.O., Rz. 613

[92] OLG München, VersR 1988, 525 = Ratajczak/Stegers, a.a.O., Rz. 188, 828; ebenso im Ergebnis OLG Oldenburg, AHRS 5250/14

[93] Vgl. OLG Köln, ArztR 1991, 103; OLG Frankfurt/M., AHRS 4340/6; KG, AHRS 5350/101

[94] OLG Nürnberg, AHRS 1025/20

lesen und damit ein mögliches Aufklärungsdefizit bewusst in Kauf genommen hat".[95]

Das OLG Düsseldorf und das OLG Stuttgart haben in zwei Entscheidungen aus dem Jahre **1994** zwar versucht, die Bedeutung des Aufklärungsformulars wieder zurückzudrängen[96], konnten sich damit aber nicht durchsetzen. Die Bedeutung des Aufklärungsbogens, vor allem dann, wenn er mit handschriftlichen Zusätzen versehen ist, hat sich immer mehr im Sinne einer Anscheinsbeweisfunktion durchgesetzt.[97] Auch der Bundesgerichtshof folgt diesen Grundsätzen in einer neuen Entscheidung tendenziell, wobei im konkreten Fall allerdings die Hinweise auf schwerwiegende Folgeerscheinungen (Lähmung) als zu allgemein gehalten beurteilt wurden.[98] Wirkliche Rechtssicherheit zu dieser wichtigen Frage gibt es damit noch immer nicht.

IX. Auswirkungen fehlender Aufklärung auf das Arzthonorar

Einige wenige Entscheidungen befassen sich mit den Auswirkungen der nicht ordnungsgemäßen Aufklärung auf den Honoraranspruch des Arztes. Das OLG München hat in einer Entscheidung aus dem Jahre **1985** die Auffassung vertreten, dass ein Patient nach einer mangels wirksamen Aufklärung rechtswidrigen kosmetischen Operation einen Schadensersatzanspruch in Höhe des vereinbarten und schon bezahlten Honorars hat. Das OLG beruft sich dazu auf zwei Entscheidungen des BGH, die zu dieser Frage jedoch nichts hergeben.[99]

Dasselbe Gericht hielt es in einer Entscheidung vom 30.9.**1993** nur noch für denkbar, dass der Honoraranspruch eines Arztes bei unzureichender Aufklärung entfallen könne[100].

In einer Entscheidung vom 4.8.**1994** hat das OLG München seine Rechtsprechung korrigiert und vertritt nunmehr die Auffassung, dass der Patient dem Honoraranspruch des Arztes für eine von ihm fehlerfrei durchgeführte Operation unter dem Blickpunkt einer unzulässigen Rechtsausübung nicht entgegenhalten kann, dass bei der Aufklärung vor

---

[95] OLG Hamm, AHRS 1025/101, 5350/108

[96] OLG Düsseldorf, AHRS 5350/111, 4370/104; OLG Stuttgart, AHRS 5350/112, 3110/110

[97] Vgl. OLG Köln, AHRS 5350/113; OLG Hamburg, AHRS 4300/104, 2370/108; OLG Nürnberg, AHRS 5350/114, 4475/107

[98] BGH, NJW 1999, 863

[99] OLG München, MedR 1988, 187 unter Hinweis auf BGH, NJW 1971, 241 [242] = Ratajczak/Stegers, a.a.O., Rz. 710 und BGH, VersR 1976, 293 = Ratajczak/Stegers, a.a.O., Rz. 702

[100] OLG München, VersR 1993, 1529

der Operation ein aufklärungspflichtiges Lebensrisiko nicht hinreichend verdeutlicht worden sei.[101]

Dem folgt das OLG Köln in einer Entscheidung vom 9.12.**1998**, in der ausgeführt wird, dass eine unzureichend Risikoaufklärung den Vergütungsanspruch des Arztes regelmäßig unberührt lässt.[102]

X. Kausalität - Zurechnungszusammenhang

Die Frage, ob zwischen aufklärungspflichtigem Risiko und Schaden eine Kausalität zu bestehen hat, war nach einer entsprechenden Entscheidung des RG jahrzehntelang unstreitig in dem Sinne, dass eine Kausalität zwischen aufklärungspflichtigem Risiko und Schaden bestehen muss.[103] Diese Rechtsprechung wurde vom BGH fortgeführt.[104]

Die letzte Kausalität fordernde Entscheidung des BGH datiert vom 7.2.**1984**.[105]

Das OLG Köln entschied erstmals anders mit Urteil vom 20.12.**1984** und verneinte den Zurechnungszusammenhang nicht. Es ging in diesem Fall um eine Fibrinolyse, vor der nicht über das Risiko einer Hirnblutung aufgeklärt worden war. Schließlich war es zu einer spinalen epiduralen Blutung, also einer Blutung im Wirbelsäulenkanal gekommen. Dennoch sah das Gericht den Zurechnungszusammenhang als gegeben an.[106]

Der Bundesgerichtshof hatte sich am 01.10.**1985** mit der Problematik erstmals neu zu befassen. Er hielt an der Auffassung fest, dass der Patient nachweisen muss, dass der Gesundheitsschaden auf den Eingriff beruht über den er mangelhaft aufgeklärt worden ist, ließ es aber ausdrücklich offen, ob eine Haftung wegen unterbliebener Risikoaufklärung stets nur in Betracht kommt, wenn sich gerade ein aufklärungspflichtiges Risiko verwirklicht hat.[107]

Die Entscheidung des OLG Köln wurde sekundiert von Entscheidungen des OLG Oldenburg vom 16.01.**1987**[108], des OLG Köln vom 26.03.1987[109],

[101] OLG München, VersR 1996, 233

[102] OLG Köln, NJW-RR 1999, 674

[103] RGZ 168, 206 [210 f.]

[104] BGH, AHRS 1220/18, 6705/1 = Ratajczak/Stegers, a.a.O., Rz. 702, BGH, VersR 1979, 1012; KG, VersR 1979, 260; OLG Hamm, AHRS 0855/2; OLG Karlsruhe, MedR 1983, 190 = Ratajczak/Stegers, a.a.O., Rz. 273; BGH, MedR 1984, 227 = Ratajczak/Stegers, a.a.O., Rz. 799; OLG Düsseldorf, AHRS 0855/5, 2420/1 = Ratajczak/Stegers, a.a.O., Rz. 568

[105] BGH, MedR 1984, 227 = Ratajczak/Stegers, a.a.O., Rz. 799

[106] OLG Köln, AHRS 0855/6, 5300/9 = Ratajczak/Stegers, a.a.O., Rz. 777

[107] BGH, MedR 1986, 192 = Ratajczak/Stegers, a.a.O., Rz. 926

[108] OLG Oldenburg, AHRS 0855/9, 4265/35 = Ratajczak/Stegers, a.a.O., Rz. 709

während das OLG München mit einer Entscheidung vom 15.10.**1987** an der früheren Rechtsprechung festhielt.[110]

Der Bundesgerichtshof gab seine frühere Rechtsprechung in der Entscheidung vom 06.12.**1988** auf und vertritt seitdem die Auffassung, dass ein Arzt, wenn keine Einwilligung zugrunde liegt, grundsätzlich für alle Folgen seines Vorgehens einzustehen hat.[111]

Mit Urteil vom 12.01.**1991** hat der Bundesgerichtshof diese Rechtsprechung leicht variiert und verlangt nunmehr, dass es an der erforderlichen Grundaufklärung fehlen muss, damit es zu einer Haftung des Arztes auch dann kommt, wenn sich ein nicht aufklärungspflichtiges Risiko verwirklicht hat.[112]

Dem ist in der Folge die Rechtsprechung gefolgt.[113] Den bisherigen Höhepunkt dieser Entwicklung bildet die Entscheidung des OLG Jena vom 03.12.**1997**, das dem Patienten auch bei schädigungsfrei durchgeführter Operation Schmerzensgeld wegen Verletzung der Aufklärungspflicht zugesprochen hat.[114]

Es zeichnet sich jedoch mit einer Entscheidung des OLG Köln vom 25.09.**1996** eine erneute Gegenbewegung ab. Der Fall betraf eine hochdosierte Gestagenmedikation als Ultima-ratio-Therapie gegen therapierefraktäre, von der Patientin als überaus belastend empfundene Menstruationsbeschwerden. Die Patientin war über die möglichen Nebenwirkungen nicht aufgeklärt worden. Der Arzt hatte sich jedoch bemüht, diese Nebenwirkungen mit einer indizierten Östrogentherapie anzugehen. Die Patientin hat dann andere Ärzte aufgesucht, die die begleitende Östrogentherapie nicht fortgesetzt haben. Das OLG Köln hat die Haftung des Arztes für das Aufklärungsversäumnis verneint, weil er sich bemüht habe, die Nebenwirkungen, auf die er hätte hinweisen müssen, durch eine medizinisch indizierte Therapie zu beherrschen. Dass andere Ärzte diese nicht fortgesetzt haben, könne ihm nicht zugerechnet werden.[115]

XI. Missbrauch der Aufklärungsrüge

Die Rechtsprechung hat den Vorwurf, mit der Aufklärungsrüge sei ein Auffangtatbestand geschaffen worden, der in seinen Konturen kaum greifbar sei und Einzelfallentscheidungen Tür und Tor öffne, durchaus ernst

---

[109] OLG Köln, AHRS 0855/10, 4650/15

[110] OLG München, AHRS 0855/11

[111] BGH, NJW 1989, 1538, bestätigt durch Urteil vom 14.02.1989, MedR 1989, 188

[112] BGH, VersR 1991, 777

[113] Vgl. z.B. OLG München, AHRS 0855/100, 5400/106; OLG Hamm, VersR 1996, 197

[114] OLG Jena, VersR 1998, 586

[115] OLG Köln, VersR 1997, 1591

genommen. In einer Entscheidung aus dem Jahr **1975** führt der Bundesgerichtshof aus:

Es entspricht grundsätzlich nicht der Billigkeit, wenn ein geistig reger und mit der allgemeinen Natur und Schwere des Eingriffs vertrauter Patient nachträglich die Folgen seines Entschlusses auf den Arzt abladen will, obwohl ihm die eingetretene Komplikation jedenfalls ihrer allgemeinen Natur nach nicht unvermutet erscheinen konnte. Dies muss schon in der Begrenzung der dem Arzt aufzuerlegenden Pflicht zur Aufklärung seinen Ausdruck finden.[116]

In einer weiteren Entscheidung vom 15.05.**1979** weist der Bundesgerichtshof auf das Spannungsverhältnis zwischen dem

unabdingbaren Selbstbestimmungsrecht des Patienten, das nur bei genügender Aufklärung gewahrt werden kann, und ... der Erkenntnis, dass nachträglich Aufklärungsrügen nicht zum bloßen Vorwand werden dürfen, um das Risiko unvermeidbarer Fehlschläge auf Arzt oder Krankenhausträger zu überbürgen

hin.[117]

In der Gerichtspraxis wurde vielfach versucht, diese Grundsätze handhabbar zu machen, meist mit nur mäßigem Erfolg. Es ist ein auch heute noch zu beobachtendes Phänomen, dass die Aufklärungsrüge als Folge fehlender Erfahrung der Anwälte erst in der Berufungsinstanz geltend gemacht wird, falls es dort zu einem Anwaltswechsel kommt. Das OLG Koblenz hat bereits in einer Entscheidung vom 22.11.**1985** sich mit dieser Problematik befasst und den Arzt auch dann für beweispflichtig für die erfolgte Aufklärung gehalten, wenn deren Fehlen erst relativ spät im Verlauf des Prozesses geltend gemacht wird.[118]

Korrekturansätze in der Prozesspraxis bietet hier die Darlegung des Entscheidungskonfliktes. Das OLG Koblenz hat in einem Urteil vom 09.05.**1989** den Grundsatz betont, dass aus dem Sachvortrag des Patienten erkennbar sein müsse, dass die Aufklärungsversäumnis nicht nachträglich ausschließlich zur Begründung der Schadensersatzklage bemüht werden. Auf diese Weise könne einem Missbrauch des Aufklärungsrechts allein für Haftungszwecke vorgebeugt werden.[119]

Das OLG Köln hat in der Entscheidung vom 21.03.**1990** diese Rechtsprechung fortgeführt. Der Patient hatte behauptet, dass er im Fall der

---

[116] BGH, VersR 1976, 293 [294]

[117] BGH, NJW 1979, 1933 [1934]

[118] OLG Koblenz, AHRS 6340/5, 4750/5

[119] OLG Koblenz, ArztR 1991, 79; NA-Beschluss BGH vom 13.02.1990 – VI ZR 222/89 -

Aufklärung die Zustimmung zu einer Operation jedenfalls nicht dem tatsächlich tätig gewordenen Arzt gegeben, sondern sich andern Orts hätte operieren lassen. Zur Vermeidung von Missbräuchen kommt es nach Auffassung des OLG Köln darauf an, dass der Patient dafür *"echte schutzwürdige Interessen"* für eine solche Entscheidung darlegt.[120]

Der Bundesgerichtshof unterstützte diese Entwicklung mit der Entscheidung vom 16.04.1991 und gab den Gerichten vor, die Frage des Missbrauchs der Aufklärungsrüge im Rahmen der Prüfung des Entscheidungskonflikts zu prüfen.[121]

In neueren Entscheidungen ist das Thema des Missbrauchs in der Rechtsprechung des Bundesgerichtshofs nicht mehr ausdrücklich aufgegriffen worden. Dies bedeutet nicht, dass der Missbrauch der Aufklärungsrüge nicht stattfindet. Meines Erachtens wurde es sogar institutionalisiert. Es werden längst Risiken als aufklärungspflichtig angesehen, die in der Bevölkerung ansonsten klaglos und in Kenntnis der Risiken in Kauf genommen werden, z. B. beim Rauchen, beim Alkoholkonsum und im Straßenverkehr.

XII. Therapeutisches Privileg

Mit der Frage, ob ein Arzt berechtigt sein kann, dem Patienten die Risiken einer Behandlung vorzuenthalten, hat sich die Rechtsprechung mehrfach befasst. Jahrelang war die Tendenz dahingehend, dass es ein solches therapeutisches Privileg geben kann.

Bekannt ist die Geschichte von Theodor Schorm, dem sein Arzt auf sein intensives Drängen hin eröffnet hatte, dass er todkrank sei. Er fiel darauf hin in Depressionen und ließ seine Arbeit am Schimmelreiter liegen. Deshalb wurde auf Drängen der Verwandtschaft ein therapeutisches Konsil einberufen, dass die erste Diagnose für null und nichtig erklärte. Er blühte sofort wieder auf, feierte rauschend seinen 70. Geburtstag, beendete die Arbeit am Schimmelreiter und starb.

Das RG hatte sich in einer Entscheidung aus dem Jahre 1933 mit der Klage eines Patienten zu befassen, der seinen Arzt auf Schadensersatz verklagte, weil dieser ihm ein bestehendes Krebsleiden offenbart hatte, was beim Patienten zu einer endogenen Psychose führte. Das RG hat die Klage zwar abgewiesen, allerdings immerhin es für denkbar gehalten, dass eine solche Offenbarung der Diagnose den Tatbestand der fahrlässigen Körperverletzung erfüllen kann.[122]

---

[120] OLG Köln, ArztR 1991, 165
[121] BGH, VersR 1991, 812
[122] RG, JW 1933, 2062

Das OLG Stuttgart hat in einer Entscheidung vom 29.04.**1957** sich als erstes Gericht nach Ende des dritten Reiches mit der Frage befasst, ob ein therapeutisches Privileg den Arzt berechtigten kann, die Aufklärung zu unterlassen. Vom Grundsatz her hat es diese Möglichkeit bejaht, im konkreten Fall allerdings angenommen, dass ein solcher Grund nicht gegeben war.[123]

Das LG Frankfurt hat in einem Urteil vom 22.05.**1958** ein therapeutisches Privileg bejaht, wenn zu erwarten ist, dass die Aufklärung über eine schwere Erkrankung (hier: Zungenkrebs) beim Patienten eine Schockwirkung mit unvorhersehbaren und für die Behandlung ungünstigen Folgen auslösen würde.[124]

Auch der BGH hat mit Entscheidung vom 16.11.**1971** dieses therapeutische Privileg ausnahmsweise für den Fall bestätigt, dass der Risikoaufklärung *"zwingende therapeutische Erwägungen entgegenstehen".*[125]

Die Rechtspraxis reagierte auf diese Entwicklung sofort, was den BGH in einer Entscheidung vom 07.02.**1984** dazu veranlasste, an die Unzumutbarkeit einer Aufklärung aus therapeutischen Gründen *"strenge Anforderungen"* zu stellen.[126]

In einer Entscheidung vom 4.5.**1987** hat das OLG Hamm sich von dieser Rechtsprechung abgewandt und entschieden, dass es ein therapeutisches Privileg nicht gebe.[127] Der BGH hat die dagegen eingelegte Revision nicht zur Entscheidung angenommen.[128]

Dieser Wende in der Rechtsprechung ist der BGH zumindest tendenziell in zwei Entscheidungen vom 25.4.**1989**[129] und insbesondere vom 5.2.**1991** gefolgt. In letzterer Entscheidung betont der BGH, dass seine Aufklärungspflicht nicht deshalb entfällt, weil der Patient einen unsichern und ängstlichen Eindruck macht und der Arzt deshalb befürchtet, er könne sich bei Kenntnis des Risikos für die schlechtere Behandlungsalternative entscheiden.[130]

---

[123] OLG Stuttgart, AHRS 4510/1, 5450/1

[124] LG Frankfurt/M., AHRS 0180/2

[125] BGH, AHRS 4450/1, 5450/4 = Ratajczak/Stegers, a.a.O., Rz. 810

[126] BGH, AHRS 5450/5, 4730/5

[127] OLG Hamm, VersR 1989, 807

[128] NA-Beschluss BGH, vom 11.4.1989 – VI ZR 235/88 -

[129] BGH, VersR 1989, 702

[130] BGH, VersR 1991, 547

XIII. Zeitpunkt der Aufklärung

Breiten Raum nimmt in den letzten Jahren die Frage nach dem richtigen Zeitpunkt der Aufklärung ein. Das OLG Düsseldorf hatte sich mit dieser Problematik schon in einer Entscheidung vom 20.12.**1962** befasst und eine Risikoaufklärung bei dem bereits auf dem Operationstisch liegenden Patienten als verspätet angesehen.[131]

Der Bundesgerichtshof hat in eine Entscheidung vom 12.2.**1974** die Aufklärung eines *"unmittelbar vor der Operation befindlichen und wohl unter dem Einflussbewusstseins dämpfender Medikamente stehenden Patienten"* als rechtlich bedenklich bezeichnet.[132]

In einer Entscheidung vom 7.12.**1977** hat das OLG Stuttgart daraus weitere Konsequenzen gezogen und gefordert, dass die Aufklärung zu einem Zeitpunkt zu geschehen hat, in dem sich der Patient noch im vollen Besitz seiner Erkenntnis- und Entscheidungsfähigkeit befindet und ihm bis zu dem beabsichtigten Eingriff eine gewisse Überlegungsfrist bleibt.[133]

In den Folgejahren wurde diese Rechtsprechung immer mehr verfeinert. Eine Risikoaufklärung ein bis 1 1/2 Stunden vor einer Carotisangiographie beurteilte das OLG Hamm **1979** als verspätet.[134] Das OLG Celle meinte **1985**, dass eine nur mit Slip und Bademantel bekleidete Patientin unmittelbar vor der Operation nicht mehr wirksam aufgeklärt werden könne.[135]

In einem Urteil vom 8.1.**1985** stellte der Bundesgerichtshof, um den in der Ärzteschaft entstandenen Unsicherheiten abzuhelfen, den Grundsatz auf, dass eine Aufklärung einen Tag vor der Operation in der Regel rechtzeitig ist (hier: Harnleiterverletzung bei Hysterektomie).[136]

Dieser Zeitraum von einem Tag wurde zunehmend verlängert. **1993** meinte das OLG Frankfurt, dass die Risikoaufklärung vor einer Bandscheibenoperation jedenfalls dann rechtzeitig erfolgt sei, wenn sie freitags vorgenommen und die Operation am folgenden Montag durchgeführt wurde (3 Tage).[137]

1994 befasste sich der Bundesgerichtshof dann erstmals mit ambulanten Eingriffen und meinte, dass *"bei normalen ambulanten Eingriffen eine Aufklärung erst am Tag des Eingriffs noch rechtzeitig sein"* kann. Dies setze jedoch voraus, dass dem Patienten bei der Aufklärung verdeutlicht werde, dass diese ihm eine eigenständige Entscheidung ermöglichen solle,

---

[131] OLG Düsseldorf, AHRS 4370/1, 5400/1
[132] BGH, AHRS 4230/1 = Ratajczak/Stegers, a.a.O., Rz. 510
[133] OLG Stuttgart, NJW 1979, 2355 = Ratajczak/Stegers, Rz. 277
[134] OLG Hamm, AHRS 4710/8, 5400/5 = Ratajczak/Stegers, a.a.O., Rz. 854
[135] OLG Celle, AHRS 4500/10 = Ratajczak/Stegers, a.a.O., Rz. 565
[136] BGH, AHRS 5400/9, 6895/3 = Ratajczak/Stegers, a.a.O., Rz. 613
[137] OLG Frankfurt/M., AHRS 5400/100, 4350/101

ob er den Eingriff durchführen lassen wolle, und ihm zu einer solchen Entscheidung Gelegenheit gegeben werde. Dies sei nicht der Fall, wenn

durch eine Aufklärung vor der Tür des Operationssaals dem Patienten der Eindruck vermittelt wird, sich nicht mehr aus einem bereits in Gang gesetzten Geschehensablauf lösen zu können.[138]

Letzterer Halbsatz spielte in der Folgezeit forensisch eine bedeutende Rolle. Dem OLG Köln gebührt der Verdienst, bereits 1995 erkannt zu haben, dass eine konsequente Fortführung dieser Rechtsprechung gerade in Krankenhäusern das Bemühen um eine Verkürzung der Belegungszeit konterkarieren würde. Am 22.5.**1995** entschied das OLG Köln deshalb, dass eine Aufklärung des Patienten am Tag der Aufnahme in ein Krankenhaus noch rechtzeitig sei, sofern es sich nicht um eine extrem risikobehaftete Operation mit Ausnahmecharakter handele. Im konkreten Fall ging es um eine Strumektomie.[139]

Das OLG Stuttgart hat in der Entscheidung vom 15.5.**1997** hierzu noch einen neuen Gesichtspunkt hinzugefügt. Es hält grundsätzlich jedenfalls bei einem gewöhnlichen Eingriff eine Aufklärung auch für gewichtige Risiken am Vortrag der Operation für noch ausreichend und führt - insoweit in Erweiterung der bisherigen Rechtsprechung - aus, dass

allein der Umstand, dass ein indizierter Eingriff zeitlich hinausgeschoben werden kann, ... keinen Entscheidungskonflikt [begründet] wenn der Patient nicht plausibel darlegen kann, wozu er die Zeit genutzt hätte.[140]

Auch insoweit muss allerdings der Arzt nach wie vor die Behauptung des Patienten, er habe sich wegen der zu spät erfolgten Aufklärung nicht frei für den Eingriff entscheiden können, widerlegen[141].

XIV. Zusammenfassung

Der Rechtsprechung ist bewusst, dass die Aufklärungsrüge problematisch ist. Das zeigt sich u.a. an dem Wandel ihrer dogmatischen Begründung von der Rechtsfertigungslehre hin zu einer aus dem Persönlichkeitsrecht und damit letztendlich verfassungsrechtlichen Überlegungen abgeleiteten Herleitung.[142]

---

[138] BGH, MedR 1995, 20
[139] OLG Köln, MedR 1996, 270
[140] OLG Stuttgart, VersR 1998, 1111
[141] BGH, VersR 1992, 960
[142] S. hier den Beitrag von Stegers, in diesem Band

Die Aufklärungsrüge wurde, insbesondere auch mit ihrer Konsequenz der Beweislastumkehr, aus dem angloamerikanischen Rechtssystem übernommen, ohne dass hierzulande die Aufklärungsmechanismen zur Verfügung stehen, die im angloamerikanischen Rechtssystem mit der pre trial discovery beiden Prozessparteien offen stehen und damit die Beweismöglichkeiten auf Arztseite erheblich verbessern.[143]

Die Aufklärungsrechtsprechung als solche ist nicht in Frage zu stellen, wohl aber die Entwicklung der letzten Jahre, die sie genommen hat. Die Darlegung des Entscheidungskonflikts ist nur noch für denjenigen Anwalt eine Hürde, der mit der Materie nicht erfahren genug ist und deshalb seinen Mandanten nicht entsprechend beraten (bzw. coachen) kann. Da von der subjektiven und revisionsrechtlich praktisch nicht überprüfbaren Glaubhaftigkeitsbeurteilung im Rahmen der Aufklärungsrüge alles entscheidend abhängt, ist angesichts der mittlerweile völlig verlorengegangenen Berücksichtigung allgemeiner Lebensrisiken für die Relevanz von Patientenentscheidungen subjektiven Einzelfallentscheidungen Tür und Tor geöffnet. Jedes Gericht, das einem Patienten etwas Gutes tun will, kann dieses Ziel über die Aufklärungsrüge und die von ihm individuell gesetzten Anforderungen an die Glaubhaftigkeit des Patienten und die Plausibilität seiner Argumentation in der Regel auch revisionssicher herbeiführen. Die Entwicklung hin zu einer Subjektivierung des Rechts dient nicht der Entscheidungssicherheit. Sie belässt es bei der Aufklärungsrüge als Schlupfloch für richterliches Unbehagen am formalen Ergebnis des Rechtsstreits. Das Auf und ab der Rechtsprechung zur Aufklärung, hier pointiert mit dem Schweinezyklus der Volkswirtschaftslehre verglichen, erklärt sich aus dieser Suche nach Einzelfallgerechtigkeit. Da die Resultate mal zugunsten des Patienten, mal zugunsten der Behandlerseite ausfallen, mag man zum Urteil kommen, dass sich die Schwankungen schon irgendwie ausgleichen. Vermutlich wäre mehr geholfen, wenn die Behandlungsfehlerbeurteilung stringenter ausfallen würde und man in der Beurteilung der Relevanz von Aufklärungsfehlern die "Kirche im Dorf" ließe.

---

[143] Vgl. zu dieser Problematik schon Ratajczak/Stegers, a.a.O., Rz. 23; dieser Problematik ist in Teilen dasXII. Kölner Symposium der Arbeitsgemeinschaft Rechtsanwälte im Medizinrecht e.V. am 18.11.2000 gewidmet

Formulargestützte Aufklärung

Rolf Jungbecker

Inhaltsübersicht

I. Einführung

Die Frage „Risiko Aufklärung ... Wohin führt die Rechtsprechung?" kann man sich auch stellen, soweit es um die „Formulargestützte Aufklärung" geht. Denn die rechtliche Beurteilung der klinischen Formularpraxis durch die Gerichte zeichnet kein einheitliches Bild, wohl aber zeigt sie meines Erachtens, dass man sogar von einem „Risiko Formularaufklärung" sprechen kann.

Mit dem Thema „Formulargestützte Aufklärung" sind alle rechtlichen Aspekte angesprochen, die für die Frage von Bedeutung sind, ob die von Ärzten und Krankenhäusern im Zusammenhang mit der Patientenaufklärung verwendeten Formulare die ihnen zugedachte Funktion rechtlich wirksam erfüllen können.

Dabei verstehe ich das Formular als Sammelbegriff sowohl für einfache, weitgehend inhaltsleere Einwilligungserklärungen als auch für konkret präzisierte Merkblätter mit und ohne Freiraum für handschriftliche Zusätze. Und schließlich zähle ich im weiteren Sinn auch regelrechte Aufklärungsbroschüren dazu.

Eine erste Orientierung zur rechtlichen Einordnung der Formularpraxis hat der BGH in einer Entscheidung aus dem Jahre 1976[1] gegeben, als er gesagt hat:

Das mündlich erklärte Einverständnis genügt, der Schriftform bedarf es nicht, auch nicht, um den Patienten vor übereilten Entschlüssen zu bewahren. Diese Vorsorge ist der Beratung vorbehalten, die nicht von Rechts wegen durch rechtsgeschäftliche Formen belastet werden darf.

Wohl aber hält der BGH die Schriftform des Einverständnisses aus Beweisgründen für ratsam. In der Folgezeit hat der BGH dann aber seine Skepsis gegenüber der Formularpraxis stärker betont und in einer Entscheidung aus dem Jahre 1985[2] hierzu ausgeführt:

Allein entscheidend bleiben muss das vertrauensvolle Gespräch zwischen Arzt und Patient. Es sollte möglichst von jedem bürokratischen Formalismus frei bleiben. Ein Rückzug des Arztes auf Formulare und Merkblätter kann nicht ausreichen und könnte zu Wesen und Sinn der Patientenaufklärung geradezu in Widerspruch stehen.

Meines Erachtens vollzieht der BGH hiermit eine Trennung zwischen zwei rechtlichen Ebenen. Da ist einmal die **materiell-rechtliche** Ebene, die den Vorgang der Aufklärung betrifft und für die der BGH das mündliche Gespräch verlangt. Zum zweiten ist das die **beweisrechtliche** Ebene, die die Bestätigung der Aufklärung als Ergebnis betrifft und für die er eben zu Beweiszwecken die Schriftform anrät.

Ich halte eine solche Trennung der beiden Ebenen auch zum besseren Verständnis dieses Vortrages für sinnvoll und möchte mich im folgenden hieran orientieren. Dabei wird sich, so meine ich, zeigen, dass beide Ebenen jeweils ganz unterschiedliche Risiken in sich bergen.

II. Materiell-rechtliche Ebene

Auf der materiell-rechtlichen Seite möchte ich mich dabei allerdings nicht zu lange aufhalten. Wenn hier ein Risiko entsteht, dann eigentlich nur dadurch, dass dem Patienten ein Merkblatt oder ein Broschüre überreicht wird mit der Maßgabe: „Lesen Sie das mal, wenn Sie noch Fragen haben, dann kann das noch besprochen werden."

Bei einer solchen Handhabung der Aufklärung besteht die Gefahr, dass die hierauf beruhende Einwilligung unwirksam ist. Nur ist das Problem:

---

[1] BGH, VersR 1976, 1088 [1090]

[2] BGH, VersR 1985, 362

Wie weist man das nach? Der Patient bestätigt mit seiner Unterschrift ja gerade, dass er den Aufklärungstext gelesen und verstanden habe!

Hier zeigt sich schon, dass die eigentlichen Risiken der Formularpraxis letztlich auf der beweisrechtlichen Seite zu finden sind. Dem Risiko, dass die Einwilligung mangels verständlicher Aufklärung materiell-rechtlich unwirksam sein könnte, kann und muss dadurch begegnet werden, dass zunächst – so selbstverständlich das auch klingt, in den Krankenhäusern sorgfältig auf die Einhaltung des Gebotes der mündlichen Aufklärung geachtet wird. Dabei spricht meines Erachtens nichts dagegen, die Merkblätter zur Vorbereitung des Aufklärungsgesprächs zu verwenden, ganz gleich, ob man das jetzt Stufenaufklärung nennt oder nicht. So ein Formular kann für den Arzt zugleich den Vorteil einer Gedächtnisstütze haben, nämlich zur Erinnerung an aufklärungsbedürftige Gesichtspunkte.

Ebenso wichtig ist aber auch, dass die Instanzgerichte im Streitfall hinterfragen, ob dem Patienten ein solches Merkblatt einfach nur ausgehändigt worden ist oder ob auch eine mündliche Aufklärung stattgefunden hat. Und ganz so selbstverständlich scheint letzteres nicht immer zu sein. So hat das OLG München in einer Entscheidung aus dem Jahre 1993[3] wörtlich gesagt:

Eine Verletzung der Aufklärungspflicht liegt nicht vor. Die Klägerin hatte den eingehenden Aufklärungsbogen mit der Einwilligung unterschrieben. In diesem Einwilligungsbogen war auch auf die Gefahr von Nervenverletzungen hingewiesen worden. Die Klägerin hatte trotz Möglichkeit keine weiteren Fragen gestellt. Damit hatte der Arzt seine Aufklärungspflicht erfüllt.

Eine solche Auffassung steht deutlich im Widerspruch zur Rechtsprechung des BGH und der anderen Oberlandesgerichte.

Wenn ich das richtig sehe, ist diese Entscheidung in der Rechtsprechung aber vereinzelt geblieben, die anderen Oberlandesgerichte orientieren sich insoweit wirklich deutlicher an den Vorgaben des Bundesgerichtshofs[4], d.h. die Gerichte sind ganz überwiegend schon darauf bedacht, der Forderung nach mündlicher Aufklärung auch Geltung zu verschaffen.

Wie aber oben schon dargelegt, liegt das eigentliche Problem der Formularpraxis im beweisrechtlichen Bereich. Denn hier besteht die Gefahr, dass der Inhalt des Formulars, den der Patient unterzeichnet hat, etwas anderes wiedergibt, als dies den Tatsachen entspricht. Die formularmäßige Erklärung kann sich zum Schaden des Patienten auswirken, wenn sie geeignet ist, den Beweis einer in Wirklichkeit gar nicht mündlich erfolgten Aufklärung zu erbringen; sie kann aber umgekehrt ihren legitimen Be-

[3] OLG München, VersR 1993, 752

[4] Vgl. etwa OLG Nürnberg, VersR 1996, 1372

weiszweck auch dadurch verfehlen, dass eine tatsächlich erfolgte mündliche Aufklärung in dem Inhalt des Formulars gar keinen Ausdruck findet.

Es ist offenkundig, dass hier eine Abwägung der Interessen von Arzt und Patient erfolgen muss. Und das bedeutet, soweit es um den **Beweiswert** der Formularerklärung geht, dass die Gerichte sowohl den Problemen des Arztes Rechnung tragen müssen, den ihm obliegenden Beweis der Aufklärung führen zu können, als auch den Interessen des Patienten, nicht zum Opfer des – vom BGH so kritisierten – „bürokratischen Formalismus" zu werden. Man kann es auf einen Nenner bringen: Es muss versucht werden, zu verhindern, dass durch die Formularerklärung etwas falsches bewiesen wird, zu wessen Lasten auch immer.

III. Beweisrechtliche Ebene

Wenn es darum geht, den Beweiswert einer Formularerklärung zu beurteilen, dann ist Ausgangspunkt hierfür zunächst die Auffassung des Bundesgerichtshofs, dass die Patienten unterschriebenen Formulare „noch nicht beweisen, dass der Patient sie auch gelesen und verstanden hat, geschweige denn, dass der Inhalt mit ihm erörtert worden ist"[5]. Darin zeigt sich sicherlich die Skepsis des BGH gegenüber jeglichen Formalisierungstendenzen in der ärztlichen Aufklärung. Die Instanzgerichte können sich nicht mit diesem Ausgangspunkt allein begnügen, sondern sie müssen darüber entscheiden, was denn mit einer solchen Formularerklärung immerhin bewiesen sein könnte. Hierbei sind die Oberlandesgerichte zunehmend dazu übergegangen, dasjenige Instrumentarium anzuwenden, bei der Beurteilung vorformulierter oder schriftlicher Erklärungen im Rahmen des wirtschaftlichen Geschäftsverkehrs zur Verfügung steht. Zu nennen sind hier drei wichtige Stichworte:

- Auslegung von Willenserklärungen[6]
- die in der Zivilprozessordnung geregelte Vermutung der Echtheit von Urkunden[7]
- die Vermutung der Vollständigkeit und Richtigkeit einer urkundlichen Erklärung.

Die OLG-Rechtsprechung verfährt schon bei der Heranziehung dieser genannten Kategorien keineswegs einheitlich. Und diese fehlende Einheitlichkeit zeigt sich dann auch in der Beurteilung des Beweiswertes einer

---

[5] BGH, VersR 1985, 362
[6] §§ 133, 157 BGB
[7] §§ 416, 440 ZPO

Formularerklärung. Zwar ist hier sicher eine übereinstimmende Tendenz insoweit festzustellen, als der Indizcharakter einer solchen Erklärung um so stärker sein kann, je präziser das Formular abgefasst ist. Aber gerade bei den konkreten Formularen kommen die Gerichte mitunter zu ganz unterschiedlichen Schlussfolgerungen, wenn es um den Grad des Beweiswertes geht. Hier reicht die Skala vom schwachen Indiz über den Anscheinsbeweis bis hin zum Vollbeweis wie die vorhin bereits genannte Entscheidung des OLG München zeigt. Im einzelnen ist auf diese Differenzierungen noch zurückzukommen.

Die Rechtsprechung zum Beweiswert lässt sich vielleicht am übersichtlichsten darstellen, wenn man eine Grobeinteilung in drei Formulartypen vornimmt:

- bloße Pauschalbestätigungen
- ausführliche konkrete Formularerklärungen
- Erklärungen mit handschriftlichen Zusätzen.

1. Pauschalbestätigung

Grob gefassten Routineformularen mit pauschalem Inhalt wird regelmäßig nur ein geringer Beweiswert zugebilligt. Der typische Text eines solchen Pauschalformulars lautet so, wie er einer Entscheidung des OLG Celle[8] zugrunde lag:

Ich erkläre mich mit der vorgeschlagenen Operation einverstanden und bestätige, dass ich über Art, Bedeutung und Folgen des Eingriffs aufgeklärt worden bin und dass mir das Wesentliche über die vorgesehene Behandlung mitgeteilt worden ist.

Der Bundesgerichtshof sieht gerade solche pauschalen Formulare besonders kritisch, er hält sie für „weithin inhaltslos“[9] Die Rechtsprechung betont immer wieder, den pauschalen Merkblättern könne gerade nicht entnommen werden, dass der Patient über ein nicht ausdrücklich erwähntes Risiko informiert worden sei[10].

Andererseits zeigt sich, dass solche „weithin inhaltslosen“ Bestätigungen von der Rechtsprechung nicht etwa als wertlos angesehen werden. Das OLG Celle hat aus dem oben genannten Pauschaltext die Vermutung abgeleitet, dass der Patient „tatsächlich auch mit Bewusstsein eine solche Erklärung abgegeben hat"“ Zwar sei dem Senat durchaus bekannt, dass

[8] OLG Celle, VersR 1982, 500
[9] BGH, VersR 1985, 362
[10] BGH, NJW 1984, 1397

„nicht ganz selten den Patienten eine Unterschrift als Operationseinwilligung in Situationen abgefordert wird, in denen dem Patienten der Sinn seiner Erklärung nicht voll bewusst wird.“ Es wäre jedoch Aufgabe des klagenden Patienten gewesen, darzulegen, dass eine solche Situation im konkreten Fall gegeben war.
Und quasi in Ergänzung zu dieser Vermutung hat das OLG Celle festgehalten, dass auch ein solcher Text mit wenig Inhalt „wenigstens ein **Indiz** gegen die Behauptung des Patienten ist, ihm sei überhaupt nichts über Art, Bedeutung und Folgen des Eingriffs gesagt worden.“

Damit war sozusagen ein „Anfangs-Beweiswert“ gegeben. Weil außerdem der verklagte Arzt das Krankenblatt des Patienten sehr sorgfältig geführt hatte, sah das Gericht die Voraussetzungen einer Parteivernehmung von Amts wegen als gegeben an.

Die Frage, unter welchen Voraussetzungen eine solche Parteivernehmung des Arztes von Amts wegen in Betracht kommt, spielt überhaupt bei allen Formulartypen eine wichtige Rolle als Ergänzung zur formulargestützten Einverständniserklärung. Bei den hier zu diskutierenden Pauschalbestätigungen kann es für die Behandlerseite wichtig sein, unter Einhaltung der Wahrheitspflicht (§ 138 ZPO) vorzutragen, dass ein Patient in vergleichbarer Lage üblicherweise über das in Rede stehende Risiko aufgeklärt werde.

Trotz der von mehreren Oberlandesgerichten und auch vom BGH[11] angenommenen Indizwirkung einer solchen Pauschalerklärung, dass überhaupt ein Aufklärungsgespräch stattgefunden hat, ist mit einem solchen Formular nämlich noch nicht „einiger Beweis“ erbracht, der ja bekanntlich Voraussetzung für die Parteivernehmung von Amts wegen (§ 448 ff. ZPO) ist. Die Rechtsprechung hat in solchen Fällen, in denen dem Arzt kein weiteres Beweismittel zur Verfügung stand, die Parteivernehmung auch schon abgelehnt[12].

Beweisrechtlich besser steht der Arzt in diesen Fällen sicherlich dann, wenn er Zeugen für die generell übliche Aufklärungspraxis in der Klinik präsentieren kann. Der BGH empfiehlt dann die Parteivernehmung allenfalls noch, um „letzte Zweifel auszuräumen“.

Abschließend sei noch kurz auf die Klausel eingegangen, mit der der Patient im Rahmen einer Pauschalbestätigung erklärt, er habe die Aufklärung auch „verstanden“. Dies mag im Einzelfall die Indizwirkung der Pauschalbestätigung verstärken. Aus dieser Klausel lässt sich indes nicht rückschließen, dass er über ein bestimmtes Risiko aufgeklärt wurde. Die Klausel kann allenfalls von Bedeutung sein, wenn es um die Frage geht, ob ein

---

[11] BGH, VersR 1985, 362!
[12] OLG Schleswig, VersR 1996, 634

erwiesenermaßen angesprochenes Risiko dem Patienten auch verständlich geschildert wurde.

2. Ausführliche konkrete Formularerklärung

Wie schon erwähnt, wird der Beweiswert von konkreten Formularen in der Rechtsprechung grundsätzlich höher angesetzt. Dabei sind zwei Fallgruppen zu unterscheiden. In dem einen Fall ist das streitgegenständliche Risiko ausdrücklich im Formular erwähnt, in dem anderen Fall findet sich kein Hinweis darauf.

a) Ist das Risiko erwähnt, dann kann der Beweiswert sehr hoch sein.
So hatte schon 1979 das OLG München in einer Entscheidung[13], aus der Unterzeichnung eines konkreten Formulars in Verbindung mit dem Nachweis der generell üblichen Aufklärung der Patienten einen Anscheinsbeweis dafür hergeleitet, dass auch der Kläger in der geschilderten Art und Weise aufgeklärt worden sei. Deshalb hätte der Patient konkrete Tatsachen nachweisen müssen, „aus denen sich die ernstliche Möglichkeit ergibt, dass er auch eine vom Üblichen abweichende Art und Weise aufgeklärt worden ist". Das konnte der Patient in dem Fall nicht.

Der BGH hat in seinem Nichtannahme-Beschluss diese Auffassung gerügt und sie nur deshalb nicht für entscheidungserheblich gehalten, weil das OLG „möglicherweise nur hat sagen wollen, dass es den Beweis für erbracht ansah, ohne auf Beweiserleichterungen angewiesen zu sein". Soweit ersichtlich, hat in der Folgezeit dann kein Gericht mehr die These vom Anscheinsbeweis vertreten.

Derselbe Senat des OLG München hat dann aber in einer Entscheidung aus dem Jahre 1987[14] den nach seiner Auffassung hohen Beweiswert einer solchen Erklärung anders begründet, nämlich unter Heranziehung der zivilprozessrechtlichen Vorschriften des Urkundenbeweises:

Steht nämlich die Echtheit einer Unterschrift fest, dann hat der über der Unterschrift stehende Text nach § 440 Abs. 2 ZPO die Vermutung der Echtheit für sich, d.h.: es wird vermutet, dass der Text über der Unterschrift vom Aussteller stammt oder jedenfalls mit seinem Willen dort steht. Zu beachten ist dann des weiteren § 416 ZPO, wonach die Privaturkunde vollen Beweis dafür erbringt, dass die Erklärung von dem Aussteller (und d.h.: vom Patienten) abgegeben ist. Das OLG München hat daraus den Schluss gezogen, dass diese Privaturkunde eine gewisse Wahrscheinlichkeit dafür erbringe, dass ein gewissenhaftes Aufklärungsgespräch stattge-

---

[13] OLG München, VersR 1979, 848

[14] OLG München, VersR 1988, 1136

funden habe. Das OLG sah daraufhin die Voraussetzungen für die Parteivernehmung des Arztes von Amts wegen als gegeben an.

Der Unterschied zur vorhin erwähnten pauschalen Aufklärungsbestätigung ist damit offenkundig: Das OLG sieht allein durch diese schriftliche Einverständniserklärung „einigen Beweis" für ein gewissenhaftes Aufklärungsgespräch erbracht. Der Arzt brauchte also nicht einmal vorzutragen, dass er in vergleichbaren Fällen üblicherweise die Patienten über das betreffende Risiko aufkläre.

Noch einen Schritt weiter geht in der Beurteilung des Beweiswertes schließlich das OLG Frankfurt[15]. Das OLG hat betont, dass die Einwilligungserklärung ein wesentlicher Bestandteil des Behandlungsvertrages sei und dass privatschriftliche Vertragsurkunden die Vermutung der Vollständigkeit sowie Richtigkeit ihres verlautbarten Inhaltes begründen. Das OLG München hatte allein auf die Echtheit der Urkunde und des Textes der Erklärung abgehoben und daraus eine gewisse Wahrscheinlichkeit für ein gewissenhaftes Aufklärungsgespräch abgeleitet. Nach Auffassung des OLG Frankfurt spricht darüber hinaus eine – widerlegliche - Vermutung dafür, dass der Inhalt der Formularerklärung richtig ist, sie also das Aufklärungsgespräch richtig wiedergibt.

Allerdings hat das OLG Frankfurt diese Vermutung allein noch nicht zum Beweis ausreichen lassen, sondern es hat die beiden beklagten Ärzte als Partei vernommen.

Die Spitze auf der Skala des Beweiswertes hat schließlich das OLG München mit seiner bereits oben zitierten Entscheidung aus dem Jahre 1993 erreicht, in der es allein durch die schriftliche Aufklärungsbestätigung, verbunden mit der Feststellung, dass der Patient trotz vorhandener Möglichkeit keine weiteren Fragen gestellt hatte, den vollen Beweis der Aufklärung als erbracht ansah.

Man sieht, wie schwierig es hier ist, eine einheitliche Linie der Rechtsprechung zu erkennen.

b) Noch ein kurzes Wort zu der zweiten Fallgruppe, in der das streitgegenständliche Risiko im Formular nicht vermerkt ist. Das OLG Hamm[16] hat bei fehlender Erwähnung des konkreten Risikos im Merkblatt Zweifel daran geäußert, dass üblicherweise über dieses Risiko mündlich aufgeklärt werde. Das OLG ist im Streitfall nicht einmal dem Zeugen gefolgt, der eine solche Übung bekundet hatte.

Ob in derartigen Fällen, in denen das konkret verwirklichte Risiko nicht im Formular erwähnt ist, dann eine Parteivernehmung des Arztes in Betracht kommt, erscheint mir deshalb zweifelhaft, weil aufgrund der Vermu-

---

[15] OLG Frankfurt/M., VersR 1994, 986

[16] OLG Hamm, AHRS 6805/5

tung der Vollständigkeit des Formulars ja gerade „einiger Beweis" für diese Vollständigkeit erbracht wäre und eben nicht für die gegenteilige Behauptung des Arztes, das Formular sei unvollständig. Zu überlegen wäre sogar, ob nicht konsequenterweise hier eine Parteivernehmung des Patienten in Betracht kommt.

3. Formulare mit handschriftlichen Zusätzen

Es gibt schließlich den Formulartyp mit Freiraum für handschriftliche Zusätze. Das OLG Celle hat bereits in einer Entscheidung von 1982[17] erklärt, es sei dringend zu empfehlen, Formulare, wenn sie denn schon verwendet werden, mit individuellen Zusätzen zu versehen.

Ein typisches Problem bei der Vornahme handschriftlicher Zusätze ist dann aber die mitunter anzutreffende Behauptung des Patienten, derartige Zusätze seien im nachhinein vom Arzt aufgenommen worden. In solchen Fällen bestreitet der Patient zwar nicht die Echtheit seiner Unterschrift, wohl aber die Echtheit des darüber stehenden Textes. Weil dann aber die Echtheit der Unterschrift als solcher feststeht, wird, wie vorhin schon dargelegt, nach § 440 Abs. 2 ZPO vermutet, dass der über der Unterschrift stehende Text echt sei.

Die Frage ist in derartigen Fällen vermuteter nachträglicher Ergänzung allerdings immer, ob es sich herbei um sogenannte Einschaltungen im Sinne von § 419 ZPO handelt, durch die diese Echtheitsvermutungen („die Beweiskraft einer Urkunde") ganz oder teilweise aufgehoben werden. Ob es sich um eine solche Einschaltung handelt, entscheidet der Tatrichter nach freier Überzeugung. Um eine solche Einschaltung zu bejahen, genügt, dass eine nachträgliche Veränderung der Urkunde nach dem äußeren Erscheinungsbild möglich ist; sie muss nicht konkret feststehen.

Verneint der Richter einen derartigen äußeren Mangel im Sinne des § 419 ZPO, dann verbleibt es bei der Vermutung der Echtheit. In diesem Falle muss dann der Patient nach § 292 ZPO gegen die gesetzliche Vermutung den Beweis des Gegenteils führen. Der Patient muss mit anderen Worten zur Überzeugung des Gerichts den Nachweis führen, dass zu dem Zeitpunkt, zu dem er die Unterschrift geleistet hat, der handschriftliche Eintrag noch nicht auf dem Formular stand.

Man könnte sich fragen, ob dann, wenn sich der Richter von einer „Einschaltung" im Sinne des § 419 ZPO nicht (ganz) überzeugen konnte, immerhin „einiger Beweis" für eine nachträgliche Eintragung als erbracht anzusehen wäre. In diesem Fall müsste dann sogar konsequenterweise überlegt werden, den Patienten als Partei von Amts wegen zu vernehmen.

---

[17] OLG Celle, VersR 1982, 500

Ansonsten liegt es auf der Hand, dass dem Patienten ein solcher Beweis des Gegenteils kaum gelingen wird. Er müsste nämlich einen Zeugen präsentieren können, der bei der Ausfüllung des Formulars zugegen war. Es bliebe ihm praktisch nur die Parteivernehmung des Arztes (§ 445 ZPO). Die in der veröffentlichten Rechtsprechung bekannt gewordenen Fälle, in denen der Patient eine nachträgliche Einfügung von handschriftlichen Zusätzen behauptet hatte, sind stets zu Lasten des Patienten entschieden worden.

Diese Konsequenz ist für den Patienten sicherlich sehr misslich, jedenfalls dann, wenn er ernsthaft davon überzeugt ist, dass der handschriftliche Zustand nach Leistung seiner Unterschrift von jemand anderem hinzugefügt worden ist. Meines Erachtens kann man und muss man diesen unbefriedigenden Zusatz dadurch beseitigen, dass man dem Patienten nach Leistung der Unterschrift eine Kopie dieses von ihm unterzeichneten Formulars aushändigt.

Es zeigt sich, dass die formularmäßigen Bestätigungen je nach der Präzision ihres Inhaltes eine mehr oder weniger starke Indizwirkung für die erfolgte Aufklärung haben können, zumal dann, wenn es Gericht die Vermutung der Echtheit oder auch Richtigkeit der Erklärung gelten lässt. Der BGH macht dies – wohlgemerkt – nicht, er macht bisher jedenfalls die Konsequenzen aus einer solchen, sozusagen formalisierten Rechtsprechung nicht mit, sondern er lässt ggf. auch einen substantiierten Vortrag des Patienten gegen die Richtigkeit des Formularinhalts ausreichen, um die Indizwirkung zu beseitigen[18].

Und dann verwundert es kaum, dass die Rechtsprechung andererseits sogar meint, dass auch der Arzt, der auf Formulare verzichte, das Aufklärungsgespräch im Krankenblatt nicht notiere und auch keine Zeugen präsentieren könne, müsse eine faire Chance zur Beweisführung der Aufklärung haben. Die Behandlungsseite hat dann freilich vorzutragen, eine entsprechende Aufklärung sei ausnahmsweise klinische Übung. Die Parteivernehmung komme dann in Betracht.

IV. Anwendbarkeit des AGB-Gesetzes

In der Literatur wird vielfach – und ich meine, zu Recht – die Auffassung vertreten, das ABG-Gesetz sei auf die formularmäßige Einwilligungserklärung anzuwenden. Teilweise werden aus dieser Anwendbarkeit des ABG-Gesetzes dann geradezu radikale Konsequenzen gezogen. So heißt es beispielsweise im Münchener Kommentar[19]:

---

[18] BGH, VersR 1999, 190

[19] MünchKomm-Basedow, 3.A., 1993, § 11 AGBG Rz. 247

Unwirksam nach § 11 Nr. 15 b AGBG sind alle Formen formularmäßiger ärztlicher Aufklärung, soweit mit ihnen mehr bewiesen werden soll, als dass mit dem Patienten ein Aufklärungsgespräch geführt wurde.

Bei Ulmer/Brandner/Hensen[20] heißt es: „Die ärztlichen Aufklärungsformulare („Ich bin ausführlich über die Risiken einer Operation aufgeklärt worden") verstoßen regelmäßig gegen § 11 Nr. 15 b AGBG".

Nimmt man diese Auffassungen beim Wort, dann könnte man die gesamte Formularpraxis vergessen; denn wie will man mit einer unwirksamen Bestätigungsklausel etwas beweisen können? Rechtsprechung zu dieser Problematik gibt es bislang nicht. Wenn ein Gericht die Unwirksamkeit der Aufklärungsbestätigung aus den erwähnten Gründen annehmen wollte, dann müsste auf der Arztseite folgendermaßen argumentiert werden:

Eine formularmäßige Einverständniserklärung ist nicht nur eine Tatsachenbestätigung im Sinne des § 11 Nr. 15 b AGBG, sondern sie kann auch ein gesondertes Empfangsbekenntnis im Sinne des Satzes 2 dieser Vorschrift sein. Man versteht unter diesem Begriff eine Quittung im Sinne des § 368 BGB. Quittierfähig sind nicht nur die Empfangnahme von gegenständlichen Dingen, sondern – wie der BGH sagt – Leistungen jeder Art. Und dazu gehört auch die geschuldete ärztliche Aufklärung.

Es muss aber darauf geachtet werden, dass es sich wirklich um ein gesondertes Empfangsbekenntnis handelt. Das bedeutet: Die Erklärung darüber, was alles an Aufklärung „empfangen" worden ist, muss deutlich gegenüber jeglichen sonstigen Erklärungen abgesetzt und gesondert unterschrieben sein. Zulässiger Inhalt dürfen nur diejenigen Umstände des konkreten Eingriffs sein, hinsichtlich derer der Arzt ein prozessrechtliches Interesse haben kann: also die im Streitfall nachzuweisende Aufklärung über Eingriffsrisiken und auch die notwendigen Folgen des Eingriffs, eventuell auch Risiken einer möglichen Eingriffserweiterung.

Vorsicht ist indes wieder geboten, wenn das Empfangsbekenntnis irgendeine Klausel enthält, die als rechtliche Bewertung angesehen werden könnte, weil dann das Privileg des gesonderten Empfangsbekenntnisses wieder wegfallen kann und die Bestätigungsklausel insgesamt unwirksam würde. Genau dies ist in einer BGH-Entscheidung von 1989[21] mit einer Krankenhausvertragsklausel geschehen, die folgenden Inhalt hatte:

Ich bin ausdrücklich auf die allgemeinen Vertragsbedingungen des Krankenhauses hingewiesen worden und hatte die Möglichkeit, in zumutbarer Weise von ihrem Inhalt Kenntnis zu nehmen.

---

[20] Ulmer/Brandner/Hensen, AGBG, 6.A., 1990, §§ 9 – 11, Rz. 451 a

[21] BGH, NJW 1990, 765

Der BGH hat diese Klausel als unwirksam angesehen, weil die Zumutbarkeit der Kenntnisnahme eine rechtliche Bewertung darstelle.

Wenn es also beispielsweise in einem Merkblatt zum Computertomographie unter dem Stichwort „Einwilligungserklärung“ u.a. heißt: „Ich fühle mich ausreichend aufgeklärt“, dann liegt die Parallele zur Aussage über die Zumutbarkeit der Kenntnisnahme nahe. Auch das Gefühl, ausreichend aufgeklärt zu sein, kann eine rechtliche Bewertung darstellen. Die Konsequenz wäre dann, dass alle übrigen „reinen“ Tatsachenbestätigungen in dieser Einwilligungserklärung und damit insbesondere die Aufzählung der konkret erwähnten Risiken des Eingriffs rechtlich unwirksam wären.

Ob diese BGH-Auffassung nicht generell zu weitgehend ist, steht auf einem anderen Blatt. Ob aber der Bundesgerichtshof das AGB-Gesetz auch auf die Praxis der formulargestützten Aufklärung jemals anwenden wird, muss man wohl bezweifeln, weil hierdurch sicherlich eine weitere, vom BGH „perhorreszierte“ Formalisierung des Aufklärungsgesprächs bewirkt würde.

Computergestützte Patientenaufklärung

Reinhold Traugott Müller

Inhaltsübersicht

I. Einführung

Das klassische Vertrauensverhältnis zwischen Arzt und Patient ist geprägt von menschlicher Zuwendung und einer Behandlung auf naturwissenschaftlicher Erkenntnis. Mit der Zahl von populären Erfolgsberichten schwindet bei manchem erwartungsvoll gestimmten Patienten die Einsicht, dass jede Behandlung, aber auch schon die Krankheit für sich selbst, mit schicksalhaften Komplikationen einhergehen kann. Die besondere Arzt-Patientenbeziehung wandelt sich dabei in Richtung normales Vertragsgeschäft. Unerwartete Komplikationen werden dann als Schlechterfüllung des Auftrags eingestuft, für die eine finanzielle Entschädigung erwartet wird.

Bei Fehlen von Sorgfalts- und Dokumentationsmängeln kann der ärztlichen Aufklärung die entscheidende Rolle in einem nachfolgenden Haftpflichtverfahren zukommen. Da die Beweislast für eine korrekte Aufklärung beim Arzt liegt, besteht für den Arzt die Gefahr, dass er bei –Eintritt von schicksalsmäßigen Komplikationen wegen unzureichender Aufklärung in Haftung genommen wird. Andererseits erfordert die Entscheidung eines Patienten für oder gegen einen Eingriff bei immer komplexer werdenden medizinischen Abläufen präzise, verständliche, aber auch überschaubare Informationen.

Diese unbefriedigende Ausgangssituation war Anlass, nach einem Konzept zu suchen, das mit hoher Wahrscheinlichkeit die gebotene Aufklärung, vor allem aber die Risiken und bestehende Behandlungsalternativen, einschließlich einer beweissichernden Dokumentation ermöglicht[1].

II. Rechtliche Anforderungen

Leitbild der Eingriffs- oder Selbstbestimmungsaufklärung als wesentlichem Element der ärztlichen Aufklärung ist eine ärztliche Behandlung, die über das medizinische Anliegen hinaus dem personalen Anspruch des Patienten gerecht werden muss, nicht Objekt, sondern Subjekt der Behandlung zu sein[2].

In erster Linie sollte die Aufklärung eine vertrauensbildende Maßnahme sein. Sie kann und soll den Patienten vor späteren Enttäuschungen bewahren (z.B. Frühlockerung einer Endoprothese) und die Verantwortung mit ihm teilen. Die Aufklärung erfordert das Gespräch[3]. Dieses steht im Vordergrund, nicht aber ein vom Patienten unterzeichnetes Formular. Der Patient muss danach das Für und Wider eines ärztlichen Eingriffs abwägen können[4].

Die Aufklärung ist vor allen diagnostischen und therapeutischen Eingriffen in die körperliche Integrität notwendig, d.h. vor allen Behandlungsarten, die mit zusätzlichen Risiken, Nebenfolgen oder Fehlschlägen verbunden sein können. Sie ist, wie die Einwilligung des Patienten auch, an keine Form gebunden. So bleibt es jedem einzelnen Arzt überlassen, wie er vorgeht.

Unabhängig davon, ob sich ein aufklärungspflichtiges Risiko verwirklicht hat oder nicht, machen Aufklärungsdefizite den Eingriff insgesamt rechtswidrig und führen deshalb im Grundsatz zur Haftung für alle Schäden, wenn der Arzt die Aufklärungsmängel verschuldet hat[5].

Die Aufklärung kann nur von einem Arzt durchgeführt werden. Aufklären sollte derjenige, der auch den Eingriff durchführt. Es ist zulässig und in

---

[1] Müller/Konermann/Schöppe, Sicherung und Nachweis der einwandfreien Aufklärung, Zeitschrift für Orthopädie 1989, 127, S. 625

[2] Steffen, Neue Entwicklungslinien der BGH-Rechtsprechung zum Arzthaftungsrecht, Kommunikationsforum Köln, 1995

[3] Vgl. FN 2

[4] OLG Hamm, VersR 1995, 661; BGH, NA-Beschluss v. 15.3.1994 – VI ZR 164/93, in Kunz, Arzthaftungsrecht, 1995

[5] BGH, NJW 1996, 195

großen Kliniken aus organisatorischen Gründen oft unumgänglich, diese Aufgabe einem anderen Arzt zu übertragen[6].

Die Eingriffsaufklärung kann in Diagnose-, Verlaufs- mit Alternativ- und Risikoaufklärung unterteilt werden[7].

Die Diagnoseaufklärung dient der Unterrichtung des Patienten über den medizinischen Befund in groben Zügen mit Darstellung der weiteren Entwicklung des Zustandes bei spontanem Verlauf und mit Behandlung.

Die Verlaufsaufklärung erläutert den vorgesehenen Eingriff oder die geplante Therapie. Hierzu gehören u.a. Art und Schwere der Operation, Operationsfolgen, wie Narben oder Aussehen des Körperteils nach dem Eingriff, Funktionsverluste und der Grad der Erfolgschance.

Zur Verlaufsaufklärung gehört auch die Alternativaufklärung, die über alternative Behandlungsmöglichkeiten informiert, sofern diese mit anderen Risiken und/oder Erfolgsaussichten einhergehen. So stellt z.B. das konservative physikalische Behandlungskonzept bei schmerzhaften Bandscheibenvorfällen ohne neurologische Defizite eine regelmäßige Alternative zur Nukleotomie dar.

Im Vordergrund der Risikoaufklärung stehen die Risiken und Belastungen der Behandlung, die sich auf die Lebensführung des Patienten auswirken[8]. Dies betrifft insbesondere Funktionseinschränkungen wichtiger Systeme, z.B. eine nachhaltige Störung des Bewegungsapparates, eine langdauernde erforderliche Schonung, die Notwendigkeit weiterer Operationen oder sogar das Risiko des Todes. Damit wird eine Aufklärung auch dann erforderlich, wenn sich das Risiko nur in geringen Promillesätzen ausdrücken lässt[9]. Die früher herangezogene Komplikationsdichte, also die Gefahrenhäufigkeit, hat für den Aufklärungsumfang heute praktisch keine Bedeutung mehr[10].

Die Aufklärung muss auch auf die berufliche und private Lebensführung des Patienten abgestellt und durch seine erkennbaren Entscheidungspräferenzen bestimmt werden[11]. Diese Anforderung schränkt die Möglichkeiten einer brauchbaren Formularaufklärung erheblich ein.

Aufklärungsbedürftig sind auch erhebliche und dauerhafte potentielle Schäden, deren Eintritt für den Laien nicht vorhersehbar sind[12].

---

[6] Rumler-Detzel, Arbeitsteilung und Zusammenarbeit in der Chirurgie. Rechtliche Verantwortlichkeit, in Häring (Hrsg.), Chirurgie und Recht, 1993, 207

[7] Bergmann/Kienzle, Krankenhaushaftung. Organisation, Schadensverhütung und Versicherung. Leitfaden für die tägliche Praxis. 1996

[8] Vgl. FN 2

[9] Franzki, Aufklärung aus rechtlicher Sicht – Zweck, Grenzen und Modalitäten, in Häring, a.a.O., S. 119 - 124

[10] Ulsenheimer, Defensives Denken in der Medizin, in Häring a.a.O., S. 254

[11] Vgl. FN 2

[12] Vgl. FN 9

Die Risikoaufklärung umfasst die Möglichkeiten eines schlechten Verlaufs, des Fehlschlagens des Eingriffs ebenso wie mögliche Nebenwirkungen und sonstige Gefahren der Therapie.
Maßgebend sind nicht allgemeine Risikostatistiken, sondern die Zwischenfallhäufigkeit für diese Behandlungssituation im konkreten Krankenhaus[13].

Je weniger ein Eingriff dringlich oder geboten erscheint, desto weitgehender ist die Pflicht zur Aufklärung. Die in vielen Fällen elektive operative Chirurgie erfordert dementsprechend eine relativ weitgehende Aufklärung.

Von der Eingriffs- oder Selbstbestimmungsaufklärung zu unterscheiden und davon wesensverschieden ist die therapeutische Aufklärung oder Sicherungsaufklärung. Sie wird als Beratung geschuldet und soll den Therapieerfolg sicherstellen. Versäumnisse in diesem Bereich sind als Behandlungsfehler zu werten und demzufolge, im Gegensatz zu der Eingriffsaufklärung, vom Patienten zu beweisen.

So gehört zu einer übungsstabilen Osteosynthese an der unteren Extremität die Beratung des Patienten, das betroffene Bein nicht mit dem Körpergewicht zu belasten, da sonst die Gefahr einer Lockerung de Implantatmaterials mit Dislokation der knöchernen Anteile droht.

An die Beratung sind hohe Anforderungen zu stellen, wenn sie sich einerseits mit geringem Aufwand erfüllen lässt und andererseits dem Patienten bei Risikoverwirklichung erhebliche Schäden drohen.

III. Methodik

Grundlage der computergestützten Aufklärung war die Idee, im Computer gespeichertes Wissen zur Unterstützung des Arztes heranzuziehen.

Als Datenbasis wurde eine Sammlung von orthopädischen Eingriffen zusammengestellt und jedem Eingriff alle Risiken, Behandlungsalternativen und sonstige wesentliche Punkte zugeordnet. Nach Entwurf mehrerer Schirmbilder mit Auswahlmöglichkeiten wurden diese mit Hilfe eines Turbo Pascal® Compilers[14] unter parallelem Zugriff auf die Datenbasis für das Betriebssystem MS-DOS® umgesetzt. Die Programmierung einer einfachen Textverarbeitung erlaubte Texteingabe und –korrektur in Fenstern unterschiedlicher Größe. Mittels Druckertreiber für gängige Drucker konnte eine direkte Ausgabe realisiert werden[15].

---

[13] BGH, VersR 1981, 456

[14] Borland International, Inc., 1880 Green Hills Road, P.O. Box 660001, Scotts Valley, CA 95067-0001

[15] Vgl. FN 1

Anhand der Erfahrungen in der Praxis erfolgten mehrere Überarbeitungen des Programms. Seit Einführung einer Kontrollabgabe des Datums wird dieses mit Wochentagangabe auf dem Bogen mit ausgegeben. Nach Programmierung einer Löschtaste konnte die Anwahl des letzten Punktes jeweils rückgängig gemacht werden. Bei Kindern wurde ein Passus eingefügt, mit dem der eine Elternteil bestätigt, den anderen bei der Aufklärung und Einwilligung zu vertreten. Anzahl, Art und Beschreibung der Risiken wurden anhand von höchstrichterlichen Urteilen angepasst.

Die Weiterentwicklung der Betriebssysteme erforderte nach über 10-jähriger Einsatzzeit eine neue, mittels Visual Objects®-Compiler erstellte und unter MS-Windows® laufende Programmversion[16]. Durch Einsatz der verbesserten grafischen Möglichkeiten bei der Bildschirmgestaltung und Mausunterstützung konnte das Auswahlverfahren optimiert werden. Nach Eingriffauswahl über Menü (Abb. 1) genügt ein einziges Bildschirmfenster (Abb. 2) um alle erforderlichen Reaktionen des Benutzers zur Anfertigung der Arbeitsunterlage aufzunehmen.

Für die Patienten, die aus religiösen oder anderen Gründen Fremdblut generell ablehnen, erfolgte, gesteuert über eine Checkbox, eine dementsprechende Textmodifikation.

Zur Rationalisierung des Auswahlverfahrens wurde ermöglicht, bereits bestimmte Punkte, erkenntlich am Farbwechsel des Feldes von blau nach rot, vorangewählt zu zeigen. Bei Sonderfällen kann eine Inaktivierung der Vorauswahl durch anklicken durchgeführt werden. Über ein Zusatzfenster kann die dem Programm zugrunde liegende Datenbank bearbeitet werden. Neben Textänderungen und Ergänzungen lässt sich die Reihenfolge der Darstellung und die Vorauswahl ändern.

Vor dem Ausdruck wird der erstellte Text in einer integrierten Textverarbeitung zum Lesen und ggf. editieren bereitgestellt.

Die neue Programmversion kann auch im Netzwerk betrieben werden. Änderungen oder Ergänzungen an der zentralen Stammdatei werden dann gleichzeitig an allen Arbeitsplätzen wirksam.

IV. Konzept und Ergebnisse

Mit der dargestellten Methode entstand das Konzept der computergestützten Patientenaufklärung.

Mit dem Aufklärungsprogramm sieht der Arzt nach Auswahl des anstehenden Eingriffs am PC einige Risiken, Behandlungsalternativen und Weiterbehandlungshinweise vorgewählt, nämlich diejenigen, die in jedem

---

[16] Computer Associates International, Inc., One Computer Associates Plaza, Islandia, NY 11788-70000

Fall der Aufklärung bedürfen, weil sie dem geplanten Eingriff generell anhaften bzw. die Nennung dringend empfohlen werden muss. Andere angebotene Punkte verlangen die Entscheidung, ob sie im konkreten Falle des Patienten zutreffen oder nicht. Nur in Sonderfällen kann und muss die Vorauswahl überprüft und ggf. geändert werden.

Für jedes Risiko sieht der Bearbeiter nach Anwahl der Position in einem Fenster die entsprechende Erläuterung, die ggf. noch individuell geändert werden kann. Jede Anwahl kann rückgängig gemacht werden. Jederzeit können weitere Punkte per Tastatur ergänzt werden. Nach Eingabe der Patientendaten und Überprüfung der anhand der Auswahl durch den Benutzer generierten Diagnose und des geplanten Eingriffs kann schließlich das gesamte Schriftstück bei Bedarf abschließend bearbeitet und als Arbeitsunterlage für das Aufklärungsgespräch ausgedruckt werden.

Anhand der Arbeitsunterlage wird das Aufklärungsgespräch geführt. Während des Gesprächs sich noch ergebende Fakten werden handschriftlich ergänzt. Bei einem Platzbedarf für den Text von max. 1 ½ Seiten verbleibt praktisch immer noch Platz für eine kleine Skizze (Benutzung eine DIN-A4-Blattes beidseitig), der vom Programm vor den vorgesehenen Unterschriften reserviert wird. Am Ende enthält das Arbeitsblatt den Inhalt des Gesprächs vollständig. Es verbleibt zunächst beim Patienten, bis dieser seine Entscheidung getroffen hat. Mit seiner Unterschrift bestätigt er dann den Inhalt des Aufklärungsgesprächs.

Mit der Verbreitung von Computern gehört unser Aufklärungskonzept zum Standard in der hiesigen Klinik.

Zur Umsetzung derjenigen rechtlichen Anforderungen, die einer computergestützten Kontrolle nicht, bzw. noch nicht zugänglich sind, haben wir unsere Mitarbeiter regelmäßig geschult. Mit zunehmendem Problembewusstsein wurde klar, dass mit Computerunterstützung im Vergleich zu einer handschriftlichen Dokumentation, die die Anforderungen erfüllt, erheblich Zeit eingespart werden kann.

Allerdings waren gewisse Nachlässigkeiten der ärztlichen Mitarbeiter trotz Schulungen nicht grundsätzlich zu beheben. So war eine durchgehende Anbringung des Tagesdatums auf dem Bogen nicht umzusetzen. Erst nach Programmänderung mit Aufdrucken des Datums am Ende des Bogens, war dieses Problem gelöst.

In Einzelfällen, in der Größenordnung von etwa 1 : 500, sind Patienten nach der Aufklärung von dem Eingriff zurückgetreten.

Bislang wurde in keinem Fall die Aufklärung rechtlich als insuffizient angegriffen.

V. Diskussion

Die Bedeutung der ärztlichen Aufklärung hat über die Jahre stetig zugenommen. Es sind nicht nur die zahlreicher gewordenen Haftpflichtprozesse und die gestiegenen Anforderungen der Rechtsprechung, wie z.B. zum Aufklärungszeitpunkt oder zum Eigenblut, sondern auch eine ständig steigende Zahl von neuen Therapieverfahren, die eingesetzt werden, ohne dass das Ergebnis sicher bekannt wäre. Auch mit aufwendigen Laboruntersuchungen ggf. einschließlich tierexperimenteller Überprüfung kann vor allem das längerfristige Ergebnis nur mit Einschränkungen prognostiziert werden. Bei fehlendem Bewusstsein für diese wissenschaftlichen Grunderkenntnisse und, damit einhergehend, falschen Erwartungen können vor allem kurzfristig sich einstellende Misserfolge zu Haftpflichtansprüchen führen.

Der Ausgleich zwischen der Notwendigkeit des Fortschritts und des damit verbundenen Fehlschlagrisikos und den Interessen des Patienten wird nur über die Aufklärung erfolgen können. Der Patient muss dann entscheiden, ob er anstelle bewährter mit neueren Methoden behandelt werden will, damit aber auch das unter Umständen höhere Risiko des Fehlschlages tragen. Zurecht muss der Arzt beweisen, dass sich der Patient nach einer entsprechenden Aufklärung nicht für den Standardeingriff entschieden hätte[17].

In einer unserer ersten Mängelanalysen stand, in Übereinstimmung mit den Feststellungen der Rechtsprechung, die nicht vollständige Nennung wesentlicher Risiken eine Eingriffs. Diese Schwachstelle besteht bei fehlendem Einsatz eines brauchbaren Aufklärungskonzepts bis heute weiter fort:

Bei einer Untersuchung eines externen Klinikbereichs mit konventioneller Vorgehensweise (handschriftliche Dokumentation des Aufklärungsinhalts in ein für Aufklärungsgespräche vorgesehenes leeres Formular) konnten wir 50 Fälle von Hüftendoprothesenimplantationen fortlaufend analysieren[18]. Die Aufklärung über die klassischen Risiken erfolgte insgesamt mit hoher Qualität, dennoch wurden z.B. 6 % nicht über die Gefahr einer Infektion aufgeklärt. Eine wesentliche Schwachstelle des konventionellen Vorgehens wurde bei der Erläuterung der Risiken deutlich: Die Mitteilung der potentiellen Folgen einer Fremdblutgabe wie Hepatitis und Aids war nach der Dokumentation bei 26 % der Patienten unterblieben.

---

17 OLG Oldenburg, VersR 1997, 192

18 Müller/Schürmann/Lichtinger/Lederer/Bergmann, Qualität und Management der Patientenaufklärung – Ergebnisse konventioneller und computergestützter Dokumentation – Zeitschrift für Orthopädie, im Druck

34% hörten nichts von einer Lähmung, 76 % erfuhren nichts über den drohenden Verlust des Implantats im Falle der tiefen Infektion.

Die Schwierigkeiten bei konventionellem Vorgehen bestehen zudem in der bei jedem Einzelfall erforderlichen Prüfung, welche Punkte der Aufklärung bedürfen. Muss z.B. vor einer banalen Bandscheibenoperation über das sicherlich sehr entfernt liegende Risiko einer Querschnittslähmung aufgeklärt werden? Es muss.

Die Aufklärung kann fehlschlagen, wenn sie, durch Verwendung von Fachbegriffen und Fremdwörtern, wie z.B. „Sudeck", beim Patienten mangels Verständnisses nicht ankommt.
Für den Nachweis einer erfolgreichen Aufklärung reicht es in vielen Fällen nicht aus, nur schlagwortartig Begriffe wie z.B. Entzündung zu nennen. Hier besteht die Gefahr, dass der Patient zwar das Wort versteht, die Folgen aber, die aus der Infektion resultieren können, völlig falsch einschätzt. So muss z.B. vor der intraartikulären Injektion nicht nur auf das Risiko einer, wenn auch seltenen Infektion des Gelenks, sondern vor allem auch auf die mögliche Folge der Entzündung nämlicher einer Versteifung hingewiesen werden[19].

Schließlich muss berücksichtigt werden, dass der Arzt die Beweislast für die Individualaufklärung im konkreten Fall trägt. In der Praxis entspricht demzufolge die Aufklärungsqualität in der Regel dem, was später vom Arzt anhand der Dokumentation belegt werden und im Streitfall den Arzt entlasten kann. Die Rekonstruktion des mit dem Patienten geführten Gespräches, meist ohne Zeugen, ist nach langer Zeit anderweitig kaum möglich. Selbst Zeugen erinnern sich nach vielen Monaten bis Jahren nicht mehr an den Inhalt und der Patient selbst bestreitet nach einer eigenen Untersuchung bereits 14 Tage postoperativ bei durchschnittlich 43% der Risiken, diese jemals gehört zu haben[20].

Damit entsteht auch ein patientenseitiges praktisches Problem. Der Patient weiß es nach Monaten oder Jahren nicht mehr besser. Es sollte daher nicht verwundern, wenn er fest davon überzeugt ist, das entscheidende Risiko nicht erfahren zu haben.

Im übrigen ändert die Tatsache, dass der Patient ohnehin große Teile des Aufklärungsgesprächs rasch vergisst, nichts an der Qualität und dem Sinn der Aufklärung. Es kommt nur darauf an, dass die Information zum Zeitpunkt der Entscheidung des Patienten zur Verfügung steht.

Das computergestützte Konzept setzt direkt an der Mängelanalyse an und versucht, menschliche Unzulänglichkeiten auszugleichen. Die Aufgabe, aus eigenem Wissen alles Wesentliche aufzuzählen, wird auf die Ent-

---

[19] BGH, MedR 1989, 188

[20] Müller/Konermann, Erfolg und Auswirkungen der präoperativen Aufklärung, MMW 1990, 132

scheidung reduziert, aus der Zahl der angebotenen Positionen auszuwählen. Vergessen scheidet dabei praktisch aus. Bei Unklarheiten hilft das Studium der Risikobeschreibung im Unterfenster weiter.

Eine sorgfältige Bearbeitung der dem Programm zugrunde liegenden Datenbank schließt Verständnisprobleme auf Patientenseite durch geeignete Wortwahl nahezu aus. Eine anschauliche Erläuterung der Folgen von Risiken vermittelt, was auf den Patienten im ungünstigen Fall alles zukommen kann. So wird z.B. vor jeder Implantation einer Hüftendoprothese auf die Notwendigkeit, das Implantat im Falle einer tiefen Entzündung wieder zu entfernen, hingewiesen. Zudem wird die dann drohende langwierige Behandlung, das Laufen ohne Gelenk und die Gefahr einer chronischen Knocheneiterung angesprochen.

Dementsprechend zeigte die Auswertung von 50 fortlaufenden mit dem computergestützten System erstellten Aufklärungsbögen bei Hüftprothesenoperationen, unabhängig vom Ausbildungsstand der Ärzte, eine 100%ige Dokumentation aller, nach unserem Kenntnisstand erforderlichen Risiken sowie eine vollständige Erläuterung der Risikokonsequenzen[21].

Der entscheidende Vorteil liegt wahrscheinlich in ihrer Individualisierung. Bereits die Auswahl der Risiken am Bildschirm erfolgt konkret auf den Patienten bezogen. Eine weitere, in der bisherigen Praxis nur selten erforderliche, Anpassung der Arbeitsunterlage kann durch die Änderungen der einzelnen Erläuterungen vorgenommen werden. Die abschließende Editiermöglichkeit der gesamten Arbeitsunterlage wird nach unseren Erfahrungen nur bei Sonderfällen benötigt. Die Notwendigkeit der individuellen Anpassung wird an alltäglichen Beispielen deutlich. Eine ungünstige Dysplasiecoxarthrose bedarf einer anderen Aufklärung als der Regelfall. Zusätzliche Einwilligungen und Aufklärungen können erforderlich sein, wenn der resezierte Femurkopf als allogenes Knochentransplantat verwendet werden soll und zur Sicherheit des Transplantats Blutuntersuchungen notwendig werden. Beim Endoprothesenwechsel sind in Abhängigkeit der konkreten Situation, wie z.B. des knöchernen Lagers, die unterschiedlichsten Punkte anzusprechen.

Dies macht auch die begrenzten Möglichkeiten vorgedruckter Bögen deutlich, die zudem eine Lagerhaltung erfordern und zusätzlich Kosten für jeden Bogen verursachen.

Im Gegensatz zu vorgedruckten Bögen, bei denen durch zahlreiche Informationen zur Operationstechnik u.a. die eigentliche Aufklärung eher in den Hintergrund tritt, erfolgt beim computergestützten Konzept eine Reduktion auf die rechtlich entscheidenden Punkte. Dies hat zur Folge, dass die Arbeitsunterlage wegen der knappen aber deutlichen Beschreibung des Risikos zur vorherigen Abgabe an den Patienten ungeeignet ist. Die feh-

---

[21] Vgl. FN 18

lerhafte Aushändigung in Einzelfällen hatte zu einer erheblichen Beunruhigung auf der Patientenseite geführt. Dies schützt wegen des erheblichen zusätzlichen Gesprächsaufwands gewissermaßen davor, die Arbeitsunterlage vorab dem Patienten zu überlassen. Diese Erfahrung und eine erklärende Skizze auf dem dafür freigelassenen Bereich des Bogens haben nach unseren Untersuchungen dazu geführt, dass immer das eigentliche Gespräch geführt worden ist und anhand der Skizze, die während des Gesprächs den Operationsvorgang verständlicher machen soll, auch belegt werden kann. Eine entsprechende Dienstanweisung, die dieses Procedere explizit vorschreibt, rundet unser Konzept ab.

Dagegen lassen vorgedruckte Bögen, deren Konzept die vorherige Abgabe an die Patienten zur Information ist, auch mit Patientenunterschrift noch nicht den zwingenden Nachweis eines tatsächlich geführten Aufklärungsgespräches zu. Der Patient hatte in Erwartung eines noch folgenden Gespräches vorab unterschrieben, dass das Gespräch dann später tatsächlich noch stattfand, konnte anderweitig nicht mehr bewiesen werden.

Am Ende unserer Behandlung steht eine gedruckte individuelle Dokumentation des Aufklärungsgesprächs mit Handskizze und Gegenzeichnung durch den Patienten zur Verfügung. Für Angriffe, es seien nach Unterschrift des Patienten später weitere Punkte angefügt worden, bleibt praktisch kein Raum. Die Dokumentation soll nicht nur als Beweis den Arzt vor Gericht entlasten, sondern Rechtsstreitigkeiten dann vermeiden helfen, wenn diese mangels Behandlungsfehler nur auf eine mangelhafte Aufklärung gestützt werden könnten. Nach unserem Verständnis sollten Verständlichkeit und Klarheit der Dokumentation Anwalt und Patient ohne Zuziehung eines medizinischen Sachverständigen vom Inhalt der Aufklärung überzeugen können.

Schließlich können trotz des vollständigen Informationsangebots auch mit Computerunterstützung Mängel auftreten, wenn z.B. ein zu nennendes Risiko entweder nicht durch Auswahl in die Dokumentation aufgenommen wird oder aus Sicherheitsdenken Risiken mit in die Aufklärung einbezogen werden, die im konkreten Fall nicht in Frage kommen. Dies ist in den von uns untersuchten Aufklärungsbögen jedoch in keinem Fall vorgekommen[22].

So hat sich das computergestützte System uneingeschränkt bewährt. Es sichert, allerdings nur unter Beachtung der nicht rechnerkontrollierten Anforderungen, eine Aufklärungsqualität, die mit konventionellem Vorgehen in der Regel nicht zu erreichen ist und den Arzt vor ungerechtfertigten Haftungsansprüchen schützt. Weil nach unseren Erfahrungen viele Patienten die Gefahren eines Eingriffs, vor allem aber die Folgen, die bei Verwirklichung eines Risikos zu tragen sind, unterschätzen[23], bietet sich auch

---

[22] Vgl. FN 18

[23] Vgl. FN 20

die Chance, falsche Vorstellungen über die Möglichkeiten und Grenzen der modernen Chirurgie zu korrigieren und damit eine überzogene Anspruchshaltung auf das normale Maß zurückzuführen. Dies kann für alle Beteiligten nur von Vorteil sein.

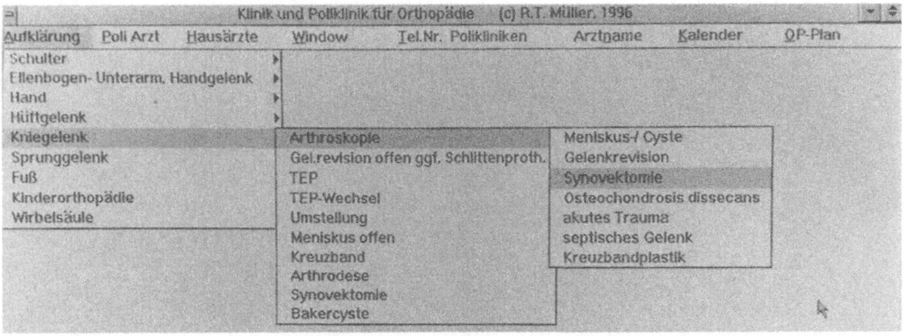

Abb.1. Über ein Pull-down-Menü erfolgt die Auswahl des durchzuführenden Eingriffes, dadurch Öffnen des entsprechenden Arbeitsfensters (Abb. 2). Diese Programmversion ist in unserer klinikeigenes Gesamtprogramm eingebunden. Das Aufklärungsprogramm kann aber auch davon unabhängig eingesetzt werden.

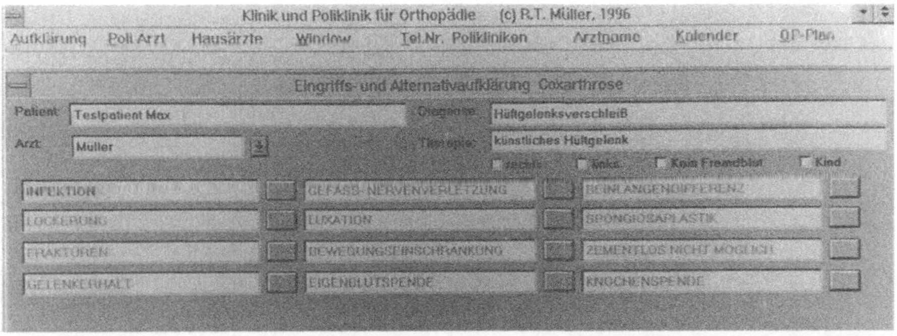

Abb. 2. Arbeitsfenster mit Anzeige der gespeicherten Punkte am Beispiel künstliches Hüftgelenk. Ergänzungen der Arbeitsunterlage bei Kindern (z.B. ein Elternteil vertritt den anderen Elternteil bei Aufklärung und Einwilligung mit) und bei Verweigerung von Fremdblut (z.B. Zeuge Jehova) werden durch Aktivierung der jeweiligen Checkbox im Arbeitsfenster vorgenommen. Anwahl von Infektion und Anzeige des für die Arbeitsunterlage vorgesehenen Textes im unteren Feld.

1. Diskussion

Radermacher: Das Thema unseres diesjährigen Symposiums ist – wie Sie der Schreibweise des Titels sicher haben entnehmen können – nicht **die** Risikoaufklärung, sondern **das** Risiko der Aufklärung – das Risiko, das mit einer unvollständigen, fehlerhaften oder einer nicht erfolgten Aufklärung für die Behandlungsseite verbunden ist.

Die Anforderungen, die die Rechtsprechung an eine ordnungsgemäße Aufklärung stellt, entsprechen einer stetig ansteigenden Kurve; das Prozessrecht birgt eine Reihe von Untiefen und Fallen.

Wie kann ein Arzt sich diesen Anforderungen stellen? Was ist aus ärztlicher Sicht möglich, um Aufklärung und Aufklärungsdokumentation zu optimieren?

Teipel, Rechtsanwalt, Berlin: Wenn man sich an den Ausführungen von Herrn Prof. Dr. Müller orientiert, hört sich die Situation aus Sicht des Arztes keineswegs so dramatisch an, wie Herr Kollege Dr. Ratajczak sie geschildert hat. Ganz offenbar hängt es von der Intelligenz des jeweils behandelnden Arztes ab, wie er die Kriterien der Rechtsprechung umsetzt.

Ihrer Darstellung der Risikoaufklärung, Herr Kollege Dr. Ratajczak, muss ich widersprechen:

Der Vergleich mit dem US-System missfällt mir; ich finde auch den Vergleich mit den Risiken beim Autofahren und beim Fliegen eher polemisch. Dass die Lebenssituation in diesen Fällen kaum vergleichbar ist, dürfte jedem von uns aufgefallen sein. Einen Gesichtspunkt, den Sie genannt haben, halte ich allerdings für äußerst wichtig:

Sie haben bereits in einer Ihrer früheren Veröffentlichungen darauf aufmerksam gemacht, dass die Rechtsprechung die Kriterien zur Aufklärung entwickelt hat im Interesse der „Waffengleichheit". Dieses gesamte rechtliche Instrumentarium ist ausdrücklich nicht zu Lasten des Arztes geschaffen worden, sondern um einen Arzthaftungsprozess für wahr und kalkulierbar zu machen. Wenn Ärzte es verstehen, die Chancen, die die Rechtsprechung ihnen vermittelt, anzunehmen, dann sind durchaus Grundsätze erkennbar, die sich wie ein roter Faden durch die Rechtsprechung ziehen:

Ich denke da zunächst an die vom Patienten darzulegende Konfliktsituation. Bei vital indizierten Operationen – etwa nach einem Unfall – wird es einem Patienten nicht gelingen, diesen Konflikt glaubhaft zu machen. Ich glaube deshalb auch nicht, dass in solchen Fällen ein Missbrauch möglich ist.

Dann gibt es das Merkmal der Indikationsstellung: Je zwingender ein Eingriff indiziert ist, desto niedriger sind die Anforderungen an den Umfang der Aufklärung.

Sicher gibt es „Ausreißer“ in der Judikatur; das hat Herr Kollege Rolf Jungbecker dargestellt. Wir alle wissen, dass die Rechtsprechung nicht einheitlich ist. Aber wenn man hier den Vergleich mit dem Verlauf von Aktienkursen zieht, dann möchte ich dem doch energisch widersprechen.

Ratajczak: Eine grundsätzliche Bemerkung vorweg:

Im Rahmen unserer Symposien betreiben wir nicht Fortbildung im engeren Sinne, sondern wir wollen etwas bewegen. In diesem Rahmen dürfte auch eine pointierte Ausdrucksweise durchaus vertretbar sein.

Zur Sache: Die Argumentation der Rechtsprechung ist in sich nicht konsequent.

Wenn ich den Entscheidungskonflikt in das Zentrum rückte, der vom Patienten plausibel begründet werden und von Seiten des Arztes widerlegt werden muss, dann muss ich auch die prozessualen Voraussetzungen dafür schaffen, alle möglichen Informationen über den Patienten, die den Hintergrund für seinen behaupteten Entscheidungskonflikt darstellen können, zu hinterfragen und zu erforschen. Das ist im gesamten amerikanischen Rechtsbereich, aus dem die Rechtsprechung stammt, eine Selbstverständlichkeit. Bei uns geht das nicht. Damit reduziert sich die Möglichkeit zur Feststellung eines Entscheidungskonfliktes auf die Frage, wie gut oder schlecht ein Patient sich vor Gericht „verkauft“. Das ist sachlich und prozessual inadäquat – insbesondere dann, wenn die Behandlungskomplikationen Dimensionen annehmen, die gegenüber dem Risiko, im normalen Straßenverkehr „unter die Räder zu kommen“ in keinem Verhältnis stehen. Wer bereit ist, als Motorradfahrer das Risiko dauerhafter und schwer beherrschbarer Verletzungen bis hin zum Risiko der Querschnittslähmung in Kauf zu nehmen, der soll tatsächlich ein vergleichbares Risiko im Rahmen einer ärztlichen Behandlung nicht akzeptieren? Ist das etwa glaubwürdig? Ich sage Ihnen ganz klar: Nein, das ist nicht glaubwürdig! Im amerikanischen Recht könnte der Beweis für die mangelnde Glaubwürdigkeit durch Nachforschungen im Leben dieses Patienten geführt werden; nach unserem Prozessrecht ist das nicht möglich und das finde ich nicht adäquat. Man kann darüber selbstverständlich lange streiten; die Entwicklung der

Rechtsprechung ist jedoch, Herr Kollege Teipel, alles andere als konsequent.

Krämer, Rechtsanwalt, Karlsruhe: Ich möchte Ihnen gerne berichten, wie ich aus der Sicht des Revisionsanwaltes die von Ihnen zum Teil mit Recht kritisierte Rechtsprechung des BGH verstehe. Ich darf dazu sagen, dass ich mich seit 19 Jahren mit dieser Materie beschäftige und das Glück habe, sowohl auf Seiten des Patienten als auch auf Seiten des Krankenhauses und der Ärzte mandatiert gewesen zu sein.

Zur Kritik von Herrn Kollegen Dr. Ratajczak an der Rechtsprechung des BGH zur Komplikationsdichte ein Hinweis: Die von Ihnen zitierte Entscheidung zum Aufklärungserfordernis bei Risikoverhältnis 1 : 15.500.000 ist eine Entscheidung des 3. Senates, der für Arzthaftungsrecht nicht zuständig ist. In diesem Fall ging es um die staatlich angeordnete Schutzimpfung im Rahmen des § 839 BGB. Das können Sie nicht ohne weiteres mit den früheren Entscheidungen des Arzthaftungssenates vergleichen.

Auf eine besondere Formulierung des BGH – relevant im Zusammenhang mit der Frage nach der Komplikationsdichte – sollte man achten: Über seltene Risiken ist dann aufzuklären, wenn diese im Falle ihres Eintritts die Lebensführung des Patienten schwer belasten, trotz ihrer Seltenheit für den Eingriff spezifisch und für den Laien überraschend sind. Zugegebenermaßen: Das ist eine vage Formulierung, von der ich aber dennoch glaube, dass man im Prozess etwas damit anfangen kann.

Ich komme nun zu einem Punkt, der mich persönlich interessiert. Wenn Sie so wollen, ist dies ein Appell des Revisionsanwaltes an die hier anwesenden Kollegen aus den Tatsacheninstanzen.

Sie wissen, dass die Annahmequote des 6. Senates des BGH immer weiter zurückgeht. Nach meiner Schätzung liegt sie zur Zeit deutlich unter 10 %. Die grundsätzlichen, im Sinne von § 554 b Abs. 1 ZPO klärungsbedürftigen Rechtsfragen sind ja auch weitestgehend entschieden. Natürlich gibt es noch einigen Diskussions- und auch Entscheidungsbedarf – der Senat vertritt dabei jedoch ersichtlich einen sehr zurückhaltenden Standpunkt. Das ist – wenn Sie so wollen – der gegenläufige Ausschlag des Pendels von der durch Herrn Dunz geprägten sehr annahmefreudigen Rechtsprechung der 70er und 80er Jahre.

Angesichts dieser niedrigen Annahmequoten tragen Sie, die Kollegen in den Tatsacheninstanzen, eine große Verantwortung. Ich stelle immer wieder fest, dass in den Vorinstanzen von den prozessualen Möglichkeiten nicht in der ausreichenden Art und Weise Gebrauch gemacht wird. Richtigerweise wurde bereits von einem der Redner vor mir auf die Fallen des Prozessrechtes aufmerksam gemacht. Es gibt aber nicht nur diese Fallen, sondern auch große prozessrechtliche Chancen, die es zu nutzen gilt.

Dazu nur ein Beispiel: §§ 445 und 448 ZPO, die Parteivernehmung – entweder auf Antrag hin oder auch von Amts wegen. Hier können Sie Einfluss nehmen. Ich kann in der Revisionsinstanz keine Verfahrensrüge erheben, wenn Sie es in der Tatsacheninstanz dem Gericht überlassen, im Rahmen seines Beurteilungs- und Ermessensspielraums diese Parteivernehmung durchzuführen oder auch nicht. Sie können, selbst wenn es für den § 445 ZPO nicht ausreicht, diese Parteivernehmung durchaus nach § 448 ZPO erzwingen.

Ein weiteres Beispiel: Die §§ 139 und 278 ZPO, also die Verpflichtung des Tatrichters, im Rahmen von vorbereitenden Maßnahmen ein Rechtsgespräch zu führen.

Sie wissen alle, dass im Zivilprozessrecht ganz allgemein der Beibringungsgrundsatz gilt, dass aber gerade im Arzthaftungsprozess in vielen Jahren von der Rechtsprechung des 6. Senats dieser Grundsatz zugunsten des Offizialprinzips sehr stark relativiert wurde. Es besteht also eine Prozessförderungspflicht. Ich habe den Eindruck, dass vom 6. Senat – zwischenzeitlich besetzt von einer ganz anderen Richtergeneration – jetzt wieder stärker auf den Beibringungsgrundsatz zurückgegriffen wird, weil man davon ausgeht, dass es genügend qualifizierte Anwälte gibt. Sie sollten sich jedenfalls in den Tatsacheninstanzen immer darüber im klaren sein, dass Sie sich nicht auf das Gericht verlassen dürfen – sei es ein Spezialsenat oder nicht -, sondern dass Sie im Rahmen Ihrer prozessualen Möglichkeiten auf den Verfahrensgang Einfluss nehmen können und auch müssen.

So haben Sie durchaus die Möglichkeit, einen Hinweis nach §§ 139, 278 Abs. 3 ZPO zu verlangen; der Revisionsantrag kann dann möglicherweise auch mit Aussicht auf Erfolg auf eine solche Verfahrensrüge gestützt werden.

Erlauben Sie mir noch einen Hinweis, der mit dem heutigen Thema nicht unmittelbar zu tun hat, den ich jedoch für wichtig erachte:

Mir fällt immer wieder auf, dass nach Anhörung eines Sachverständigen in der Berufungsinstanz keine Schriftsatzfrist beantragt wird und folglich keine Möglichkeit mehr besteht, zu den Aussagen des Sachverständigen Stellung zu nehmen.

Eine weitere Anmerkung: Ich meine, Herr Kollege Ratajczak, dass Sie das Selbstbestimmungsrecht des Patienten – über das man natürlich streiten kann, das aber vom 6. Senat in der Werteskala immer sehr hoch angesetzt wird – zu stark relativiert haben. Die religiöse Einstellung des Patienten, die als Begründung des „ernsthaften Entscheidungskonflikts" bemüht wird, mag im Zusammenhang mit einer Kniegelenksverletzung vielleicht absurd sein; aber es sind selbstverständlich auch andere Fälle denkbar. Nehmen Sie z.B. eine Schauspielerin, die eine medizinisch gebotene Amputation ablehnt, weil dies ihre berufliche Zukunft zerstören würde; ich denke, eine solche – medizinisch unverständlich und kaum akzeptable –

Entscheidung muss man ernst nehmen. Ich bin auch der Meinung, dass der 6. Senat mit Sicherheit an seiner Rechtsprechung weiter festhalten wird.

Denken Sie bitte – wenn ich ad futurum sagen darf – an eine großes Problem, das uns bevorsteht: Wir haben die große Justizreform; die – das ist meine Prognose – mit gewissen Abweichungen kommen wird. Es wird vermutlich eine Zulassungsbeschwerde zum Bundesgerichtshof geben, beschränkt auf Grundsatzfälle zur Rechtsfortbildung und auf Fälle der Divergenz- nicht etwa zur Rechtsprechung der Berufungsgerichte, sondern zur Rechtsprechung der Senate innerhalb des BGH. Wenn Sie sich das vor Augen halten, dann werden Sie erkennen, welche große Verantwortung in Zukunft auf die Kollegen in den beiden Vorinstanzen zukommt, hier richtig vorzutragen und die Gerichte – ich wiederhole es nochmals mit Nachdruck – zu zwingen, zu bestimmten Anträgen Stellung zu nehmen und sich auf die Prozessförderungspflicht der Gerichte zu verlassen. Nur so schaffen wir auch die Möglichkeit, Rechtsprechung fortzuentwickeln. Ich halte die Richter des BGH durchaus für willig und bereit, neue Grundsätze der Rechtsprechung zu entwickeln. Dafür benötigen sie jedoch die Grundlage. Diese Grundlage können nur Sie in den Tatsacheninstanzen schaffen.

- Zustimmendes Klopfen –

Ratajczak: Sie haben Recht, Herr Prof. Krämer: Ich habe mir überlegt, ob ich die Entscheidung der Risikodichte 1 : 15,5 Mio. im Detail darstellen soll, weil sie ein klassisches Beispiel für eine ergebnisbezogene Entscheidung ist. Es ging bei dieser Entscheidung des 3. Senates um die Sicherungsaufklärung, und der Senat hat damals gemeint, 1 : 15,5 Mio. sei ein Risiko, das von der Rechtsprechung bisher noch nie akzeptiert wurde, im Bereich der Sicherungsaufklärung müsse man aber deutlich über die Komplikationsdichte im Bereich der Eingriffsaufklärung hinaus gehen.

Der entscheidende Gesichtspunkt dieser Entscheidung ist jedoch folgender: Der Revisionssenat übernimmt nicht nur die Tatsachenfeststellung des Berufungsgerichts mit dem Risiko 1 : 15,5 Mio., sondern führt – sozusagen als 3. Tatsacheninstanz – neue Tatsachen in den Prozess ein, um zu einer Erklärung zu gelangen, warum die Risiken so und nicht anders zu gewichten waren. Kurz das Problem des Falles: Im Beipackzettel des Herstellers war das hochseltene Risiko erwähnt, weil dieser Beipackzettel nicht für den deutschen, sondern ursprünglich für den amerikanischen Markt bestimmt war, wo mittlerweile jedes denkbare Risiko – ob real oder irreal – aufgeführt werden muss. Die Rechtsprechung verlangt seit vielen Jahren, dass über alles, was im Beipackzettel steht, selbstverständlich auch aufgeklärt werden muss. All diese Kriterien sind doch – darauf muss ich nochmals hinweisen – für ein ganz anderes als unser Rechtssystem entwickelt worden. Deshalb mein Plädoyer: Wenn ich mich im Ergebnis mit den

Grundsätzen des amerikanischen Rechtssystems auseinandersetzen muss, dann möchte ich bitte auch die Vorteile dieses Systems in Anspruch nehmen, etwa in Form der pre-trial-discovery. In dieser dem Prozess vorangehenden Aufklärungsphase darf niemand lügen – es sei denn, er will die Konsequenzen des amerikanischen Rechtssystems in Kauf nehmen.

Grathwohl, Rechtsanwalt, Leverkusen: Ich weiß nicht, Herr Kollege Ratajczak, ob ich Ihre Ausführungen zum Zeitpunkt der Aufklärung richtig verstanden habe: Sie meinen wohl, dass diese Aufklärung nicht allzu lange vor der Operation erfolgen könne, weil ja nicht extra wegen dieser Aufklärung eine vorgezogene stationäre Aufnahme des Patienten möglich sei. Zu diesem Thema hätte ich gerne die Meinung von Herrn Prof. Müller gehört. Es gibt ja durchaus die Möglichkeit der vorstationären Behandlung, in deren Rahmen dann auch die rechtzeitige Aufklärung erfolgen kann.

Müller: Man muss zwei Fälle unterscheiden: Einmal den Fall des Patienten, der vorher in der Ambulanz betreut wird – Stichwort: Polikliniken der Universitäten -. In diesem Rahmen sollte die Möglichkeit zur frühzeitigen Aufklärung genutzt werden. Für den Patienten, der sozusagen schon ausgezogen im Bett liegt, ist es sicherlich schwierig, nach vollzogener Aufklärung und in Kenntnis der möglichen Komplikationen seine Sachen wieder zu packen und nach Hause zu gehen. Da existiert sicher eine Barriere, und deswegen klären wir nach Möglichkeit sofort auf, sobald die Indikation zur Operation gestellt werden kann.

Es gibt aber auch andere Fälle, in denen zunächst eine diagnostische Abklärung erforderlich ist, die stationär durchgeführt werden muss. Wenn im Zuge dieser Diagnostik die Indikation zur Operation gestellt wird, kann natürlich frühestens erst zu diesem Zeitpunkt aufgeklärt werden. Wenn zwischen Aufklärung und Operation 24 Stunden Bedenkzeit eingeschoben werden müssen, könnte es zu Problemen kommen. Wenn man davon ausgeht, dass eine Aufklärung am Vor**tag** ausreichend, am Vor**abend** zu spät ist, dann meine ich jedoch, dass müsste organisatorisch sicherzustellen sein.

Wahrscheinlichkeit und relevante Risiken

Wilhelm Gaus

Inhaltsübersicht

I. Der Begriff der Wahrscheinlichkeit

Der modellmäßige Begriff der Wahrscheinlichkeit (z.B. ideale Münze, idealer Würfel) und die mathematisch-axiomatische Definition der Wahrscheinlichkeit sind in Medizin und Jurisprudenz kaum praktikabel. In diesen beiden Gebieten sind Wahrscheinlichkeiten fast immer relative Häufigkeiten, die an einer "ausreichend" großen Fallzahl ermittelt wurden. Damit gibt die Wahrscheinlichkeit mit einer Zahl zwischen 0 und 1 an, wie selten oder wie häufig ein bestimmtes Ereignis unter bestimmten Bedingungen eintritt. Chancen sind Wahrscheinlichkeiten für erwünschte, Risiken sind Wahrscheinlichkeiten für unerwünschte Ereignisse.

Beispiele für Wahrscheinlichkeiten (die Angaben sind als Größenordnungen zu verstehen):

- 6 Richtige im Zahlenlotto 1 : 10.000.000
- Wahrscheinlichkeit, dass ich innerhalb eines Jahres sterbe, ist 1,5 % (Statistisches Jahrbuch der Bundesrepublik Deutschland, Sterbewahrscheinlichkeit für 60-jährige Männer).
- Wahrscheinlichkeit, dass bei Einnahme einer Tagesdosis des Schmerzmittels Metamizol als unerwünschte Arzneimittelwirkung eine Agranulozytose (schwere Störung der Entwicklung der Abwehr-Blutzellen) entsteht, ist 1 : 100.000
- Die Heilungschance bei einer bestimmten Krankheit kann 80 % sein.
- Das Risiko für einen Narkosezwischenfall bei hypertonischen Männern über 60 Jahren kann 3 % sein.

Die Wahrscheinlichkeiten für seltene Ereignisse, d.h. sehr kleine Wahrscheinlichkeiten, sind in der Praxis schwierig zu ermitteln, weil sie extrem große Fallzahlen erfordern. Bei einem Komplikationsrisiko von 1 : 10.000 wären selbst in einer Studie mit 100.000 Patienten „nur“ 10 Komplikationsfälle zu erwarten.

Für seltene Ereignisse gibt es das spezielle Studiendesign der Fall-Kontroll-Studie, das aber nur relative Risiken ermitteln kann. Ein relatives Risiko gibt an, um wie viel mal größer ein bestimmtes Risiko ist im Vergleich zu dem Risiko unter einer anderen Bedingung. Beispiel: Das Risiko, an einem Bronchialkarzinom zu erkranken, ist für Raucher etwa 10 Mal so groß wie für Nichtraucher.

Extrem häufige Ereignisse müssen nicht speziell betrachtet werden, das Nicht-Eintreten eines sehr häufigen Ereignisses wird als seltenes Ereignis gehandhabt.

II. Wie werden Risiken subjektiv empfunden?

Das subjektive Empfinden für Risiken und Chancen ist bei den Menschen sehr unterschiedlich ausgeprägt und richtet sich erstaunlich wenig nach den objektivierbaren Wahrscheinlichkeiten[1]. Freiwillig eingegangene Risiken (z.B. Motorradfahrt, z.B. Risiko für Hautkrebs nach Sonnenbad) werden subjektiv meist als viel harmloser empfunden als zwangsläufige

---

[1] Jungermann, Zur Wahrnehmung und Akzeptierung des Risikos von Großtechnologien. Psychologische Rundschau 33 (1982), S. 217 - 238

Risiken (z.B. Luftverschmutzung, Strahlenbelastung durch ein benachbartes Atomkraftwerk).

Die Bereitschaft, ein Risiko einzugehen, hängt auch von der aktuellen Stimmung eines Menschen ab. In guter Stimmung ist man eher bereit, ein bestimmtes Risiko einzugehen, als bei schlechter Laune[2]. Depressive sehen Risiken, die vielleicht gar nicht existieren. Über das Risikoverhalten von Patienten gibt es nur vereinzelt Literatur[3], z.B. bei Asthma bronchiale.

III. Wie genau lässt sich in der Praxis eine Wahrscheinlichkeit ermitteln?

Auf welchen Fallzahlen beruhen Normalwerte, die Angaben in den statistischen Jahrbüchern, die Angaben aus klinischen Studien und wissenschaftlichen Publikationen? Wie zuverlässig sind Wahrscheinlichkeitsangaben im Sinne einer „Evidence based medicine"? Alle diese Wahrscheinlichkeiten sind aus statistischer Sicht nur Schätzwerte und oft genug ist die Schätzgenauigkeit viel schlechter als vermutet. Ein Konfidenzintervall gibt an, wie groß der Schätzfehler (für eine Wahrscheinlichkeit) mit großer Wahrscheinlichkeit (meist wird 95 % oder 99 % Wahrscheinlichkeit gewählt) höchstens ist.

Beispiel: An einer chirurgischen Klinik wurden 123 Operationen mit Eröffnung des Colons (Dickdarm) durchgeführt, bei 8 Patienten entwickelte sich postoperativ eine Infektion. Damit wird bei dieser Operation das Infektionsrisiko mit 8/123 = 6,5 % geschätzt. Der 95 %-Konfidenzintervall dafür geht von 2,9 % bis 12,4 %, d.h. das wahre Infektionsrisiko bei dieser Operation liegt mit 95 % Wahrscheinlichkeit zwischen 2,9 % und 12,4%. Leider wird in Publikationen der Konfidenzbereich zu selten angegeben.

IV. Beispiel für eine kleine Wahrscheinlichkeit: Agranulozytose durch Metamizol

Metamizol ist ein Schmerzmittel, das viele gute Eigenschaften hat, bei dem aber – sehr selten – eine Agranulozytose auftreten kann. Agranulozytose ist eine schwere Erkrankung, die Letalität liegt größenordnungsmäßig bei 30 %. In einer großen internationalen Studie[4] wurde ermittelt, dass das

---

[2] Spies u.a., Influence of positive mood on risk-taking behavior. Psychologische Beiträge 39 (1997), S. 216

[3] Woeller u.a., Determinanten von Risikoverhalten bei Patienten mit Asthma bronchiale. Psychotherapie, Psychosomatik, Medizinische Psychologie 48 (1998), S. 101

[4] The international agranulocytosis and aplastic anaemia study. Risks of agranulocytosis and aplastic anaemia. J. American Ass. 256 (1986), S. 1740

Risiko einer Agranulozytose nach Einnahme einer Tagesdosis Metamizol bei etwa 1 : 100.000 liegt, d.h. bei jeder 100.000sten Tagesdosis eine Agranulozytose entsteht.

Muss nun ein niedergelassener Arzt, der Metamizol als Schmerzmittel verordnet, darauf achten und darüber aufklären? Dazu folgende kleine Modellrechnung:

> Angenommen, der Arzt hat im Laufe seines Lebens 30 Praxisjahre und im Durchschnitt 800 Scheine je Quartal. Das ergibt dann im Laufe seines Lebens 30 Jahre x 4 Quartale x 800 Scheine : 100.000 Scheine.
> Angenommen, er verschreibt jedem 100sten Patienten im Quartal Metamizol (dies ist eher hoch gegriffen). Dann sind im Laufe seiner ärztlichen Tätigkeit 0.01 Agranulozytose-Fälle aufgrund seiner Metamizol-Verordnung zu erwarten.
> Rechengang: 100.000 Quartalsbehandlungen, darin 1.000 Metamizol-Verordnungen x ein Risiko von 1/100.000 ergibt 0.01 erwartete Agranulozytose-Fälle. Dabei ist zur Vereinfachung Verordnung und Tagesdosis gleichgesetzt. Schmerzmittel werden meist vorübergehend genommen und vielleicht ist das Risiko bei Einnahme am zweiten Tag geringer, wenn die Einnahme am Vortag gut vertragen worden ist.

Durch diese Modellrechnung erfährt der Arzt, dass er im Laufe seines 30-jährigen ärztlichen Lebens höchstens 0.01 Agranulozytose-Fälle durch seine Metamizol-Verordnungen erwarten darf. Nach meiner Meinung wird ein „vernünftiger" Arzt nicht bei allen seinen 1.000 Metamizol-Verordnungen auf dieses Risiko hinweisen.

V. Wahrscheinlichkeiten können auch irreführen

Beispiel 1:

Beobachtung:	Die meisten Menschen sterben im Bett unter ärztlicher Betreuung.
Fazit:	Wer nicht sterben will, der meide Bett und Ärzte!

Feldmann u.a., Risk of agranulocytosis caused by Dipyrone (Letter to the editor). J. Amercian Medical Ass. 257 (1987), S. 2590

Beispiel 2:
Eine Frau freut sich auf ihren Nachwuchs und erfragt die perinatale Todesrate in der städtischen Klinik und in der Universitäts-Frauenklinik.

Beobachtung: Die perinatale Todesrate ist wohl definiert und in der Universitäts-Frauenklinik 1.8 mal so hoch wie in der städtischen Klinik.

Fazit: Die Frau entschließt sich, zur Entbindung in die städtische Klinik zu gehen.

Kommentar: Alle Risiko-Schwangerschaften und vorhersehbaren schwierigen Geburten werden der Universitäts-Frauenklinik zugewiesen. Deshalb ist dort die perinatale Todesrate höher, obwohl die Geburtshilfen dort durchaus besser sein kann.

Beispiel 3:
Bei jemand aus meinem Bekanntenkreis entwickelt sich eine Peritonitis. Er fragt mich als Dokumentar und Medizinstatistiker des Universitätsklinikums Ulm nach den Komplikationsraten bei dieser Operation in unserer Klinik, aufgeschlüsselt nach Operateuren. Ich frage die Operations-Dokumentationen unserer Chirurgischen Klinik ab und ermittle: Das Risiko für eine Komplikation oder das für das Fortbestehen der Peritonitis nach Operation ist dann groß, wenn der Chef selbst operiert. Operiert einer der Oberärzte, so ist das Risiko geringfügig kleiner als beim Chef. Das kleinste Risiko haben die Operateure, die noch in der Facharztausbildung sind. Trotzdem empfehle ich meinem Bekannten, sich vom Oberarzt operieren zu lassen. Das kleine Komplikationsrisiko bei den Operateuren, die noch in der Facharztausbildung sind, liegt vermutlich darin, dass alle überschaubaren einfachen Fälle diesen Operateuren zugeteilt werden, während alle erkennbar schwierigen Fälle von den Oberärzten oder vom Chef operiert werden.

VI. Welche Risiken sind relevant?

Meines Erachtens kann es keine allgemeingültige Antwort geben, welches Risiko „relevant" ist. Die Frage, welche Risiken man eingehen soll, kann – streng formal betrachtet – doch nur mit „keine" beantwortet werden. Andererseits aber ist das Leben nun wirklich lebensgefährlich. Auf die Frage, welches Risiko (für mich) relevant ist, kann es nur eine individuell-persönliche oder eine sibyllinische Antwort geben.

Auf die Fragen, welche Risiken man eingehen kann, gibt es nur triviale Antworten. Vermeidbare Risiken sollte man vermeiden. Aber auch Nichtstun, auch Abwarten ist risikobehaftet. Letztlich läuft die Frage immer darauf hinaus, mehrere Risiken und ihre Konsequenzen gegeneinander abzuwägen.

VII. Von zwei Übeln wähle das geringere!

Diese plausible Empfehlung lässt offen, ob damit das weniger schlimme Ereignis oder die kleinere Wahrscheinlichkeit gemeint ist. Bei der Bewertung eines Risikos ist zu berücksichtigen:

- Art und Schwere des betrachteten Ereignisses. Welchen Schaden macht das Ereignis? Wird bei einer Bahnfahrt nur der Anschlusszug verpasst, wird eine stationäre Behandlung und zwei Tage verlängert oder führt das Ereignis zum Tod?
- Mit welcher Wahrscheinlichkeit wird das Ereignis eintreffen?

Aus dem Schweregrad des Ereignisses und seiner Wahrscheinlichkeit lässt sich ein Produkt bilden. Allerdings muss dazu der Schweregrad des Ereignisses bewertet werden, und vielleicht ist sogar eine monetäre Bewertung möglich. Das Produkt aus Schadenshöhe und Schadenswahrscheinlichkeit ist ein Maß für den Vergleich mehrerer Risiken.

Ob jemand ein Risiko eingehen will oder nicht, hängt also letztlich von den Alternativen ab. Welches Schadensausmaß tritt mit welcher Wahrscheinlichkeit ein, wenn ich den einen Weg wähle, und welches Schadensausmaß und welches Risiko hat der andere Weg.

VIII. Abwägen von Risiken am Beispiel der Pertussis

Die Inzidenz (Neuerkrankungsrate) für Pertussis (Keuchhusten) beträgt etwa 5 – 6 % in den ersten sechs Lebensjahren[5], d.h. etwa 5 – 6% der Kinder erkranken am Keuchhusten. Bei einer Pertussis kann eine Enzephalopathie entstehen. Das Risiko, dass bei einem bereits an Pertussis erkranktem Kind eine Enzephalopathie entsteht, könnte in der Größenordnung von 1 % liegen. Somit ist das Risiko, zuerst eine Pertussis und dann anschließend eine Enzephalopathie zu bekommen, etwa 5 % x 1 % = 0.0005, d.h. eines von 2.000 Kindern erkrankt an einer durch Pertussis bedingten Enzephalopathie.

---

[5] Schneeweiß u.a., Neues über Pertussis und Pertussis-Impfstoffe. Dt. Ärzteblatt 93 (1996), S. 3270

Die Impfung gegen Pertussis ist eine Aktivimpfung mit abgetöteten Teilen des Erregers Bordetella pertussis. Auch bei der Impfung kann eine Enzephalitis entstehen, die etwa gleich zu werten ist wie eine durch Pertussis entstandene Enzephalopathie. Das Impfrisiko ist nicht genau bekannt, liegt aber vielleicht bei 1 : 100.000.
Soll man nun gegen Pertussis impfen oder nicht? Bewertet man eine Enzephalopathie aufgrund einer Pertussis als etwa gleich schwer wie eine Impf-Enzephalitis, so können wir die Wahrscheinlichkeiten direkt miteinander vergleichen. Damit ist das Risiko für ungeimpfte Kinder mit 1 : 2.000 unvergleichlich größer als für geimpfte Kind mit 1 : 100.000. Deshalb empfehlen die Gesundheitsämter die Pertussis-Impfung.

Dies ist ein vereinfachtes Beispiel. Wir haben nur die Enzephalopathie und nicht die anderen Komplikationen der Pertussis und auch nicht die anderen Impfrisiken betrachtet. Außerdem ist nicht auszuschließen, dass ein Kind trotz Pertussis-Impfung an der Pertussis erkrankt. Aber alle diese Dinge erscheinen – zumindest für dieses Beispiel – vernachlässigbar.

Soll nun der Arzt die Eltern des Impflings über das Impfrisiko aufklären? Klärt der Arzt auf, und die Mutter sagt ihm „Herr Doktor, aber bei meinem Jakoble wird das doch nicht passieren", was wird der Arzt dann antworten?

IX. Was besagt eine Wahrscheinlichkeit für den Einzelfall?

Was bedeutet eine Wahrscheinlichkeit von z.B. 0.5, 0.999 oder 1 : 100.000 für den Einzelfall? Lässt sich der statistische Begriff der Wahrscheinlichkeit überhaupt auf den Einzelfall übertragen? Nein! Im Einzelfall kann das betrachtete Ereignis eintreten oder nicht eintreten, falls die Wahrscheinlichkeit größer als Null und kleiner als Eins ist. Auch extrem seltene Ereignisse müssen sich irgendwo realisieren.

X. Probleme bei der Bewertung eines Einzelfalls

Soll eine publizierte Wahrscheinlichkeit, ein publiziertes Risiko auf einen bestimmten Patienten angewandt werden, so ist zu prüfen:

- Gehört der aktuell betrachtete Einzelfall der Sache nach zu der Grundgesamtheit, für die die Wahrscheinlichkeit ermittelt worden ist?
- Hat der Einzelfall besondere Risiken oder besonderer Chancen?
- Wie genau wurde die angegebene Wahrscheinlichkeit ermittelt? Wie groß ist der Konfidenzbereich?

- Gilt die damals ermittelte (publizierte) Wahrscheinlichkeit heute noch?
- Gilt die im Land X, im Krankenhaus X ermittelte Wahrscheinlichkeit auch im Land Y, im Krankenhaus Y?

XI. Beurteilung der Wahrscheinlichkeit, nachdem das betrachtete Ereignis schon eingetreten ist

Was sagen Beispiele wie

- „Ich kenne jemand, der hat über eine Million im Lotto gewonnen"
- „Jemand aus meinem Büro hat akute Leukämie gekriegt" oder
- „Bei unserer Nachbarin kam es nach einer Fraktur zur Pseudoarthrose"

für die Bestimmung der Wahrscheinlichkeit aus? Diese Fälle sagen nur aus, dass das Ereignis eintreten kann, d.h. dass die Wahrscheinlichkeit für Lottogewinn, Leukämie und Pseudoarthrose nach Fraktur größer als null ist.

Natürlich wird immer wieder da und dort eine Häufung bestimmter Ereignisse beobachtet und der statistische Laie ist versucht, daraus ex post eine Wahrscheinlichkeit zu berechnen. In der Fachsprache der Statistik wird dieses Vorgehen eine „nachgeschobene Hypothese" genannt. Formal betrachtet muss eine Hypothese unabhängig von den Daten, an denen die geprüft wird, generiert worden sein. Dies trifft für eine nachgeschobene Hypothese nicht zu. Das Problem der nachgeschobenen Hypothese ist emotional schwierig verständlich, deshalb das im folgenden Abschnitt beschriebene Spielchen.

XII. Spiel mit dem Auditorium

Ich lege eine Folie mit einer Landkarte von „Experimentierland" auf den Folienprojektor. Experimentierland ist in 6 x 6 = 36 Planquadrate eingeteilt. Ein Zuhörer würfelt die Koordination von 36 fingierten Krankheitsfällen, die in die Planquadrate eingetragen werden. Schließlich werden die ausgewürfelten Krankheitsfälle mit den in der Landkarte eingezeichneten potentiellen Risikofaktoren in Beziehung gesetzt. Obwohl das Ergebnis von Life-Experimenten prinzipiell offen ist, bin ich zuversichtlich, dass sich eines der potentiellen Risiken für die Häufigkeit der Krankheit ernsthaft diskutieren lässt.

Nachfolgende Abbildung gibt die Karte von „Experimentierland“ nach der Durchführung des Würfelspiels mit dem Auditorium wieder.

Karte von Experimentierland

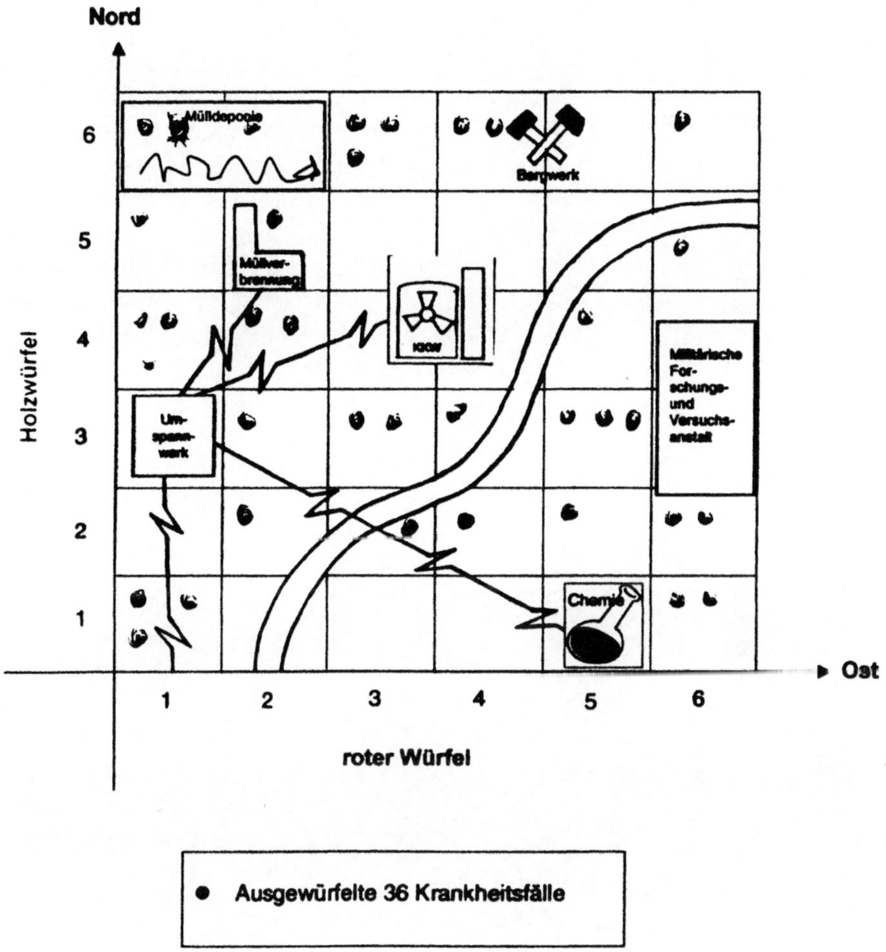

Die Bedeutung des plausiblen Entscheidungskonfliktes des Patienten für den haftungsrechtlichen Zurechnungszusammenhang zwischen Aufklärungsmangel und Gesundheitsschaden

Hermann Schünemann

Inhaltsübersicht

1. Vorbemerkung

Eine Entscheidung des OLG Jena[1] zur Aufklärungspflichtverletzung hat im vergangenen Jahr für großes Aufsehen gesorgt. Das Oberlandesgericht hat nämlich in einem Fall, in dem es ausdrücklich keinen Behandlungsfehler feststellen konnte und außerdem zu dem Ergebnis gekommen war, dass die behandelnde Ärztin zwar ihre Aufklärungspflicht verletzt hätte, diese Pflichtverletzung aber nicht kausal für die Einwilligung der Klägerin in die Operation gewesen wäre, zur Zahlung eines Schmerzensgeldes verurteilt. Obwohl es zur Operation keine Alternative gegeben habe, müsste nach Auffassung des Gerichts eine Sanktion für die Verletzung der Rechte der Patientin auf Wahrung der körperlichen Integrität und der Persönlichkeit als solche gegeben sein. Der Höhe nach ist die Hälfte des Schmerzensgeldes zuerkannt worden, das nach Auffassung der Richter in derartigen Fällen bei einem Behandlungsfehler üblich gewesen wäre.

---

[1] OLG Jena, VersR 1999, 86

Die Entscheidung ist vielfach kritisiert worden[2]. Sie wirft aber ein Schlaglicht auf das Problem, das im Rahmen der Rechtsprechung zur Aufklärungspflichtverletzung in den letzten Jahren zunehmend in den Vordergrund gerückt ist, nämlich die Frage: Führt jede Aufklärungspflichtverletzung zur Haftung des betroffenen Arztes bzw. Krankenhauses oder gibt es noch ein Kausalitäts- oder sonstiges Korrektiv?

Insoweit möchte ich nicht von Kausalzusammenhang sprechen, weil die hier maßgeblichen Probleme über eine reine Ursachenverknüpfung hinausgehen. Es handelt sich um Zurechnungsprobleme, die beispielsweise auch unter dem Stichwort „Schutzbereich der Norm" bekannt sind[3].

2. Geschütztes Rechtsgut

2.1 Die Frage des Zurechnungszusammenhangs bei Aufklärungspflichtverletzungen lässt sich ohne einen Blick auf den Streit um das geschützte Rechtsgut der Aufklärung nicht beantworten. Traditionell geht die Rechtsprechung bekanntlich davon aus, dass der ärztliche Heileingriff Körperverletzung und der Arzt durch die Einwilligung des Patienten nach umfassender Aufklärung gerechtfertigt ist[4]. Folglich stellt die Aufklärungspflicht als Voraussetzung der wirksamen Einwilligung einen Teil des Rechtfertigungsgrundes dar, den der Arzt beweisen muss. Dieser Vorteil hat die Aufklärungspflichtverletzung in der Vergangenheit zu einem klassischen „Auffangtatbestand" gegenüber dem häufig nicht zu beweisenden Behandlungsfehlervorwurf gemacht[5].

2.2 Schon seit langem wird in der Literatur immer wieder ein anderer Anknüpfungspunkt für die Aufklärungspflichtverletzung gesucht. Schutzgut der eigenmächtigen Heilbehandlung soll danach nicht der Körper, sondern das Selbstbestimmungsrecht des Patienten als besondere Ausprägung des allgemeinen Persönlichkeitsrechts sein[6]. Diese Auffassung führt jedoch in der Praxis zu nicht unerheblichen Problemen:

- So muss eine Verletzung des allgemeinen Persönlichkeitsrechts eine gewisse Schwere haben, um eine Haftung begründen zu können. Folg-

---

[2] Terbille, VersR 1999, 235; Kullmann, VersR 1999, 1190; vgl. auch Rumler-Detzel, in FS für Deutsch, S. 699 [708 f.]

[3] So auch Deutsch, Medizinrecht, 4.A., 1989, Rz. 160; vgl. auch Geiß/Greiner, Arzthaftpflichtrecht, 3.A., Rz. 121 sowie Nüßgens, in FS für Nirk, S. 746 f.

[4] Ständige Rechtsprechung seit RGSt 25, 375 und RGZ 68, 431; RG, JW 1911, 748; BGHZ 29, 176

[5] Laufs/Uhlenbruck, Handbuch des Arztrechts, 2.A., 1989, § 63 Rz. 3

[6] Laufs/Uhlenbruck, a.a.O., § 63 Rz. 2

lich müsste nach dieser Auffassung jeweils festgestellt werden, ob es sich um eine gravierende oder hinzunehmende Aufklärungspflichtverletzung handelt[7].

- Da bei der Verletzung des allgemeinen Persönlichkeitsrechts die Rechtsgutverletzung positiv festgestellt werden muss, wäre konsequenterweise auch der Patient als klagende Partei beweisbelastet. Die Funktion des Auffangtatbestands wäre dann dahin.
- Schließlich ist darauf hingewiesen worden, dass bei einer allgemeinen Persönlichkeitsverletzung für das Schmerzensgeld die Genugtuungsfunktion im Vordergrund stehen dürfte. Dieser Funktion widerspricht es jedoch eigentlich, von einer Haftpflichtversicherung aufgefangen zu werden, wie das bei der Arzthaftung der Regelfall ist. Die Akzentverschiebung zum allgemeinen Persönlichkeitsrecht könnte somit sogar versicherungsrechtliche Probleme mit sich bringen[8].

Aus all diesen Erwägungen ist die Rechtsprechung und auch die überwiegende arztrechtliche Literatur dem persönlichkeitsrechtlichen Ansatz, der unser Zurechnungsproblem jedoch weitgehend vermeiden würde, nicht gefolgt.

3. Zurechnung und plausibler Entscheidungskonflikt

3.1 Liegt eine Aufklärungspflichtverletzung vor und hat sich ein aufklärungsbedürftiges Risiko verwirklicht, so wird von Ärzten und Krankenhäusern häufig eingewandt, dass der Patient auch bei ordnungsgemäßer Aufklärung in die Operation eingewilligt hätte. Bei diesem Einwand handelt es sich um die Berufung auf eine „hypothetische" Einwilligung[9] oder auf sog. rechtmäßiges Alternativverhalten[10]. Der Bundesgerichtshof[11] hat sich entschlossen, diesen Einwand dem Arzt grundsätzlich zuzugestehen und ihm auf diese Weise die Möglichkeit zu eröffnen, trotz Aufklärungspflichtverletzung der Haftung zu entgehen. In einer ersten Entscheidung zu diesem Problem im Jahre 1976 war der BGH recht großzügig. Obwohl der Arzt über das eingetretene Risiko einer Querschnittslähmung nicht informiert hatte, urteilt das Gericht:

---

[7] Vgl. dazu auch Terbille, VersR 1999, 235 [236]

[8] Vgl. Deutsch, a.a.O., Rz. 167

[9] Nicht im Sinne von mutmaßlicher Einwilligung, dazu jetzt Fischer, in FS für Deutsch, S. 545 ff.

[10] Vgl. dazu allgemein im Arzthaftungsrecht Bodenburg, Der ärztliche Kunstfehler als Funktionsbegriff zivilrechtlicher Dogmatik 1983, S. 84 ff; sowie jüngst Koziol, in FS für Deutsch, S. 179 ff.

[11] BGH, NJW 1976, 365; BGH, NJW 1980, 1333.; BGH, NJW 1984, 1397

konnte der Beklagte davon ausgehen, dass die Klägerin ihren Operationsentschluss als verständiger Mensch nicht noch von weiteren Einzelheiten abhängig machen wollte ... .[12]

Schon vier Jahre später schränkte der BGH jedoch ein:

Es geht aber nicht an, die Ursächlichkeit des Aufklärungsversäumnisses für den Einwilligungsentschluss mit der Begründung zu verneinen, dass sich auf Grund der Erfahrungen mit dem gesamten Patientengut die Klägerin ebenfalls voraussichtlich zur Operation auch bei sachgemäßer Aufklärung entschlossen haben würde.

Die Richter konnten sich nicht dazu durchringen, den Einwand schon dann durchgreifen zu lassen, wenn etwa ein durchschnittlicher oder ein sog. „verständiger" Patient in der gegebenen Operationssituation dem Eingriff zugestimmt hätte. Nur wenn gerade dieser Patient mit seinen besonderen persönlichen Eigenschaften in seiner konkreten Situation sich zum Eingriff entschlossen hätte, soll der Einwand des Arztes Berücksichtigung finden. Gerade wenn der Eingriff angesichts der Schwere der Erkrankung eine anerkannte Therapie mit günstiger Erfolgsprognose und verhältnismäßig geringen Belastungen darstellt, kommt es auf die Gründe des einzelnen Patienten an. Der BGH führt aus:

Sie müssen erkennen lassen, dass der Patient bei ordnungsgemäßer Aufklärung aus seiner Sicht vor einem echten Entscheidungskonflikt gestanden hätte, aus dem heraus die behauptete Ablehnung der Behandlung im damaligen Zeitpunkt verständlich wird.[13]

Damit eröffnet der Bundesgerichtshof dem Patienten die Möglichkeit eines Gegeneinwandes. Dieser kann nämlich plausibel darlegen, dass er sich einem noch so sinnvollen Rat des Arztes nicht angeschlossen hätte. Der Bundesgerichtshof verlangt vom Patienten jedoch nicht, dass er die Richter von der Plausibilität seiner Weigerung überzeugen muss. Dazu soll das Gericht den Patienten persönlich anhören[14]. Dann reicht es aus, dass er sich bei einer ordnungsgemäßen Aufklärung in einem für die Richter plausiblen persönlichen Entscheidungskonflikt befunden hätte und deshalb nicht feststehe, wie er sich konkret in der Situation entschieden hätte[15].

---

[12] BGH, NJW 1976, 365 r. Sp. unten

[13] BGH, NJW 1984, 1397 [1399 l. Sp. unten]

[14] BGH, NJW 1991, 1543; BGH, VersR 1998, 766; evtl. kann gar ein Gutachten erforderlich sein, um die Frage zu klären, ob der Patient nachträglich in der Lage ist, seinen Konflikt dem Gericht zu verdeutlichen, vgl. OLG Stuttgart, VersR 1988, 832

[15] Nach OLG Stuttgart, AHRS II 1050/100 besteht eine Vermutung zu Gunsten des Patienten, dass er vor einem Entscheidungskonflikt gestanden hätte

3.2 Damit schien eine ausgewogene Lösung des Problems gefunden zu sein, doch zeigen die folgenden Urteile, dass nur ein neues Schlachtfeld eröffnet worden ist[16]. Einerseits verlockt der Einwand des „rechtmäßigen Alternativverhaltens" die Beklagtenseite, sich stets darauf zu berufen, falls denn die Aufklärung nicht ausreichend gewesen sein sollte. Andererseits versucht natürlich jeder Patient, dem Gericht einen plausiblen Entscheidungskonflikt darzulegen, um diesen Einwand wieder zu entkräften. Es haben sich in kurzer Zeit einige unterschiedlich erfolgreiche Fallkonstellationen gezeigt:

Wenig erfolgversprechend ist die Berufung des Patienten darauf, er hätte im Falle einer ordnungsgemäßen Aufklärung eine alternative Behandlung gewählt[17]. Dieser Einwand ist nämlich vor Gericht ggf. mit sachverständiger Hilfe zu überprüfen[18]. Kommt das sachverständig beratene Gericht zu dem Ergebnis, dass eine Behandlungsalternative in Wirklichkeit nicht bestand[19], so fehlt es an einem plausiblen Entscheidungskonflikt. Prozesstaktisch ist dieser Einwand für den Patienten also sehr gefährlich, weil er letztendlich vom Gericht überprüft werden kann.

Schwierig ist die Situation für den Patienten auch, wenn das nicht erwähnte Risiko relativ gering ist und er ein gravierendes Risiko akzeptiert hat[20].

Erfolgversprechender hat sich der Einwand herausgestellt, der Patent hätte im Falle ordnungsgemäßer Aufklärung eine Spezialklinik aufgesucht[21], um sich dort über möglicherweise weitergehende Behandlungsalternativen beraten bzw. die Operation dort vornehmen zu lassen. Gleiches gilt für den Einwand, der Patient hätte bei ordnungsgemäßer Aufklärung einen anderen Facharzt zur Beratung aufgesucht[22]. Da in diesen Fällen nicht grundsätzlich unterstellt werden kann, dass sich dasselbe Risiko auch in einer spezialisierten Universitätsklinik oder bei einem ausgewiesenen

---

[16] Vgl. Deutsch, Medizinrecht, a.a.O., Rz. 161

[17] Erfolgreich z.B. in OLG Köln, NJW-RR 1999, 674, weil es eine Alternative gab

[18] OLG Köln, VersR 1990, 663: Nichtbehandlung der Krebserkrankung hätte nach Auffassung von Sachverständigen nur sehr geringe Überlebenszeit bedeutet, folglich nicht plausibel. Vgl. auch OLG Oldenburg, VersR 1983, 668; OLG Köln VersR 1998, 1510: plausibel, da Alternative; OLG Stuttgart, VersR 1998, 1111: nicht plausibel, da keine Alternative; so auch OLG Karlsruhe, VersR 1994, 860

[19] OLG Bamberg, VersR 1998, 1025 für eine schwere Krebserkrankung auch ohne Sachverständigen; wohl auch OLG München, VersR 1993, 1488

[20] Dazu OLG Köln, VersR 1996, 1413: nicht plausibel; OLG München VersR 1996, 102: plausibel; OLG Oldenburg, OLG-Rp Oldenburg 1999, 374: nicht plausibel

[21] Vgl. OLG Celle VersR 1977, 1106 sowie OLG Celle, VersR 1987, 567; Nüßgens, in FS für Nirk, S. 746 [758]

[22] OLG Frankfurt, VersR 1989, 254; die alternative Operation durch einen anderen Arzt soll nicht reichen, OLG Koblenz, VersR 1992, 963. OLG Oldenburg, VersR 1999, 1422

Facharzt ebenso tatsächlich realisiert hätte, wird dem Einwand von Gerichten zumeist stattgegeben.

Ebenfalls erfolgversprechend ist es, wenn der Patient darlegen kann, dass er aus religiösen oder weltanschaulichen Gründen keineswegs sicher einer objektiv gebotenen Operation zugestimmt hätte[23]. Das gilt beispielsweise für Operationen mit Bluttransfusionen bei Zeugen Jehovas, aber auch für andere, aus der persönlichen Überzeugung des Patienten folgende plausible Konfliktsituationen[24].

Indem die Rechtsprechung auf die Entscheidungssituation des konkreten Patienten abstellt, wollten die Richter vermeiden, mittels Fiktion eines „verständigen Patienten" selbst die Entscheidung über die hypothetische Einwilligung im Prozess treffen zu müssen. Folgerichtig wollten sie sich auch darauf beschränken, lediglich zu überprüfen, ob der von Patienten dargelegte und nicht etwa zu beweisende Entscheidungskonflikt „plausibel" ist. Wie bereits gezeigt, ist in den Fällen, in denen sich der Patient auf eine alternative Behandlungsmethode beruft, jedoch die Prüfung der Plausibilität gleichzeitig eine Prüfung des Ergebnisses der Abwägung. Wenn das Gericht nämlich feststellt, dass es keine andere Behandlungsmethode gegeben hätte, hält es die Abwägung auch nicht mehr für plausibel.

In einem gewissen Widerspruch zu den Entscheidungen dieser Gruppe hat die Rechtsprechung die Begründung der Patienten, sie hätten sich anderweitig beraten oder behandeln lassen, ausreichen lassen, obwohl letztendlich auch damit nicht geklärt war und ist, ob eine Spezialklinik oder ein Facharzt überhaupt eine Behandlungsalternative hätte bieten können. Merkwürdigerweise führt das Vorbringen des Patienten, es habe eine Behandlungsalternative gegeben, zu ungünstigeren Prozessergebnissen als das Vorbringen, der Patient hätte sich bei ordnungsgemäßer Aufklärung anderweitig im Hinblick auf Behandlungsalternativen beraten lassen.

Darüber hinaus scheint die Rechtsprechung jedoch auch eine gewisse Ergebniskontrolle des dargelegten Entscheidungskonflikts vorzunehmen. So hat das Oberlandesgericht Düsseldorf[25] in einer Entscheidung, in der es um die Folgen einer fehlerfreien aber im Ergebnis nicht geglückten Sterilisationsoperation ging, einer Presseinformation zur Folge festgestellt, die möglichen Alternativen seien „fernliegend" oder „unwahrscheinlich". Dabei ging es konkret darum, ob die Patientin in Kenntnis des Restrisikos der Erfolgsquote der Sterilisation zusätzliche Verhütungsmaßnahmen getroffen hätte. Einen plausiblen Entscheidungskonflikt dürfte die Patientin da-

---

[23] OLG Frankfurt, VersR 1988, 57; OLG Köln, VersR 1988, 384

[24] Vgl. zu Rechtsproblemen der Behandlung von Zeugen Jehovas allgemein Bender, MedR 1999, 260

[25] Veröffentlichung nicht ersichtlich – 8 U 168/98 -, Hinweis aus NJW 1999, Heft 36, S. XLVI

mit eigentlich dargelegt haben, wenn man „plausibel" im Sinne von „nachvollziehbar" auffasst.

3.3 Insgesamt zeigt die ausufernde Rechtsprechung zum Entscheidungskonflikt, dass die Richter hier den Parteien „Steine statt Brot" gegeben haben[26]. Letztendlich entscheiden sie nämlich über den Umweg der „Plausibilitätskontrolle" doch über die „hypothetische Einwilligung". Dann wäre es jedoch vielleicht überzeugender, wenn man generell auf das Verhalten eines verständigen Patienten[27] in der konkreten Krankheitssituation und mit den persönlichen und weltanschaulichen Eigenschaften des jeweiligen Klägers abstellen würde. Damit würden die relativ seltenen religiös/weltanschaulich oder durch eine bestimmte Tradition motivierten Entscheidungskonflikte angemessen berücksichtigt, während nicht mehr zu differenzierende Einzelfallplausibilitätsabwägungen im Sinne einer Vereinfachung und einer größeren Rechtssicherheit vermieden werden könnten.

Gegen die Rechtsfigur des „vernünftigen Patienten"[28] sind in diesem Zusammenhang verfassungsrechtliche Bedenken wegen des Schutzes des Selbstbestimmungsrechts geltend gemacht worden[29]. Sie greifen jedoch nicht durch, da die wesentlichen individuellen, für eine Entscheidung des Patienten maßgeblichen Eigenschaften berücksichtigt werden.

4. Zurechnungszusammenhang bei Eintritt nicht aufklärungsbedürftiger Risiken

4.1 Die eigentliche Frage des Zurechnungszusammenhangs der Aufklärungspflichtverletzung und Gesundheitsschadens stellt sich, wen die Aufklärung zwar lückenhaft ist und damit die Einwilligung entfällt aber sich ein nicht aufklärungsbedürftiges Risiko verwirklicht hat. Hier war grundsätzlich anerkannt, dass das eingetretene Risiko nicht im Schutzbereich der Norm der Aufklärungspflicht liegt und folglich Zurechnungszusammenhang und Haftung entfallen müsse[30]. Wie es der langjährige Vorsitzende des VI. Zivilsenats des BGH einmal ausgedrückt hat, soll der Arzt nur

---

[26] Auch Koziol, FS für Deutsch, S. 179 ff, hält die „Alles oder Nichts"-Ergebnisse für unbefriedigend und schlägt bei rechtmäßigem Alternativverhalten eine abgestufte Schadensteilung vor (S. 183 ff.)

[27] Dazu Steffen, MedR 1983, 88

[28] Vgl. dazu auch Steffen, MedR 1983, 88 bei dem Umfang der Aufklärungspflicht wird auch auf den verständigen Patienten abgestellt, vgl. etwa Laufs/Uhlenbruck, a.a.O., § 63 Rz. 6

[29] Lange, Handbuch des Schuldrechts, 2.A., § 4 XII 6, S. 209

[30] BGH, NJW 1984, 1395

dann haften, wenn sich ein Risiko verwirklicht hat, über das er aufklären musste[31]. Nur wegen der möglichen Schädigung ist dieses Risiko ja in die Aufklärung einbezogen worden. Dabei darf man jedoch nicht verkennen, dass in diesem Fall eine wirksame Einwilligung nicht gegeben ist. Der Bundesgerichtshof hat mehrfach betont, dass jede Aufklärungspflichtverletzung die Einwilligung zur Operation unwirksam macht[32]. Eine partiell wirksame Folgeneinwilligung gibt es nicht. Dennoch hat der Bundesgerichtshof zu Recht eine wertende Begrenzung aus dem Gedanken des Schutzbereichs der Norm anerkannt. Der Rechtswidrigkeitszusammenhang zwischen der Pflichtverletzung des Arztes und der Verletzung des Selbstbestimmungsrechts des Patienten ist nur insoweit gegeben, als gerade das aufklärungsbedürftige Risiko eingetreten ist[33].

4.2 Diese Begrenzung hat der Bundesgerichtshof in den letzten Jahren jedoch praktisch wieder aufgegeben:

Zunächst hat er in seiner Entscheidung aus dem Jahre 1989[34] ausgeführt, dass Schutzzweckerwägungen einen haftungsrechtlichen Zurechnungszusammenhang nicht entfallen lassen, wenn es an einer sog. Grundaufklärung fehlt, also der Patient nicht einmal eine Aufklärung über Verlaufschancen und Risiken der Behandlung „im Großen und Ganzen" erhalten hat. Nach Auffassung des Bundesgerichtshofs kommt es bei fehlender Grundaufklärung überhaupt nicht mehr darauf an, ob sich ein seltenes, nicht aufklärungsbedürftiges Risiko verwirklicht hat. Es muss für alle Folgen des Eingriffes gehaftet werden.

4.3 Diese Rechtsprechung hat der Bundesgerichtshof vor einigen Jahren dann noch einmal verschärft[35]. Während er 1989 noch darauf abgestellt hatte, dass der Arzt gar keine Aufklärung erbracht hatte, hat er 1996 schon dann eine ausreichende Grundaufklärung vermisst, wenn der Patient keinen Hinweis auf das schwerste in Betracht kommende Risiko erhalten habe, das dem Eingriff spezifisch anhafte. Auch dann sei das Selbstbestimmungsrecht ebenso verletzt wie bei der Vornahme eines Eingriffs ohne jeglichen Einwilligung, so dass für die Begrenzung des Schutzbereichs der verletzten Verhaltensnorm wiederum kein Raum sei[36].

Die Rechtsprechung des Bundesgerichtshofs zur Grundaufklärung ist inkonsequent. Wenn auch nur ein aufklärungsbedürftiges Risiko nicht

---

[31] Steffen, Verh.d. 52. DJT 1978 Bd II T. I S. 15; zustimmend Laufs/Uhlenbruck, a.a.O., § 67 Rz. 5 ff.

[32] BGHZ 90, 96 [101]; BGH, NJW 1989, 1533 [1535]

[33] BGH, NJW 1984, 1395

[34] BGH, NJW 1989, 1533

[35] BGH, VersR 1996, 195 (Myelographie)

[36] BGH, VersR 1996, 195 [197 l. Sp.]

mitgeteilt worden ist, so ist die Aufklärung unzureichend und damit die Einwilligung unwirksam. Die Nichtaufklärung und die nur unzureichende Aufklärung haben damit dieselben Konsequenzen, nämlich die fehlende Einwilligung. Folgerichtig kann es bei Eintritt eines nicht aufklärungsbedürftigen Risikos keinen Unterschied machen, ob der Arzt irgendein aufklärungsbedürftiges Risiko vergessen hat oder überhaupt nicht aufgeklärt hat. In jedem Fall ist ein Zurechnungszusammenhang zwischen der Aufklärungspflichtverletzung und dem eingetretenen Risiko nicht gegeben, weil die Aufklärungspflicht gerade nicht wegen dieses Risikos bestand.

Man kann die Rechtsprechung des Bundesgerichtshofs jedenfalls anhand der Myelographieentscheidung sogar noch deutlicher ad absurdum führen. Hätte in diesem Fall der behandelnde Arzt über das seltene und nicht aufklärungsbedürftige Risiko eines Krampfanfalls aufgeklärt, aber die Aufklärung über das Risiko einer Querschnittslähmung vergessen, so würde es nach Auffassung des Bundesgerichtshofs an einer Grundaufklärung fehlen. Der Eingriff wäre mangels Einwilligung rechtswidrig. Die Aufklärung über das eingetretene Krampfrisiko wäre unbeachtlich und würde der Haftung nicht entgegen stehen; ein unbefriedigendes Ergebnis.

Demgemäß plädiere ich dafür, auch in Fällen fehlender Aufklärung, bei denen es sich zumeist um solche handelt, bei denen die Aufklärung lediglich nicht bewiesen werden kann, die Grundsätze der Zurechnung nach dem Schutzbereich der Norm anzuwenden, soll die Aufklärungspflicht nicht völlig ausufern. Wie Kullmann[37] kürzlich zutreffend ausgeführt hat, darf die Haftung für Aufklärungspflichtverletzungen nicht solche immateriellen Schäden umfassen, gegen die sich der Patient bei pflichtgemäßem Handeln des Arztes nicht gewehrt hätte[38].

Deutsch[39] hat in seiner Anmerkung zur Myelographieentscheidung darauf hingewiesen, dass in der Konsequenz des BGH-Urteils bei fast jeder medikamentösen Behandlung auf die Gefahr eines tödlichen anaphylaktischen Schocks hingewiesen werden müsste. Würde dieses schwerste Risiko nicht erwähnt, fehle es an der Grundaufklärung. Der Arzt würde dann auch ohne Behandlungsfehler bei der Verwirklichung eines nicht aufklärungsbedürftigen Risikos für den eingetretenen Schaden haften[40].

---

[37] Kullmann, VersR 1999, 1190

[38] Auch Rumler-Detzel in FS für Deutsch, S. 699 [709] hält nicht in jedem Fall eine Entschädigung für erforderlich

[39] Deutsch, Anmerkung zu BGH LM § 823 (Ac) Nr. 60 (1996)

[40] Kritisch auch Laufs/Uhlenbruck, a.a.O., § 67 Rz. 8

5. Zurechnungszusammenhang bei fehlendem Schaden

5.1 Die Frage nach dem Zurechnungszusammenhang stellt sich schließlich in den Fällen, in denen zwar eine Aufklärungspflichtverletzung vorliegt aber kein Schaden entstanden ist[41].Das ist beispielsweise nicht denkbar, wenn eine nicht vorgesehene und folglich auch nicht besprochene eigenmächtige aber erfolgreiche Operationserweiterung vorgenommen wird. Beispielsweise wird eine Zyste oder ein gutartiger Tumor bei einer Bauchoperation mit beseitigt. Diese Erweiterung macht weder zusätzliche Beschwerden noch führt sie zu Gesundheitsbeeinträchtigungen in der Folgezeit. Üblicherweise wird es in solchen Fällen gar keine Klage geben, doch ist das zumindest theoretisch denkbar. Auch in solchen Fällen entfällt die Haftung, weil das durch die Behandlung dem Patienten aufgebürdete Austauschrisiko jedenfalls nicht größer war und ist als das Risiko der Erkrankung selbst[42]. Man kann sogar behaupten, dass die Aufklärungspflichtverletzung den Patienten in solchen Fällen begünstigt, da er vor der Operation nicht mit dem Wissen um das zusätzliche Risiko der Operationserweiterung befrachtet war und der Eingriff geglückt ist[43]. Ähnliche Überlegungen müssen letztendlich im Fall des Oberlandesgerichts Jena gelten. Dort blieb eine isolierte Aufklärungspflichtverletzung übrig, die nach den eigenen Feststellungen des Gerichts nicht im Zusammenhang mit dem eingetretenen Risiko, nämlich dem Verlust der Gebärfähigkeit der Patientin stand. Das wäre nämlich, jedenfalls nach Auffassung des Gerichts, sowieso unvermeidbar.

5.2 Etwas anderes kann nur dann gelten, wenn die eigenmächtige Behandlung nicht der Heilung einer Krankheit dient, wenn also beispielsweise im Rahmen eines Eingriffs sozusagen „nebenbei" eine Sterilisation durchgeführt wird. Hier ist eine dauernde körperliche Beeinträchtigung gegeben, so dass der Zurechnungszusammenhang zwischen Körperverletzung und eigenmächtigem Heileingriff nicht entfällt[44].

6. Schlussbemerkung

Die Rechtsprechung zur Aufklärungspflichtverletzung wurde entwickelt, da es vor einigen Jahrzehnten für Patienten nahezu unmöglich war, einem Arzt einen Behandlungsfehler nachzuweisen. In falsch verstandener Stan-

---

41 Dazu auch Nüßgens in FS für Nirk, S. 746 [754]
42 Vgl. ausdrücklich Kullmann, VersR 1999, 1190 [1191]
43 Ähnlich Terbille, VersR 1999, 235 [236]
44 Vgl. Kullmann, VersR 1999, 1190 [1192]

dessolidarität haben Gutachter leider häufig Fehler beschönigt oder minimiert. Das gehört heute weitgehend der Vergangenheit an. Behandlungsfehler werden in heutigen Prozessen schonungslos als solche bezeichnet. Viele Sachverständige scheuen sich auch nicht, von sich aus einen „groben Behandlungsfehler" festzustellen. Zusammen mit der Rechtsprechung zu Dokumentationsmängeln und der Beweislastregelung bei groben Behandlungsfehlern ist deshalb das eigentliche Risiko des Patienten im Arzthaftungsprozess, einen berechtigten Behandlungsfehlervorwurf nicht beweisen zu können, deutlich reduziert worden. In demselben Maße bedarf es aber auch dann nicht mehr des Auffangtatbestandes „Aufklärungspflichtverletzung".

Franzki[45] hat in einer selbstkritischen Auseinandersetzung mit der Verantwortung des Richters für die Medizin vor wenigen Jahren aber schon vor der letzten Entscheidung des Bundesgerichtshofs zur sog. Grundaufklärung vor der Annahme gewarnt, die Anforderungen der Rechtsprechung an die Aufklärungspflicht hätten sich in der Ärzteschaft heute als Allgemeingut durchgesetzt und würden im medizinischen Alltag regelmäßig befolgt. Das hält er für ein Trugbild. Zwar dürfte der Grundsatz der Aufklärung und Informationen des Patienten bei den Ärzten heute allgemein anerkannt sein. Nicht zu Unrecht wird die Pflicht jedoch von vielen Ärzten nach wie vor als eine Belastung durch „weltfremde" Juristen verstanden[46]. Berücksichtigt man, dass die Verästelungen der Aufklärungsrechtsprechung selbst von Fachjuristen kaum noch nachvollzogen werden können[47] und, wie an Beispielsfällen gezeigt, auch juristisch inkonsequent sind, so lassen sich diese Ergebnisse Ärzten kaum vermitteln. Sie werden auch Patienten nicht helfen können, da diese die zur Umsetzung der Aufklärungsrechtsprechung erforderliche Informationsflut vor Operationen kaum noch erfassen können und ebenso wie die Ärzte den dadurch erforderlichen Aufwand, insbesondere auch zur Beweissicherung, als kautelarjuristisch und in der besonderen Situation der Erkrankung als unangebracht empfinden müssen. Deshalb plädiere ich für eine Rückführung der Aufklärungspflicht auf ihren wesentlichen Kern.

---

[45] Franzki, MedR 1994, 171

[46] Bodenburg, NJW 1981, 601 hat schon vor längerer Zeit vor einer Tendenz der Rechtsprechung gewarnt, der ärztlichen Aufklärungspflicht ständig neue und detaillierte Erfordernisse hinzuzufügen (S. 603), und hat deshalb eine Einschätzungsprärogative der Ärzte verlangt

[47] Kritisch auf Laufs/Uhlenbruck, a.a.O., § 61 Rz. 12

2. Diskussion

Radermacher: Vielen Dank, Herr Dr. Schünemann, für Ihre Analyse. Ich darf noch auf die Auseinandersetzungen mit dem Urteil des OLG Jena durch Herrn Kollegen Terbille in VersR 1999, 235 und die schon zitierte Kritik von Kullmann in VersR 1999, 1190 aufmerksam machen, ebenso auf den Aufsatz von Frau Dr. Rumler-Detzel in der Festschrift für Deutsch.

Hackhausen, Chirurg und Sozialmedizin beim Verband deutscher Rentenversicherungsträger, Frankfurt: Herr Prof. Gaus hat uns mit feinsinnigen statistischen Argumentation nachgewiesen, wie komplex Qualitätsüberprüfungen für einen Patienten sind, der sich zum Zwecke eines operativen Eingriffs in ein Krankenhaus begibt. Dessen ungeachtet gibt es Ranking-Listen – Stichwort: Magazin „Focus" – und die Patienten richten sich nach solchen Veröffentlichungen. Ich glaube, man kann ohne Übertreibung behaupten, dass es den aufgeklärten „vernünftigen" Patienten, den die Rechtsprechung voraussetzt, nicht gibt. Das ist eine juristische Fiktion. Ebenso wenig gibt es auf der anderen Seite den verständigen und vernünftigen Arzt, der die gesamten komplexen Zusammenhänge zu erfassen vermag.

Die meisten Ärzte empfinden in der Tat die Aufklärung als ein notwendiges aber zeitfressendes Übel. Es gibt andererseits auch bei den Patienten viele, die es eigentlich so genau gar nicht wissen wollen, und die deshalb Aufklärung als notwendiges Übel empfinden. Deshalb meine Frage: Wenn die Rechtsprechung zum Entscheidungskonflikt des Patienten immer weiter vorangetrieben wird, wird es dann nicht irgendwann zu einer Beeinträchtigung des therapeutischen Privilegs des Arztes kommen? Oder anders ausgedrückt: Ist nicht eine Separation des therapeutischen Prozesses durch ständiges Einholen von „second opinions" zu befürchten?

Vielleicht noch als letzte Bemerkung zu den Ausführungen von Herrn Prof. Gaus: Wenn ich persönlich als Patient in ein Krankenhaus käme, würde ich gar nicht so sehr auf die Qualifikation des therapeutischen Personals achten, sondern auf das allgemeine Qualitätsniveau, den Hygienezustand und die organisatorischen Voraussetzungen.

Radermacher: Dass es das therapeutische Privileg in der von Ihnen dargestellten Form nicht gibt, hat ja bereits das OLG Hamm anklingen lassen, insoweit darf ich auf die Ausführungen von Herrn Kollegen Dr. Ratajczak verweisen.

Stegers: Eine Frage an Herrn Prof. Gaus im Zusammenhang mit den Sachverständigenbefragungen zur Kausalitätsproblematik:

Nach deutschem Prozessrecht haben Richter die Verhandlungsführung, d.h., das Fragerecht liegt zunächst beim Gericht. Sachverständige werden von Richterseite gerne nach statistischen Wahrscheinlichkeiten befragt – z.B. im Zusammenhang mit einem Geburtsschaden etwa in dieser Form: „Mit welcher Wahrscheinlichkeit hängt die Schädigung des Kindes mit seiner Frühgeburtlichkeit zusammen oder mit welcher Wahrscheinlichkeit mit einem – unterstellten – Behandlungsfehler?"

Die Antworten auf solche Fragen spielen dann selbstverständlich eine Rolle für die Überzeugungsbildung des Gerichtes nach § 286 ZPO; im Falle der Beweislastumkehr wird sie relevant auf der Kausalitätsebene, nämlich dann, wenn die Wahrscheinlichkeit der Ursächlichkeit eines Fehlers für den Eintritt des Schadens nach praktischer Erfahrung nahezu ausgeschlossen werden kann. In einem solchen Fall würde die Beweislastumkehr nicht greifen und der beschuldigte Arzt würde den Prozess gewinnen. Die Frage nach statistischen Wahrscheinlichkeiten ist also für den Arzthaftungsprozess oftmals entscheidend.

In diesem Zusammenhang interessiert mich, ab welcher Fallzahl Statistiken eigentlich valide sind und ob darüber Einigkeit in der statistischen Lehre und Wissenschaft besteht.

Meine zweite Frage: Es wird häufig aus verschiedenen Einzelfallstudien – Dissertationen, Arbeiten für irgendwelche Drittmittelgeber und ähnliches – versucht, eine sogenannte Meta-Analyse zu machen. Welche Wertigkeit haben diese Meta-Analysen? Ich selbst neige zu der Auffassung, dass Richter sich aus den Fakten des Einzelfalles unter Berücksichtigung ihrer richterlichen Erfahrung eine persönliche Überzeugung bilden sollten und Statistiken in der Regel wenig Relevanz besitzen. Führen nach Ihrer Auffassung, Prof. Gaus, Fragen nach der statistischen Wahrscheinlichkeit an Sachverständige überhaupt weiter? Wie lassen sich solche Fragen ggf. präzisieren?

Gaus: Sie stellen mir viele schwierige und nur umfangreich zu beantwortende Fragen.

Ohne Zweifel: Ein Arzt ist damit überfordert, alles selbst wissen zu müssen, was er im Aufklärungsgespräch an einen Patienten weitergeben soll. Sie kennen ja das Schlagwort der „evidence based medicine". Das heißt, das jede diagnostische und therapeutische Maßnahme eines Beweises für ihre Nützlichkeit bedarf. Wir stehen erst am Anfang dieser evidence based medicine, und es ist gar nicht so einfach, das voranzutreiben. Ein Beispiel: Die Tumorzentren haben Behandlungsrichtlinien ausgearbeitet. Wir haben und den „Spaß" gemacht, die Therapierichtlinien eines Tumorzentrums an ein anderes Tumorzentrum zu senden mit der Bitte um Stellungnahme. Es folgte ein „Verriss". Wir haben dann weiter nach einer Begründung dieses „Verrisses", nach der stützenden Literatur gefragt. Ergebnis: Die Begründungen waren alles andere als überzeugend.

Ich will damit sagen: Es ist für Ärzte nicht einfach, herauszufinden, was die richtige Therapie für einen Patienten ist und wie hoch die jeweiligen Risiken eingeschätzt werden müssen. Und natürlich würde auch ich als Patient – ebenso wie Herr Hackhausen – nicht nur die Kunst des Operateurs, sondern auch die allgemeine Situation im Krankenhaus für meine Entscheidung heranziehen. Allerdings: Diese Situation im Krankenhaus ist sowohl für den Klinikchef wie auch den Patienten, der zur Tür dieses Krankenhauses hereinkommt, schwierig zu beurteilen.

Die Ermittlung von Wahrscheinlichkeiten – das habe ich auch versucht, in meinem Vortrag darzustellen – ist gar nicht so einfach. Auch wenn etwas noch niemals aufgetreten ist, kann es ein Risiko darstellen. Sie können drei-, fünf-, zehnmal in einer unübersichtlichen Situation überholen, und es kann jedes Mal gut gehen. Das ist noch lange kein Beweis dafür, dass Ihnen auch beim nächsten Mal kein anderes Fahrzeug entgegenkommt. Wenn es bei 8.000 Koloskopien – das Beispiel wurde vorhin genannt – zu keiner Darmperforation gekommen ist, wohl aber bei der 8.001, dann kann man diesen einen Fall nicht ausklammern, sondern man muss das Risiko eben mit 1 : 8.001 ansetzen.

Ihre Frage, Herr Stegers, ab welcher Fallzahl eine sichere Aussage über die Wahrscheinlichkeit der Ursache eines Behandlungsfehlers für den Eintritt eines bestimmten Schadens sicher ist, ist ungeheuer schwer zu beantworten. Ich weiß nicht, was ich Ihnen darauf antworten soll. Ich habe versucht, Ihnen über die Darstellung des Konfidenzbereiches einen Hinweis zu geben. Nehmen Sie dieses Beispiel: Bei 626 Operationen, in deren Rahmen das Colon eröffnet wurde, kam es zu einer Infektion. Also habe ich einen Risikoschätzwert von 6 : 123 und das sind 6,5%. Wir können sagen, das sei ein Zufallseffekt, wir können also das Risiko über- oder auch unterschätzt haben. Wahrscheinlich aber liegt das wahre Risiko irgendwo zwischen 2 und 12%. Ich wollte Ihnen mit diesem Fallbeispiel veranschaulichen, wie zuverlässig oder auch wie unzuverlässig Risikoberechnungen sind. Selbstverständlich werden diese Berechnungen zuverlässiger, wenn sie nicht über 123, sondern über die Daten von zehnmal so vielen Colonoperationen verfügen – dann müssen diese Operationen aber auch unter den gleichen Bedingungen gemacht worden sein! Sie wissen aber, dass die Hygiene Fortschritte macht, neue Antibiotika kommen auf den Markt, neues Personal im Klinikum, neue organisatorische und technische Voraussetzungen... alle solche Dinge treten hinzu und erschweren es, große und gleichzeitig verlässliche Fallzahlen zu ermitteln.

Auch die Frage danach, wie viele Fälle für einen valide Aussage benötigt werden, ist mit die schwierigste Frage, die Sie einem Statistiker stellen können. Ich mogele mich hier und jetzt aus der Verantwortung einfach raus, indem ich sage: Rechnen Sie doch für die Angaben, die ich Ihnen gemacht habe, im Konfidenzbereich aus, wie zuverlässig meine Aussage ist. Dann müssen Sie selbst entscheiden, ob Ihnen diese Genauigkeit ausreicht oder auch nicht. Wenn Sie Ihnen ausreicht und Sie mich fragen, woher Sie bessere Daten bekommen können, dann würde ich Ihnen antworten: Das möchte ich auch nur allzu gerne wissen.

Ihre nächste Frage nach den Meta-Analysen: Das ist ein Kapitel für sich. Die Idee hinter diesen Meta-Analysen ist folgende: Man hat zu ein und derselben Fragestellung mehrere Studien durchgeführt und alle diese Studien kranken an der nur kleinen Fallzahl. Nun fasst man alle diese Fälle aus den verschiedenen Studien zusammen, „poolt" sie sozusagen zu einer größeren Fallzahl und versucht damit, zu sichereren Aussagen zu kommen. Das ist grundsätzlich in Ordnung so, oftmals aber passen die Studien nicht so recht zusammen: Sie haben andere Anschlusskriterien, andere Beurteilungen zu dem Therapieerfolg, andere Klientel, andere Behandlungsmodalitäten usw. Bei solchen Divergenzen sind Meta-Analysen auch nicht viel mehr als eine Zusammenfassung vorhandener Literatur und Erkenntnisse, verhängt sozusagen mit einem wissenschaftlich-statistischen Mäntelchen.

Sie hatten weiter gefragt, was der Grad einer Wahrscheinlichkeit für den konkreten Einzelfall auszusagen vermag. Eines ist natürlich klar: Wenn ich als Patient weiß, das vorhandene Risiko ist als klein einzuschätzen, dann bin ich eher bereit, es zu tragen. Natürlich spielt eine solche Einschätzung eine Rolle in meinem Entscheidungsfindungsprozess. Aber: Im konkreten Einzelfall kann das gefürchtete Ereignis eintreten oder es kann nicht eintreten. Wenn es tatsächlich eingetreten ist, dann nutzt es dem Patienten überhaupt nichts, ob er nur ein riesengroßes Pech gehabt hat oder ein großes Risiko sich verwirklichte. Dem Patienten helfen im Einzelfall Wahrscheinlichkeitsberechnungen überhaupt nichts. Das gilt für erwünschte ebenso wie für unerwünschte Ereignisse, für ein Operationsrisiko ebenso wie für einen Lottogewinn. Ich persönlich spiele kein Lotto, weil ich denke, es ist schade um das Geld – andere Leute tun es aber dennoch; lass sie also spielen.

Hölzer, Rechtsanwalt, Stuttgart: Nochmals eine Frage an Sie, Herr Gaus: Gelangt die Statistik nicht schon bei Risikowahrscheinlichkeiten von 1 : 2 Mio., erst recht bei Risiken von 1 : 15,5 Mio. an ihre Grenzen, wenn man sich die Konfidenzintervalle anschaut? Wird in diesen Bereichen nicht eine Sicherheit, eine Gewissheit vorgegaukelt, die tatsächlich nicht mehr besteht und wo dann Richter einen Eindruck gewinnen, der der Realität nicht entspricht?

Meine zweite Frage geht an Herrn Prof. Müller und Herrn Prof. Kienzle: Klären Sie Ihre Patienten auch über Behandlungsalternativen hinsichtlich des Preisunterschiedes auf? Bei Prothesen beispielsweise gibt es ja durchaus „Trabis" und auch den „Mercedes" – unterschiedliche Materialien zu unterschiedlichen Kosten, unterschiedliche Medikamente mit unterschiedlichen Nebenwirkungen für die gleiche Therapie. Inwieweit geben Sie in der Klinik dem Patienten die Wahl zwischen den guten und den schlechteren? Ich habe in meiner Zeit als Krankenhausarzt jedenfalls nie einen Patienten getroffen, der mir gesagt hätte: „Herr Doktor, bei mir können Sie sparen, bei mir tut es auch die preisgünstigere Behandlung". Sagen Sie ganz ehrlich, was los ist in der heutigen Zeit, wo Geld für Gesundheit nicht mehr als unersetzliche Ressource zur Verfügung steht?

Radermacher: Ich schlage vor, dass zunächst Herr Prof. Gaus die an ihn gerichtete Frage beantwortet und der weitere Fragenkomplex in der nächsten Diskussionsrunde behandelt wird, wenn Herr Prof. Kienzle seinen Vortrag gehalten hat.

Gaus: Sie fragen, wie zuverlässig sich ein Risiko von 1 : 2 Mio. ermitteln lässt. Sie brauchen viele Millionen Anwendungsfälle, um ein so kleines Risiko überhaupt erkennen zu können. Mathematisch können wir den Konfidenzbereich errechnen – das ist in der heutigen Zeit mit Computern kein Problem. Aber Sie brauchen Fallzahlen, die astronomisch groß sind, und ich behaupte einfach, Sie haben niemals eine Million gleichartiger Patienten. Deshalb können so kleine Risiken nur sehr grobe Schätzungen darstellen – alles andere ist hoffnungslos.

Dazu will ich Ihnen ein konkretes Beispiel geben: Wir hatten vor Jahren für das Bundesgesundheitsamt die Frage zu klären, wie häufig unter Metamyzol die Agranulozytose auftritt. Wir hatten in dieser Situation das Glück, auf eine große internationale Therapiestudie zurückgreifen zu können, die viele Millionen gekostet hat und die einen hohen wissenschaftlichen Anspruch besaß. Trotzdem waren dann sämtliche Gutachter vor dem Bundesgesundheitsamt völlig unterschiedlicher Meinung. Die Vertreter des pharmazeutischen Herstellers meinten, es sei 1 : 1 Mio., die Gutachter des Bundesgesundheitsamtes meinten, es sei 1 : 100.000. Letztendlich konnten weder die einen noch die anderen ihre Meinung begründen, obgleich international über viele Jahre eine teure, speziell für diese Frage entworfene Studie gelaufen war.

Tacke, Rechtsanwalt, Moers: Ich habe eine Frage an die beiden juristischen Referenten.

Es ist heute mehrfach die Tauglichkeit des Verteidigungsarguments eines wegen eines Aufklärungsmangels in Anspruch genommenen Krankenhausarztes angesprochen worden, in seiner Klinik werde über ein bestimmtes Risiko grundsätzlich und immer aufgeklärt. Nun haben wir von Herrn Prof. Müller gehört, dass es nach einer Studie an der Universitätsklinik Essen bei der individuellen Aufklärung sehr große Streuungen – je nach Qualifikation des Arztes zwischen 94 und 66 % - gebe. Nach dieser Statistik lagen die Aufklärungsquoten bei etwa einem Drittel. Muss man daraus nicht die Schlussfolgerung ziehen, dass die Behauptung, über bestimmte Risiken werde „immer" aufgeklärt, in ihrer Beweiskraft viel stärker in Frage zu stellen ist, als das bisher in der Rechtsprechung geschieht? Müsste man vor diesem Hintergrund nicht von einem Krankenhausarzt, der sich in dieser Form einlässt, nicht die Darlegung verlangen, durch welche Maßnahmen der Organisation und Qualitätskontrolle er seine angebliche Aufklärungs-Praxis sicherstellt?

Makiol, Rechtsanwalt, Neuss: Ich denke, dass die Rechtsprechung nach wie vor wider besseres Wissen ihre schützende Hand über die Mediziner hält. Ich greife auf eigene Erfahrungen zurück: Innerhalb von drei Monaten fand eine zweimalige Einlieferung in die gleiche Abteilung der Universitätsklinik in Düsseldorf statt. Beide Male wurde bei der Aufnahme neben dem Behandlungsvertrag auch ein Aufklärungsformular mit der Bitte übergeben, dieses gut durchzulesen, zu unterzeichnen und bei der Schwester abzugeben. Bei einer anderen Gelegenheit habe ich den zuständigen Chefarzt gefragt, wie er sich diesen Vorgang erklären könne. Dieser erklärte, für ihn sei das unvorstellbar, er lege größten Wert auf die Aufklärung... – ich bin persönlich davon überzeugt, dass die Rechtsprechung Ärzte zu schützen beabsichtigt, möglicherweise in gewissem Rahmen auch zu Recht, damit das Arzt-Patienten-Verhältnis nicht zu sehr formalisiert wird. Alles andere wäre eine Illusion. Ich frage mich aber, wo die Grenzen dieses Schutzes zu ziehen sind. Ich kann meines Erachtens nicht unter Hinweis auf ein generelles Verhalten einen individuellen Fall lösen. Der Arzt hat die Möglichkeiten zur Verfügung, Aufklärung vorzunehmen, zu dokumentieren und damit auch beweisrechtlich sein Handeln abzusichern. Unterlässt er all das, dann muss er im Prozess so behandelt werden wie jeder andere. Und einen Prozess verliert, wer nicht beweisen kann, was er beweisen muss.

Schabram, Rechtsanwalt, Freiburg: Ich darf noch einmal das Thema des heutigen Symposiums in Erinnerung bringen, nämlich „Risiko Aufklärung".

Mir ist bisher der Aspekt zu kurz gekommen, dass in dem Aufklärungsgespräch auch eine Chance liegt – nämlich die Chance, ein Arzt-Patienten-Verhältnis aufzubauen, das auch für den Fall des Eintrittes einer Komplikation tragfähig ist. Herr Prof. Gaus, wie würden Sie folgendes beurteilen: Ich persönlich habe den Eindruck, dass das Nennen von Wahrscheinlichkeiten von Risiken im Aufklärungsgespräch das Risiko der Aufklärung eher erhöht als erniedrigt. Wenn bei einem Patienten das Vertrauen geweckt wird, ihm werde durch die Behandlung nichts passieren, dann ist später die Enttäuschung im Falle des Eintrittes eines kalkulierbaren Risikos groß. Die Diskrepanz zwischen der Erwartungshaltung und dem Ergebnis treibt diesen Patienten förmlich zum Anwalt. Nehmen Sie das Beispiel der bipolaren Tubenkoagulation: Im entsprechenden Perimed-Aufklärungsbogen wird das Risiko des Eintrittes einer unerwünschten Schwangerschaft nach dieser Sterilisationsmethode mit 1 – 2 auf 1.000 Schwangerschaften bezeichnet. Näheres ist nicht erklärt. Schon der Laie fragt sich jetzt: 1.000 Lebensjahre, 1.000 Sexualkontakte und auf welchem Zeitraum, spielt das Alter der Patientin eine Rolle?

Gaus: In der Tat: Ob man mit Wahrscheinlichkeiten umgehen kann, hängt natürlich auch vom Patienten ab. Manche Ärzte können damit umgehen, manche nicht. Manche Patienten können damit umgehen, manche nicht. Mir als Patient wäre es schon lieber, wenn mein Arzt mir nicht sagt, das Behandlungsrisiko ist ein kleines. Er sollte mir schon ein wenig substantiierter vortragen, was mir bevorstehen könnte. Es ist aber sicherlich sehr von dem jeweiligen Patienten abhängig, in welcher Form ich Aufklärung betreibe. Es ist auch sehr schwierig, Wahrscheinlichkeiten in Worte zu kleiden. Mir persönlich sind Zahlen lieber – aber es gibt sicherlich Leute, die damit nicht umgehen können und für die es dann besser ist, statistische Wahrscheinlichkeiten anschaulich zu formulieren, auch wenn die Aussage dadurch wesentlich unpräziser wird.

Aufklärung in der arbeitsteiligen Medizin

Karl-Otto Bergmann

Inhaltsübersicht

10. Übersicht 10: Aufklärung: Vertikale Arbeitsteilung - Delegation und Kontrolle
11. Übersicht 11: Richtlinien zur Aufklärung der Krankenhauspatienten über vorgesehene ärztliche Maßnahmen, herausgegeben von der DKG, Stand Mai 1992
12. Übersicht 12: Irrtumsproblematik

I. Einführung

Die bisherigen Beiträge haben verschiedene Aspekte der Aufklärung behandelt:

die Entwicklung der Rechtsprechung,
die Risikohäufigkeit,
die Dokumentation der Aufklärung.

Alle Probleme der Aufklärung – auch die bereits erörterten Themen – lassen sich sehr gut auffächern in sechs Fragenkreise, die „6 großen W".[1] Die Thematik dieses Beitrags erörtert die 1. Frage: „Wer muss aufklären?" im Sinne eines Risk-Managements, um exemplarisch deutlich zu machen, dass die den Arzthaftungsprozess prägenden Fragen der Aufklärung und Dokumentation mit Hilfe ärztlichen Risk-Managements beherrscht werden können, aber auch müssen.

Der moderne Medizinbetrieb ist wegen der großen Spezialisierung in allen Bereichen der Medizin nur arbeitsteilig zu bewältigen. Diese Arbeitsteilung vollzieht sich nicht nur bei der Behandlung, sondern auch bei der Aufklärung der Patienten. Die notwendige horizontale wie auch vertikale Zusammenarbeit der Ärzte bringt vielschichtige Haftungsprobleme im Bereich der Aufklärung mit sich. Zivilrechtlich stellt sich das Problem, ob die tatsächliche Arbeitsteilung bei der Aufklärung in der arbeitsteiligen Medizin auch eine Verantwortungsteilung oder aber eine Vervielfachung der Verantwortung durch ein Übermaß an Aufsichts-, Kontroll- und Organisationspflichten mit sich bringt.

[1] S. im Anhang die Übersicht 1 „Die 6 großen W"

II. Erster Grundsatz: Aufklärung durch den Arzt[2]

Die Pflicht zur Aufklärung des Patienten über Art und Weise, Verlauf und Risiken des ärztlichen Eingriffs ist eine genuin ärztliche Pflicht und gleichzeitig Berufspflicht.[3] Aus diesem Grundsatz ergibt sich, dass eine Delegation der Aufklärung auf nichtärztliches Personal berufsrechtlich und damit eine Aufklärung von nichtärztlichem Personal bei vertikaler Arbeitsteilung unzulässig ist.[4] Die Delegation auf einen Nichtarzt ist nicht nur berufswidrig, sondern nach der Rechtsprechung ausnahmslos haftungsbegründend. Diese Rechtsprechung bedarf jedoch der Einschränkung. Entscheidend ist, ob dem Patienten das für die freie Willensentschließung notwendige Wissen vermittelt worden ist. Im Streitfall wird allerdings der Arzt seiner Beweispflicht für eine ordnungsgemäße Aufklärung bei einer Delegation an nicht ärztliches Personal grundsätzlich nicht genügen können.

III. Zweiter Grundsatz: Aufklärung durch den Behandler

Aus dem ersten Grundsatz folgt gleichzeitig, dass die Aufklärung Teil der Heilbehandlung ist.[5] Dies bedeutet wiederum, dass jeder Arzt für die Behandlungsaufgabe aufklärungspflichtig ist, die er durchführt. Damit hat der Operateur über das Operationsrisiko in Verbindung mit den z.B. bei einer Operation verbundenen Risiken von Lagerungsschäden aufzuklären, dagegen hat der Anästhesist über das Narkoserisiko und z.B. der Strahlentherapeut über das Risiko einer Bestrahlung aufzuklären.[6] Hieraus lässt sich schon der Problemansatz der Arbeitsteilung in Form der horizontalen und vertikalen Arbeitsteilung ersehen.

---

[2] Das Risk-Management wird durch 4 Grundsätze geprägt, s. im Anhang Übersicht 2 „Die vier Grundsätze"

[3] § 8 der Berufsordnung für die deutschen Ärztinnen und Ärzte, abgedruckt in: NJW 1997, 3076 [3077]

[4] Vgl. BGHSt 12, 379 [383]; BGH, NJW 1974, 604 = VersR 1974, 486 (medizinisch-technische Assistentin); OLG Celle, VersR 1981, 1184 (Röntgenassistentin)

[5] Laufs, in Laufs/Uhlenbruck, Handbuch des Arztrechts, 2.A., 1999, § 66 Rz. 1

[6] Vgl. OLG Hamm, VersR 1994, 815 [816], der Gynäkologe überweist eine Patientin zu einem Radiologen

Formen der Arbeitsteilung bei der Patientenaufklärung

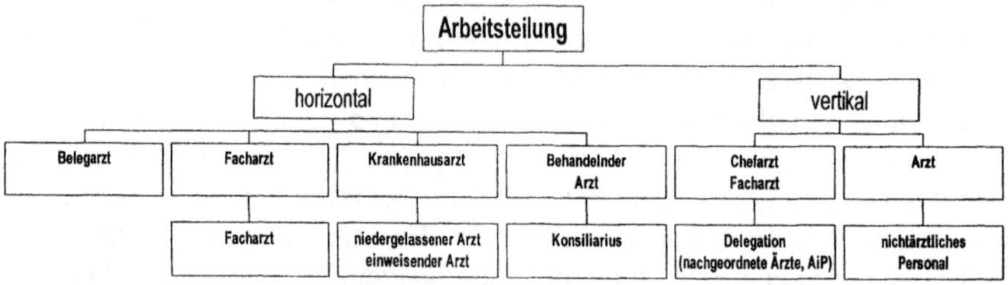

Anhand einer grafischen Darstellung[7] wird deutlich, an welchen „Schnittstellen“ die Aufklärungspflichtigkeit problematisch wird. Fraglich ist insbesondere, wer bei der horizontalen Arbeitsteilung die Aufklärung zu übernehmen hat. Zur vertikalen Arbeitsteilung erfolgen Ausführungen unter Punkt III 2.

IV. Dritter Grundsatz: Vertrauensschutz

Arbeitsteilung ist ohne geschütztes Vertrauen in die Arbeit des anderen Teammitgliedes nicht denkbar. Der Vertrauensgrundsatz rührt aus der strafgerichtlichen Rechtsprechung für die medizinische Arbeitsteilung her. Der BGH stellte erstmals im Jahr 1957 in einem Strafurteil den Grundsatz auf, dass der einzelne an der Behandlung Beteiligte aufgrund der unterschiedlichen Spezialisierungen auf die Qualifikation seiner Kollegen vertrauen muss.[8]

Im Jahre 1979 hat der BGH den Vertrauensgrundsatz im Rahmen der Abgrenzung der Verantwortlichkeit zwischen den Chirurgen und den Anästhesisten angewandt.[9] In diesem Fall ging der Strafsenat davon aus, dass bei der ärztlichen Zusammenarbeit im Operationssaal der **Vertrauensgrundsatz**[10] zur Anwendung komme. Dieser Grundsatz besage, dass im Interesse eines geordneten Ablaufs der Operation sich die beteiligten Fachärzte grundsätzlich auf die fehlerfreie Mitwirkung des Kollegen aus

---

[7] S. im Anhang die Grafik „Formen der Arbeitsteilung bei der Patientenaufklärung“

[8] BGHSt 3, 1991, 91 [96].

[9] BGH, NJW 1980, 649; BGH, NJW 1980, 650

[10] S. im Anhang die Übersicht 3, den Leitsatz der Entscheidung des BGH, NJW 1980, 649 [650]

der anderen Fachrichtung verlassen können. Dieser zunächst zur Begrenzung der strafrechtlichen Verantwortung formulierte Vertrauensgrundsatz hat seitdem in der zivilgerichtlichen Rechtsprechung Geltung.[11]

Der Vertrauensgrundsatz findet seine Anwendung jedoch nur, wenn und solange keine offensichtlichen Qualifikationsmängel oder Fehlleistungen der Kollegen erkennbar werden.[12]

1. Die Aufklärung im Rahmen der horizontalen Arbeitsteilung

Im Rahmen der horizontalen Arbeitsteilung[13] werden die verschiedenen Problembereiche und Schnittstellen dargestellt. Es gibt einmal die Schnittstellen innerhalb eines Krankenhauses, wo ein Patient von Fachärzten unterschiedlicher Fachrichtung behandelt wird. Daneben besteht die Schnittstelle „Belegarzt" und „einweisender Arzt", schließlich die Überweisung zwischen zwei niedergelassenen Ärzten und das Hinzuziehen eines Konsiliarius. Wer ist in diesem horizontalen Arbeitsbereich Aufklärungspflichtiger und wer kann Vertrauensschutz beanspruchen?

a. Belegarzt

Wenden wir uns zunächst der Aufklärung des Belegarztes zu.[14] Das Recht versteht unter einem Belegarzt einen freiberuflich tätigen Arzt, der durch einen Vertrag mit einem Krankenhausträger Rechte und Pflichten hat, seine Patienten in einem Belegkrankenhaus unter Inanspruchnahme der vom Klinikträger bereitgestellten Dienste, Einrichtungen und Mittel stationär oder teilstationär zu behandeln, ohne hierfür vom Klinikträger eine Vergütung zu erhalten. Demgegenüber ist der Klinikträger verpflichtet, die Voraussetzungen für die belegärztliche Tätigkeit zu schaffen, so z.B. das nichtärztliche Personal, medizinisches Gerät und vieles mehr zur Verfügung zu stellen.[15] Mit dem Patienten wird ein sogenannter gespaltener Krankenhausaufnahmevertrag geschlossen. Der Belegarzt haftet für die belegärztlichen Behandlungsleistungen; der Klinikträger für die allgemeinen Krankenhausleistungen.[16]

---

[11] So auch Geiß/Greiner, Arzthaftpflichtrecht, 3.A., 1999, Rz. 110; vgl. auch BGH, NJW 1980, 649; BGH, NJW 1980, 650; BGH, NJW 1991, 1539

[12] BGHSt 3, 91 [96 ff.]; BGH, VersR 1991, 694 [695]; BGH, NJW 1980, 649; BGH, NJW 1980, 650; Ulsenheimer, Arztstrafrecht in der Praxis, 2.A., 1998, Rz. 165

[13] S. die Grafik im Anhang „Formen der Arbeitsteilung bei der Patientenaufklärung"

[14] Vgl. im Anhang die Übersicht 4 „Der Belegarzt"

[15] BVerwG, MedR 1987, 252; BSG, MedR 1985, 125

[16] BGH, NJW 1996, 2429 = VersR 1996, 976

Der Belegarzt hat somit die Aufklärung als vertragliche Behandlungsleistung als sogenannte „persönliche Leistung" im Sinne des § 23 Abs. 1 Nr. 1 BPflV selbst zu erbringen. Für Aufklärungsfehler haftet der Belegarzt aufgrund des gespaltenen Krankenhausaufnahmevertrages grundsätzlich selbst und allein. Ferner trifft den Belegarzt neben der Haftung für eigene Fehlleistungen in der ärztlichen Behandlung und damit auch bei der Aufklärung auch die alleinige Haftung nach § 278 BGB für Fehlleistungen der von ihm selbst angestellten Hilfspersonen, z.B. die von ihm bestellte ärztliche Urlaubsvertretung.

Allerdings kann nach der neueren Rechtsprechung des BGH[17] auch der Krankenhausträger haften, wenn er seine Organisationspflichten verletzt hat und einem Missstand im Behandlungs-Management des Belegarztes nicht begegnet. Die Rechtsprechung ist sicherlich dahin fortzuführen, dass auch dem Krankenhausträger eine Überprüfungspflicht hinsichtlich des Aufklärungsmanagements obliegt, so dass eine Ausnahme vom Vertrauensgrundsatz auch in den Fällen gegeben ist, wenn der Krankenhausträger das Aufklärungsmissmanagement des Belegarztes erkennt. In der Praxis wird diese Kontrollpflicht, soweit ersichtlich, bislang nicht ausgeübt.

b. Arbeitsteilung zwischen Fachärzten

Auch bei der Arbeitsteilung zwischen zwei Fachärzten kommt der Grundsatz zur Geltung, dass derjenige Arzt aufklärungspflichtig ist, der die Therapie letztendlich durchführt.[18]

aa. Niedergelassene Ärzte

Bei der Arbeitsteilung zwischen zwei niedergelassenen Ärzten greift also der Grundsatz ein, dass der jeweilige Arzt für die von ihm vorzunehmende Behandlung aufklärungspflichtig ist.

bb. Krankenhausärzte

Nichts anderes kann für ein arbeitsteiliges Zusammenwirken innerhalb der Klinik in zwei Risikobereichen z.B. Chirurgie und Anästhesie, gelten.[19] Auch bei diesen zwei speziellen Risikobereichen bedarf es einer Aufklärung im jeweiligen Fachgebiet. Jeder Arzt ist für seine spezielle Behand-

---

[17] BGH, NJW 1996, 2429 = VersR 1996, 976

[18] Laufs, a.a.O., § 66, Rz. 1; Bergmann, in Bergmann/Kienzle, Krankenhaushaftung 1996, Rz. 363; BGH, NJW 1990, 2929; OLG Hamm, VersR 1994, 815 [816]

[19] Vgl. hierzu im Anhang das Beispiel der Übersicht 5 „Aufklärung des Operateurs", über die Pflichten der Aufklärung eines Chirurgen

lungsaufgabe aufklärungspflichtig. Der Patient muss somit vom Chirurgen umfassend über Verlauf und Risiken der Operation, vom Anästhesisten über Verlauf und Risiken der Anästhesie aufgeklärt werden.

Zur weiteren Verdeutlichung sei eine Entscheidung des OLG Hamm aus dem Jahre 1993 aufgegriffen[20], bei der es um die Abgrenzung der Aufklärungszuständigkeit zwischen einem Gynäkologen und einem Strahlentherapeuten ging.[21] Dieser Entscheidung lag der folgende Sachverhalt zugrunde:

Der verklagte Chefarzt der gynäkologischen Abteilung operierte eine Patientin wegen eines linksseitigen Mammakarzinoms. An diese Operation schloss sich eine Hormon- und Chemotherapie in der radiologischen Abteilung eines anderen Krankenhauses bei dem Chefarzt dieser Abteilung an. Die Patientin erhielt von dem Radiologen eine ambulante Telekobaltbestrahlung in zwei Serien. Sie erlitt in der Folgezeit eine Armplexuslähmung links mit schweren neurologischen und funktionellen Störungen des linken Armes und der linken Hand. Das Gericht hatte nun zu entscheiden, wer über das Risiko einer schicksalhaften Armplexusschädigung infolge der durchgeführten Telekobaltbestrahlung aufzuklären hatte. Unstreitig hatte der Beklagte, Chefarzt der gynäkologischen Abteilung, über dieses Risiko nicht aufgeklärt.

Das Landgericht hat die Klage abgewiesen, auch die Berufung der Klägerin blieb erfolglos. Zunächst stellte das Oberlandesgericht Hamm fest, dass es sich bei dem Risiko einer Armplexuslähmung um ein aufklärungspflichtiges Risiko der Strahlentherapie handele, welches sich hier verwirklicht habe. Zur Aufklärung über dieses spezifisch radiologische Risiko war allein der Radiologe als behandelnder Arzt verpflichtet. Er als Spezialist habe die Durchführung der Strahlenbehandlung verantwortlich übernommen, bestimmte nach einem genauen Bestrahlungsplan und unter Berücksichtigung der individuellen Voraussetzungen der Patientin Zeitpunkt, Dauer, Dosis und Lokalisierung der Bestrahlung unter Berücksichtigung und in Abhängigkeit der vorangegangenen Operation mit anschließender Chemotherapie. Dies erfordere selbstverständlich einen engen Kontakt zwischen Operateur und Strahlentherapeut. Diesen Kontakt habe es jedoch gegeben. Der Radiologe habe nach Überweisung als Spezialist in seiner radiologischen Abteilung die weitere Behandlung der Patientin eigenverantwortlich übernommen und in Kenntnis der Vorgeschichte und unter Berücksichtigung seines eigenen, hierauf abgestimmten Behandlungsplanes das konkrete Risikospektrum für die Patientin kennen oder kennen müssen. Ferner sei das Risiko einer dauerhaften Armplexusschädigung in

---

[20] OLG Hamm, VersR 1994, 815

[21] S. die verschiedenen Aufklärungspflichten in der Übersicht 6 im Anhang „Krankenhausärzte Gynäkologe/Strahlentherapeut“

solchen Fällen so selten, dass es sogar vielen Radiologen nicht bekannt sei. Auch könne hier nur der Spezialist, der die Behandlung in eigener Verantwortung übernommen hat, für dieses gleichwohl spezifische Risiko als Aufklärungspflichtiger angesehen werden kann, nicht aber zugleich der überweisende Gynäkologe.[22]

Der Vertrauensgrundsatz[23] wirkt sich also insbesondere dann aus, wenn der in seinem eigenen Behandlungsgebiet ordnungsgemäß aufklärende und behandelnde Arzt keine Kenntnis von der Rechtswidrigkeit des Eingriffs aufgrund mangelhafter Aufklärung im anderen Fachgebiet hat. Kommen wir noch einmal auf die Arbeitsteilung zwischen Chirurg und Anästhesist zurück. Liegt zwar eine ordnungsgemäße Anästhesieaufklärung vor und nimmt der Anästhesist an einer Operation teil, der eine fehlende bzw. nicht ordnungsgemäß durchgeführte Risikoaufklärung des Chirurgen zugrunde liegt, haftet der Anästhesist nicht. Eine Haftung ist solange ausgeschlossen, bis der Anästhesist positive Kenntnis von der Rechtswidrigkeit des Eingriffs hat. In diesem Falle würde somit nur der Chirurg wegen nicht ordnungsgemäß durchgeführter Aufklärung haften. Es besteht keine gesamtschuldnerische Haftung. Es haftet lediglich derjenige Arzt, der in seinem Fachgebiet mangelhaft aufklärt.[24]

cc. Einweisender Arzt/Krankenhausarzt[25]

Diese Grundsätze müssen auf die Arbeitsteilung zwischen einweisendem und nachbehandelndem Arzt übertragen werden. Im Rahmen der horizontalen Arbeitsteilung trifft den einweisenden Arzt grundsätzlich keine Aufklärungspflicht. Denn die Aufklärungspflicht setzt die genaue Kenntnis des Arztes über den Befund und auch darüber voraus, dass der stationär vorzunehmende Eingriff aufgrund der Befunderhebung nicht nur des einweisenden, sondern auch des operierenden Arztes erforderlich ist.[26]

Eine Aufklärungspflicht des einweisenden Arztes kann sich nur aus besonderen Umständen ergeben. Nach der Rechtsprechung trifft den die Überweisung zur Operation ausstellenden Arzt und damit oftmals den Hausarzt oder z.B. den Gynäkologen die Verpflichtung, den Patienten aufzuklä-

---

[22] OLG Hamm, VersR 1994, 815 [816]; vgl. auch BGH, VersR 1990, 1010 = NJW 1990, 2929

[23] Vgl. Übersicht 7 im Anhang „Vertrauensgrundsatz"

[24] Vgl. hierzu auch die Entscheidung des BGH, NJW 1990, 2929 in dem es um eine Pericardektomie ging. Die Spezialklinik handelte hier in Zusammenarbeit mit der Operationsklinik. Die Ärzte der Spezialklinik waren somit für Diagnostik, Vorbefundung und Operationsvorbereitung grundaufklärungspflichtig, die Ärzte der Operationsklinik für Anästhesie und für die eingriffstypischen Risiken

[25] S. im Anhang Übersicht 8 „Einweisender Arzt/Krankenhausarzt"

[26] BGH, MedR 1983, 30; BGH, MedR 1990, 264

ren, wenn schon der Eingriff am Patienten feststeht. Der einweisende Arzt soll dann den Patienten schon zur Operation in das Krankenhaus eingewiesen und somit eine Garantenstellung übernommen haben, die ihn verpflichtet, den Patienten über die Risiken und das Ausmaß sowie Art und Umfang der Operation aufzuklären.[27] Nach einer weiteren Entscheidung des BGH übernimmt der Arzt, der seinem Patienten zur Operation rät und ihm im Verlauf eines solchen Gespräches über Art und Umfang sowie mögliche Risiken dieser Operation aufklärt, einen Teil der ärztlichen Behandlung dieser Patienten. Das begründet nach Auffassung des BGH, wie auch sonst die Übernahme einer ärztlichen Behandlung, seine Garantenstellung gegenüber dem sich ihm anvertrauenden Patienten. Von ihm hatte er nun unter Einsatz seines Wissens und seiner Fähigkeiten im Rahmen der ärztlichen Behandlung Gesundheitsgefahren abzuwenden. War er es somit gewesen, der die ärztliche Aufklärung vor der Operation übernommen hatte, so ist er jetzt mitverantwortlich dafür, dass die Einwilligung des Patienten in die Operation wirksam ist.[28]

Diese Auffassung der Rechtsprechung ist dogmatisch nicht haltbar.[29] Der einweisende Arzt kann aufgrund seiner Diagnosemöglichkeiten nur die Operationsempfehlung geben. Die Operationsempfehlung und sei sie noch so korrekt gestellt, kann jedoch nicht zu einer Entscheidung des Patienten führen. Zudem erfolgen im Rahmen der Einweisung Aufnahmeuntersuchungen. Erst die Befundung dieser Aufnahmeuntersuchungen führt zu einer sicheren Diagnostik, so dass erst dann die Entscheidung des Patienten und somit auch die Aufklärung der Krankenhausärzte erforderlich wird. Der überweisende Hausarzt kann auf eine ordnungsgemäße Aufklärung durch den nachbehandelnden Arzt vertrauen. Etwas anderes kann nur gelten, wenn der nachbehandelnde Arzt den Einweisenden mit der Aufklärung betreut.

---

[27] BGH, NJW 1980, 633 [634], wonach der BGH darauf entschied, dass der Hausarzt die Appendektomie kategorisch als erforderlich angesehen habe und das dieser offensichtlich davon ausging, die Ärzte des Krankenhauses würden seiner Auffassung ohne weiteres folgen. Somit habe in erster Linie schon den Hausarzt die Pflicht getroffen, mit der Klägerin vor Abfassung eines solchen Überweisungsschreibens das Für und Wider einer Operation unter entsprechender Aufklärung über deren Risiko zu erörtern. Vgl. hierzu auch BGH, NJW 1980, 1905 [1906]; OLG Oldenburg, MedR 1995, 500 [501]

[28] BGH, NJW 1980, 1905 [1906]

[29] Vgl. auch Anmerkung von Schumann zur Entscheidung des OLG Oldenburg, MedR 1995, 500 [501 – 502]

dd. Behandelnder Arzt/Konsiliarius

Der Vertrauensgrundsatz bestätigt sich auch im Verhältnis zwischen behandelndem Arzt und Konsiliarius.[30] Bei der konsiliarischen Hinzuziehung wird der Konsiliarius nur beratend tätig, so dass er nicht zum mitbehandelnden oder alleinbehandelnden Arzt wird. Aufgrund dieser rein beratenden Tätigkeit obliegt dem Konsiliarius nicht die Verantwortung für die Behandlung des Patienten, er haftet grundsätzlich nur für sein eigenes Handeln. In diesem Bereich findet wiederum der Vertrauensgrundsatz Anwendung, so dass der Konsiliararzt darauf vertrauen darf, von dem überweisenden Arzt vollständig unterrichtet worden zu sein. Damit verbleibt auch die Pflicht zu vollständiger therapeutischer Aufklärung bei dem die Behandlung führenden und somit dem überweisenden Arzt.[31]

Es gilt jedoch etwas anderes, wenn der konsiliarisch tätige Arzt erkennt oder hätte erkennen müssen, dass der überweisende Arzt drohende Gefahren verkannt und sie in seiner Überweisung deshalb nicht miteinbezogen hat. In diesem Falle muss auch ein nur beratend hinzugezogener Arzt auf die Notwendigkeit weiterer diagnostischer Maßnahmen hinweisen. Der BGH[32] urteilte in einem Fall aus dem Jahre 1993, dass die Bindung des hinzugezogenen Arztes an den Überweisungsauftrag nicht bedeute, dass die Tätigkeit des Konsiliarius lediglich auf die technische Ausführung des Auftrages begrenzt sei, die Funktion des zugezogenen Arztes also lediglich in der eines Werkzeuges ohne eigene Verantwortung zu sehen wäre. Der hinzugezogene Arzt übernehme vielmehr im Rahmen des Überweisungsauftrages in gewissem Umfang auch eigenständige Pflichten. Er bestimme in eigener Verantwortung nicht nur die Art und die Weise der Leistungserbringung (z.B. die Bestimmung der Strahlendosis durch den Radiologen), sondern er müsse auch prüfen, ob die von ihm erbetene Leistung den Regeln der ärztlichen Kunst entspreche und nicht etwa kontraindiziert sei. Ebenso müsse er prüfen, ob die von ihm erbetene Leistung ärztlich sinnvoll sei, ob also der Auftrag von dem überweisenden Arzt richtig gestellt sei und dem Krankheitsbild entsprechend würde. Im allgemeinen könne sich zwar der zur Vornahme einer bestimmten Leistung hinzugezogene Arzt darauf verlassen, dass der überweisende Arzt den Patienten in seinem Verantwortungsbereich sorgfältig und ordnungsgemäß untersucht und behandelt habe und die Indikation zu der erbetenen Leistung zutreffend gestellt sei. Habe der hinzugezogene Arzt jedoch aufgrund bestimmter Anhaltspunkte Zweifel an der Richtigkeit der ihm übermittelten Diagnose,

---

[30] Vgl. die Übersicht 9 im Anhang „Behandelnder Arzt/Konsiliarius“

[31] Biermann, Zeitschrift für ärztliche Fortbildung 1995, 628; Weissauer, Anästhesiologie und Intensivmedizin 1980, 790

[32] Vgl. BGH, NJW 1994, 797 [798]

dann müsse er diesen Zweifeln nachgehen und dürfe sie nicht auf sich beruhen lassen.[33]

Diese Einschränkung des Vertrauensgrundsatzes muss auch für die Aufklärung gelten.

2. Aufklärung im Rahmen der vertikalen Arbeitsteilung - Vierter Grundsatz: Delegation und Kontrolle[34]

Wir haben bereits zu Beginn festgestellt: Die Aufklärungspflicht stellt eine genuin ärztliche Pflicht und Behandlungsleistung dar. Im Rahmen der vertikalen Arbeitsteilung darf die Aufklärung nur auf einen anderen Arzt, nicht auf einen „Nichtarzt" delegiert werden.

a. Delegationsfähigkeit[35]

Grundsätzlich trifft die Aufklärungspflicht zwar den behandelnden Arzt, also denjenigen, der die Operation durchführt.[36] Nach allgemeiner Rechtsauffassung kann der Operateur im Rahmen der Organisationsstrukturen des Krankenhauses die Aufklärung auf andere Ärzte delegieren.[37] Bei schweren Eingriffen, die der Entschlusskraft des Patienten viel abverlangen, möchte der Verfasser dagegen eine höchstpersönliche Aufklärung durch den Operateur verlangen.[38] Gleiches muss wegen der Sachkompetenz für solche Eingriffe gelten, auf die dieser Operateur spezialisiert ist. Die Delegation setzt ordnungsgemäße Instruktion des aufklärenden Arztes über die Aufgabe der Patientenaufklärung, ihre Durchführung und über die Risiken des speziellen Eingriffs voraus. Damit muss gewährleistet sein, dass die Aufklärung so organisiert ist, dass sie nicht an einer mangelnden Qualifikation des aufklärenden Arztes scheitert. Aus diesen Gründen ist der Krankenhausträger und auch der Chefarzt gehalten, durch geeignete Unterrichtung, Richtlinien bzw. Dienstanweisungen und Kontrollmaßnahmen dafür Sorge zu tragen, dass die Aufklärung von einem Arzt übernommen

[33] S. BGH, NJW 1994, 797 [798]

[34] S. zur Veranschaulichung Übersicht 2 im Anhang „Die vier Grundsätze"

[35] S. zur Delegation der Aufklärung Übersicht 10 im Anhang „Aufklärung: Vertikale Arbeitsteilung, Delegation und Kontrolle"

[36] BGH, VersR 1995, 661 [662]; OLG Stuttgart, MedR 1996, 81 [82]; OLG Hamburg, NJW 1995, 604

[37] Laufs, a.a.O., § 66 Rz. 2

[38] Ebenso Laufs, a.a.O., § 66 Rz. 2

wird, der nach seinen persönlichen Fähigkeiten, seinem individuellen Erfahrungs- und Wissensstand dazu hinreichend qualifiziert ist.[39]

Die Deutsche Krankenhausgesellschaft (DKG) hat hierzu Richtlinien veröffentlicht, die umfassend die Aufklärung regeln.[40]

Die Delegation der Aufklärung darf unter diesen Einschränkungen auch auf einen Assistenzarzt oder einen Arzt im Praktikum (AiP) erfolgen, nicht jedoch auf einen Studenten im praktischen Jahr (PJler). Der Delegationsmöglichkeit entsprechen neu entstandene Organisationspflichten, um durch Richtlinien, Anleitung und Kontrolle die Einhaltung der Aufklärungspflicht zu gewährleisten.

b. Haftung

Wird die Aufklärung delegiert, haftet der aufklärende Arzt aufgrund einer Garantenstellung aus der übernommenen Behandlungsaufgabe.[41] Der die Aufklärungslast übernehmende Arzt ist jedoch nicht nur allein für den verschuldeten Aufklärungsfehler haftbar, sondern zugleich Haftungsvermittler für den Träger des Krankenhauses.[42] Der Krankenhausträger kann sich nur bei einer Delegation entlasten, wenn klare Organisationsanweisungen z.B. im Rahmen von Dienstanweisungen bestehen, die auch durch Stichproben kontrolliert werden.[43] Da dieser Entlastungsbeweis nach § 831 Abs. 1 S. 2 BGB kaum zu führen sein wird, haftet somit regelmäßig im Falle mangelhafter Aufklärung und demzufolge rechtswidriger Behandlung auch der Krankenhausträger für den eingetretenen Gesundheitsschaden.[44]

V. Irrtumsproblematik bei der Aufklärung[45]

Unklar ist die Rechtslage, wenn der Operateur nach durchgeführter Arbeitsteilung, also Delegation, irrtümlich von einer wirksamen Aufklärung

---

[39] Laufs, a.a.O., § 66 Rz. 2; Ulsenheimer, a.a.O., Rz. 105; Deutsch, Medizinrecht, 4.A., 1999, Rz. 137

[40] S. im Anhang die Übersicht 11 „Richtlinien zur Aufklärung der Krankenhauspatienten über vorgesehene örtliche Maßnahmen, herausgegeben von der DKG, Stand Mai 1992

[41] Vgl. z.B. BGH, NJW 1992, 2351 = VersR 1992, 960; BGH, NJW 1980, 1905 = VersR 1981, 456; OLG Schleswig, NJW-RR 1994, 1052; OLG Nürnberg, VersR 1992, 754

[42] Steffen/Dressler, Arzthaftungsrecht, 8.A., 1999, Rz. 426; Geiß/Greiner, a.a.O., Rz. 109

[43] Z.B. Richtlinien zur Aufklärung der Krankenhauspatienten über vorgesehene Maßnahmen, herausgegeben von der DKG, Stand Mai 1992, Übersicht 11

[44] OLG München, NJWE-VHR 1996, 89 [90 – 91]; Laufs, a.a.O., § 66 Rz. 2

[45] S. hierzu die Übersicht 12 „Irrtumsproblematik“

des Patienten ausgeht, diese jedoch in Wahrheit nicht oder nicht wirksam erfolgt ist.

Nach ständiger Rechtsprechung[46] haftet der Operateur allein deshalb, weil der Patient von dem aufklärenden Arzt nicht wirksam aufgeklärt worden, der Eingriff also rechtswidrig ist. Diese Auffassung erscheint zu pauschal. Ist der Mangel der Aufklärung aus den dem Operateur vorliegenden Krankenunterlagen, insbesondere dem Aufklärungsblatt nicht ersichtlich, haftet der Operateur für den Mangel der Aufklärung mangels eigenem Verschulden grundsätzlich nicht. Der Operateur befindet sich in einem Irrtum über die tatbestandlichen Voraussetzungen des Rechtfertigungsgrundes „Einwilligung".[47] Für den Operateur ergibt sich strafrechtlich die irrige Annahme eines rechtfertigenden Sachverhaltes nach § 16 StGB, der als Tatbestandsirrtum gewertet wird und in gleicher Weise zivilrechtlich schuldenentlastend wirken muss.

Handelt es sich jedoch um einen verschuldeten Irrtum, dass heißt, wenn z.B. der Operateur den aufklärenden Arzt nicht ausreichend instruiert oder kontrolliert hat, bleibt es bei der fahrlässigen Körperverletzung gem. § 229 StGB[48] und der zivilrechtlichen Haftung aus Delikt und ggf. Vertrag.

Ebenso bleibt die Verschuldenshaftung bestehen, wenn sich der Arzt in Kenntnis des Sachverhaltes über die rechtlichen Grenzen der Einwilligung irrt. Ein solcher Irrtumsfall liegt dann vor, wenn sich der Arzt über die rechtlichen Grenzen der Einwilligung in die Operation irrt, wenn er also z.B. meint, auch die Aufklärung durch einen Pfleger rechtfertige sein Handeln. In diesem Fall unterliegt der Arzt einem sogenannten Verbotsirrtum gem. § 17 StGB.[49]

VI. Zusammenfassung

Die im Krankenhausbetrieb durchaus gebräuchlichen „Richtlinien zur Aufklärung der Krankenhauspatienten über vorgesehene ärztliche Maßnahmen"; herausgegeben von der DKG (Stand Mai 1992)[50] können nach dem Risk-Management zur Frage „Wer klärt auf" fortgeschrieben werden mit vier ergänzenden Leitsätzen.

---

[46] Vgl. z.B. OLG Schleswig, NJW-RR 1994, 1052

[47] BGH, NStZ 1996, 34 [35]; Schönke/Schröder-Cramer, StGB, 25.A., 1997, § 16 Rz. 12 ff; Schönke/Schröder-Eser, a.a.O., § 223 Rz. 52

[48] Schönke/Schröder-Eser, a.a.O., § 223 Rz. 52; Ulsenheimer, a.a.O., Rz. 136 m.w.N. aus der Rechtsprechung

[49] Ulsenheimer, a.a.O., Rz. 137 m.w.N.

[50] Vgl. Übersicht 11 im Anhang

1. Es ist immer derjenige Arzt aufklärungspflichtig, der die Therapie letztendlich durchführt.
2. Die Patientenaufklärung hat durch den Arzt zu erfolgen.
3. Eine Aufklärung des Patienten nur durch Überreichung des Aufklärungsbogens ist unzulässig.
4. Die Aufklärung ist Teil der ärztlichen Behandlung. Jeder Arzt muss sich bewusst sein, dass er im Streitfall die Aufklärung seiner Patienten beweisen muss.

Es erscheint unerlässlich, dass Krankenhausträger und ärztliche Leitung auf der Grundlage der strengen höchstrichterlichen Rechtsprechung zur Aufklärungspflicht Richtlinien zu den 6 großen Fragen[51] der Aufklärung entwickeln und in den modernen Krankenhausbetrieb implantieren. Risikovermeidung ist Teil des „umfassenden Qualitätsmanagements".

---

[51] S. zu den „6 großen W" s. im Anhang die Übersicht 1

VII. ANHANG

1. Übersicht 1: Die 6 großen W

1. Wer muss aufklären?
2. Wen muss der Arzt aufklären?
3. Wann ist aufzuklären?
4. Wie ist aufzuklären?
5. Worüber ist aufzuklären?
6. Wieweit ist aufzuklären?

2. Übersicht 2: Die vier Grundsätze

1. Aufklärung durch den Arzt
2. Aufklärung durch den Behandler
3. Vertrauensschutz
4. Delegation und Kontrolle

3. Übersicht 3: BGH, NJW 1980, 649 [650]

Jeder Arzt hat denjenigen Gefahren zu begegnen, die in seinem Aufgabengebiet entstehen. Solange keine offensichtlichen Qualifikationsmängel oder Fehlleistungen erkennbar werden, muss er sich aber darauf verlassen dürfen, dass auch der Kollege des anderen Fachgebietes seine Aufgaben mit der gebotenen Sorgfalt erfüllt. Grundsätzlich besteht nicht die Pflicht, sich gegenseitig zu überwachen.

4. Übersicht 4: Der Belegarzt

a) Der Belegarzt ist für die Aufklärung von Patienten selbst verantwortlich.

b) Die Verwaltungsleitung trifft insoweit auch eine Kontrollpflicht, der sich der Belegarzt zu stellen hat.

5. Übersicht 5: Aufklärung des Operateurs

a) Der Operateur hat vor der Operation anhand der Krankenunterlagen zu prüfen, ob der Patient aufgeklärt ist.

b) Ist der Operateur auch für die Aufklärung verantwortlich, hat der Instruierung und Kontrolle zu überwachen.

c) Ärztliche Leitung und Verwaltungsleitung haben hinsichtlich Organisation und Kontrolle der Patientenaufklärung ständig zusammenzuwirken.

6. Übersicht 6: Krankenhausärzte - Gynäkologie/Strahlentherapeut

1. Abhängigkeit verschiedener Fachgebiete fordert engen Kontakt.

2. Gynäkologe muss über die Operationsrisiken aufklären.

3. Strahlentherapeut muss über die speziellen Risiken bei der Strahlentherapie aufklären (z.B. Armplexuslähmung).

7. Übersicht 7: Vertrauensgrundsatz

1. Jeder Arzt ist für die Aufklärung in seinem jeweiligen Fachgebiet zuständig.

2. Der Arzt darf darauf vertrauen, dass der Arzt des anderen Fachgebiets ordnungsgemäß aufgeklärt hat, etwas anderes gilt nur dann, wenn er anhand des Aufklärungsbogens oder aufgrund anderer Umstände von einer mangelhaften Aufklärung im anderen Fachgebiet weiß.

8. Übersicht 8: Einweisender Arzt/Krankenhausarzt

a) Der Arzt darf sich nicht darauf verlassen, dass der einweisende Arzt bereits den Patienten aufgeklärt hat. Eine Aufklärungspflicht des einweisenden Arztes besteht nur bei besonderen Umständen.

b) Die Aufklärung setzt voraus, dass der Arzt Art und Weise der vorzunehmenden Operation genau kennt, die Untersuchung des einweisenden Arztes reicht hierfür nicht aus.

c) Der Krankenhausarzt ist von der Aufklärungspflicht nur befreit, wenn er sich über eine umfangreiche und ordnungsgemäße Aufklärung des einweisenden Arztes Gewissheit verschafft hat.

9. Übersicht 9: Behandelnder Arzt/Konsiliarius

1. Bei der konsiliarischen Hinzuziehung wird der Konsiliarius nur beratend tätig.

2. Keine Verantwortung des Konsiliarius für die Behandlung

3. Vertrauensgrundsatz gilt

4. Ausnahme: konsiliarisch tätiger Arzt erkennt oder hätte erkennen müssen, dass der überweisende Arzt drohende Gefahren verkannt hat.

10. Übersicht 10: Aufklärung: Vertikale Arbeitsteilung - Delegation und Kontrolle

1. Die Delegation der Patientenaufklärung ist zulässig.

2. Der verantwortliche Arzt hat zu prüfen, ob der Arzt an den die Aufklärung delegiert wird, die notwendige Sachkunde hat.

3. Der verantwortliche Arzt hat die Delegation hinsichtlich Art und Weise ihrer Durchführung in vollem Umfang zu überwachen und den aufklärenden Arzt zu instruieren.

11. Übersicht 11: Richtlinien zur Aufklärung der Krankenhauspatienten über vorgesehene ärztliche Maßnahmen, herausgegeben von der DKG, Stand Mai 1992

1.) Der ärztliche Leiter ist dem Krankenhausträger gegenüber verantwortlich, das in Zusammenarbeit mit den leitenden Ärzten des Krankenhauses sichergestellt wird, das alle im Krankenhaus tätigen Ärzte über die ihnen im Zusammenhang mit der Aufklärung auferlegten Pflichten entsprechend dieser Dienstanweisung unterrichtet sind.

2.) Der ärztliche Leiter hat zusammen mit den leitenden Ärzten der Krankenhausabteilung (Chefärzte, Belegärzte) festzulegen, in welcher Abteilung die Aufklärung über Untersuchungs- und Behandlungsmaßnahmen – durchzuführen ist, wenn sich ein Patient gleichzeitig oder nacheinander in der Behandlung mehrerer Abteilungen befindet, sofern nicht ohnehin in jedem Fall eine Aufklärung erfolgt ist.

3.) Jeder leitende Abteilungsarzt hat für seine Abteilung ordnungsgemäße Durchführung der Aufklärung sicherzustellen, insbesondere festzulegen, welcher Arzt die Aufklärung durchzuführen hat. Dabei ist darauf zu achten, dass auch vor einzelnen, mit zusätzlichen Gefahren verbundenen Eingriffen eine Aufklärung zu erfolgen hat, wenn sie nicht bereits Gegenstand eines früheren Aufklärungsgespräches gewesen sind.

4.) Unabhängig von den Ziffern 2. Und 3. Hat sich jeder Arzt, der nicht selbst aufklärt, davon zu überzeugen, dass eine ordnungsgemäße Aufklärung stattgefunden hat.

5.) Der leitende Abteilungsarzt hat sicherzustellen, dass die Tatsache der Aufklärung und der wesentliche Inhalt des Aufklärungsgespräches ordnungsgemäß dokumentiert sind. Die Tatsache der Aufklärung, ihr Zeitpunkt sowie der wesentliche Inhalt des Aufklärungsgespräches sollen in der Krankengeschichte vermerkt werden. Der Patient soll in einer schriftlichen Einwilligungserklärung durch Unterschrift die erfolgte Aufklärung, einen eventuellen Aufklärungsverzicht und den wesentlichen Inhalt der Aufklärung bestätigen. Das Aufklärungsgespräch kann nicht durch eine formularmäßige Einwilligungserklärung ersetzt werden.

12. Übersicht 12: Irrtumsproblematik

§ 16 StGB

Irrige Annahme eines rechtfertigenden Sachverhaltes:

Der Mangel der Aufklärung ist z.B. dem Operateur aus den Krankenunterlagen bzw. Aufklärungsbogen nicht ersichtlich.

Schuldenentlastend

§ 17 StGB

Irrtum über rechtliche Grenzen z.B. der Einwilligung

Operateur nimmt ordnungsgemäße Einwilligung in die Operation an, da Patient durch Pfleger aufgeklärt.

Schuldmindernd

Aufklärung – Unerfüllbare Ansprüche in Praxis- und Klinikalltag?

Hans Friedrich Kienzle

Inhaltsübersicht

I. Einführung

Die Wertigkeit der Selbstbestimmungsaufklärung unterliegt den Schwankungen ethischer Normen durch die Jahrhunderte. Sie entspricht dem jeweiligen Selbstverständnis des Arztes und dem sich hieraus ergebenden Umgang mit dem Patienten. (Tab. 1)

Tabelle 1

Aufklärung und Selbstbestimmungsrecht			**Historie**
Altertum	Hippokrates		-
	Aristoteles, Plato	Freie +, Sklaven	-
Mittelalter	Arzt = Mitarbeiter Gottes an der Gesundheit des Menschen		-
Renaissance	Th. Morus (Utopia)		+
Aufklärung	Kant (1793) „Was ist Aufklärung" Osterhausen (1798) „Ausgang eines Menschen aus seiner Unmündigkeit in Sachen physisches Wohl"		+
Goethe	West-östlicher Diwan		-
Percival	1803 code of medical ethics		-
1894	Beginn gerichtlicher Judikatur	(RGSt 25/375)	+
1984	noch kein Hinweis auf Aufklärungspflicht in MBO		
1989	MBO: Ziffer 1a: 2 knappe Sätze		+
1990	BÄK: Empfehlungen zur Aufklärungspflicht		+
1996	MBO: unverändert zu 1989		+

\+ = Selbstbestimmungsrecht anerkannt
\- = Selbstbestimmungsrecht abgelehnt

In rechtlichen Auseinandersetzungen wegen eines vermuteten Behandlungsfehlers haben die Ärzte an den Entwicklungen der Rechtsprechung in Form der sachverständigen Gutachter wesentlichen Anteil genommen. Die Anforderungen an die sogenannte Aufklärungspflicht haben die Juristen im Rahmen des sich entwickelnden Richterrechts autonom entwickelt. Die Ärzte folgten dieser Entwicklung mehr oder weniger widerwillig. Bockelmann hat die Aufklärungspflicht als „das ärgerlichste Thema zwischen Juristen und Ärzten" herausgestellt.

Im Laufe der Vortragsreihe sind die in den vergangenen Jahren als richtig und gerecht empfundenen Ansprüche an die Aufklärung mehrfach sehr deutlich zum Ausdruck gekommen. Wir Ärzte mögen die Rechtsprechung zur Aufklärung als gerecht oder ungerecht, dem Patienteninteresse angemessen oder völlig überzogen erachten. Da sie aber einer gesellschaftlichen Entwicklung entspricht, die am Übergang von der Industriegesellschaft zum Informationszeitalter eine mächtige Beschleunigung erfährt, werden auch die Ärzte die von der Gesellschaft geforderten Ansprüche an eine ausreichende Aufklärung akzeptieren müssen, die das ausführliche Gespräch mit dem Patienten immer noch als lästige Pflicht empfinden.

Anspruch und Wirklichkeit, Theorie und Praxis, sie liegen häufig weit auseinander. Der tatsächliche Anspruch im konkreten Fall ist für den einzelnen Arzt nicht immer vorherzusehen.

II. Zeitpunkt der Aufklärung

Die in der Rechtsprechung zum Ausdruck gebrachten Fristen der Aufklärung vor einer Operation sind sehr unterschiedlich, weil fallbezogen. Als Konsequenz dieser Rechtsprechung ergibt sich, dass die Aufklärung so früh wie möglich, am besten bei Vereinbarung eines Operationstermins zu erfolgen hat. Der Patient habe dabei im vollen Besitz seiner Erkenntnis- und Entscheidungsfreiheit zu sein.

Selbst wenn der Patient angesichts einer schwerwiegenden Erkrankung überhaupt noch in der Lage sein sollte, sein Selbstbestimmungsrecht auszuüben, stehen den berechtigten Forderungen nach ausführlicher sachbezogener und differenzierter Information zahlreiche Widerstände entgegen: Ein wesentlicher Faktor ist die tägliche Zeitnot. Trotz Terminvorgaben für die Sprechstunde bleibt den einzelnen Patienten oft nicht die gebührende Zeit, sich mit dem Arzt auszusprechen, wenn nicht die gesamte Sprechstundenterminierung durcheinanderkommen soll. Es ist der Urlaub kompetenter Ansprechpartner, es ist die unterschiedliche Dringlichkeit einer Operation, es sind die Forderungen nach kurzen Liegezeiten und die zunehmende Verlagerung der präoperativen Diagnostik und Vorbereitung zur Operation in den ambulanten Bereich. Kommt der Patient mit Einweisung gleich auf die Station, steht dem aufklärenden Arzt oft nicht die notwendige Zeit rechtzeitig zur Verfügung, die Aufklärung findet oft erst am späten Nachmittag oder Abend statt. Ist der Patient wirklich noch in der freien Entscheidung unbeeinträchtigt, wenn er von seinem Hausarzt per Einweisung zur Operation geschickt wird, weil die kassenarztrechtlichen Modalitäten einen präoperativen Sprechstundenbesuch nicht notwendig erscheinen lassen oder nicht zulassen, und der so vorprogrammierte Patient wesentliche Risiken einer absoluten Elektivoperation (Leistenbruch, Schilddrüsenoperation, Galle) erst am Vorabend der Operation erfährt? Sicher nicht. (Tab. 2)

Tabelle 2

Aufklärung am Beispiel Colonresektion

	Zeitbedarf in min.
Sprechstundenbesuch	10′- 20′
Vortag der Op	20′- 30′
Thromboseprophylaxe	5′
Eigenblutspende	10′
Abendvisite präop.	5′
Morgenvisite präop.	3′
Stomavorbereitung (fakultativ)	30′
	43′- 73′ bzw. 103′

III. Wer klärt auf?

Prinzipiell und in erster Linie der Operateur.

Diesem Prinzip entgegen stehen die arbeitsteilige Organisation und der häufige Wechsel der ärztlichen Mitarbeiter, die das Arbeitszeitgesetz und eine restriktive Genehmigung von Überstunden mit sich bringt. Entscheidend ist die Sachkunde des aufklärenden Arztes. Insofern kann auch ein niedergelassener, nicht operativ tätiger Arzt aufklären. Selbst wenn dies nach geltendem Recht gestattet ist, hat sich der Operateur in jedem einzelnen Fall zu vergewissern, dass der Patient in ausreichendem Maße präoperativ informiert ist. Diese Endverantwortung kann nicht abgegeben werden. Sich dabei auf Vorinformationen ungeprüft zu verlassen, kommt einer groben Verletzung der Aufklärungspflicht des Mitarbeiters oder seitens des leitenden Arztes einem Organisationsverschulden gleich. (Abb. 1)

Dienstplan Station B4

April 1996

M	D	M	D	F	S	S
1 a	2 b	3 a	4 a	5 a	6 a	7 d
8 d	9 a	10 a	11 c	12 d	13 d	14 d
15 d	16 d	17 d	18 d	19 d	20 a	21 a
22 d	23 a	24 a	25 a	26 c	27 c	28 c
29 a	30 a					

a = Facharzt
b / c = Assistenzarzt
d = Arzt im Praktikum (AiP)

Abb. 1. Wechsel der Stationsärzte, unterschiedliche Qualifikation

IV. Form und Umfang der Aufklärung

Wichtig ist an erster Stelle das Gespräch, das der Arzt mit dem Patienten persönlich zu führen hat. Tatsächlich geschieht es aber trotzdem, dass Aufklärungsbögen durch nachgeordnetes Personal an den Patienten weitergegeben werden. Selbst wenn der Aufklärungsbogen sämtliche Sachverhalte enthält, ist diese Form der Aufklärung ungenügend. Nur im Gespräch kann der Arzt erkennen, wie weit das Informationsbedürfnis des einzelnen Patienten reicht, und worauf es im Einzelfall ankommt (Tab. 3).

Tabelle 3

Operationsvorbereitende Information

(n. Wallace 1985)

Patientenwunsch	
Arztgespräch	46,6 %
Broschüre	29,8 %
Film	7,6 %
Audio-Kassette	0,8 %
Krankenschwester	5,3 %
Psychologe	2,3 %
Kein Informationswunsch	7,6 %

Im Streitfall ist eine Aufklärung immer nur so gut gewesen, wie sie dokumentiert ist. Vertrauen auf good will seitens des Patienten ist nicht am Platze. Man darf sich allerdings fragen, ob man in der Aufklärungspflicht und deren Dokumentation soweit gehen soll, wie es Brug aufgrund eines Verfahrens nach einer missglückten Behandlung einer Radiusfraktur allen Ernstes vorschlägt. Wenn man soweit gehen will, hat am Ende nur noch das Tonband zusammen mit einem Bildatlas Beweiswert (Abb. 2 und 3).

Aufklärung über die empfohlene
Behandlung Ihrer
SPEICHENFRAKTUR

- □ Sie haben eine instabile Speichenfraktur.
- □ Die alleinige **KONSERVATIVE** Behandlung (mit Gips) kann in aller Regel eine schleichende Verkürzung der Speiche nicht verhindern.
  Die Folge ist mit großer Wahrscheinlichkeit eine **Funktionsbeeinträchtigung** des Handgelenkes.
- □ Wir empfehlen Ihnen die für diesen Bruch bestmögliche Behandlung in Form der **OPERATIVEN** Stabilisierung nach mittels
  - Bohrdrähten[1] und Gips
  - Bohrdrähten und Fixateur externe[2]
  - Fixateur externe und Spongiosa[3]
    (autolog[4], homolog[5], xenogen[6])
  - Platte und Schrauben
  - ....
- □ Komplikationsmöglichkeiten:
  Infektion, Nervenverletzungen (mit Gefühlsstörungen/Mißempfindungen), Sehnenverletzungen, kosmetisch unschöne Narben, Sudeck Dystrophie[7]

....
(Unterschrift des Arztes)

....
(Unterschrift ....)

Abb. 2

Erklärung des Patienten

- ☐ Mit der mir vorgeschlagenen Operation bin ich einverstanden.
- ☐ Alle Fachausdrücke (1-7) waren mir bekannt oder wurden mir erklärt.
- ☐ Der Komplikationsmöglichkeiten bin ich mir bewußt.

....
(Unterschrift des Patienten/
begleitenden Angehörigen)

- ☐ Ich lehne die Operation ab.
- ☐ Die evtl. Nachteile der konservativen Behandlung (Abrutschen der Fraktur, Funktionsbeeinträchtigung, Sudeck Dystrophie) sind mir bewußt.
- ☐ Ich wurde auf die Möglichkeit einer aufwendigen Korrekturoperation im Falle eines unbefriedigenden Ergebnisses hingewiesen.

....
(Unterschrift des Patienten)

Abb. 3

Besonders groß ist die Unsicherheit in der täglichen Praxis bezüglich des Umfangs der Aufklärung „im großen und ganzen". Hier müssen Ärzte in der ex post-Beurteilung immer wieder erkennen, dass präoperativer Anspruch und postoperative Wirklichkeit weit auseinander liegen.

Steffen verwendet den Begriff der Grundaufklärung. Er ist der Ansicht, dass der Patient seine Zustimmung zur Behandlung in Form einer Gesamtbilanz, nicht hingegen zu einer Liste sogenannter einzelner Risiken im Sinne einer Gefahrenübernahme eben dieser aufgeführten Komplikationsmöglichkeiten erteile. Eine wirksame Einwilligung des Patienten in die geplante Heilmaßnahme könne daher nur herbeigeführt werden, wenn der Patient eine ausreichende Grundaufklärung erhalte. Diese ziele auf die Vermittlung des Wissens ab, das der Durchschnittspatient brauche, um die typischen, wenn auch möglicherweise sehr seltenen Risiken einer Heilbehandlung in ihren möglichen Auswirkungen auf seine zukünftige Lebensführung im großen und ganzen einschätzen zu können. Zur Grundaufklärung gehöre regelmäßig die Nennung des schwersten in Betracht kommenden Risikos der Behandlung, das für die Entscheidung des Patienten von Bedeutung sei. Bei der Wahl der Formulierungen müsse aber sein Stellenwert – auch gegenüber den Folgen einer Nichtbehandlung – zutreffend zum Ausdruck kommen. Es könne also beispielsweise auf die Seltenheit seiner Verwirklichung hingewiesen werden, wobei das Risiko jedoch nicht verharmlost werden dürfe. Eine nicht ausreichende Grundaufklärung sei ungeeignet, eine wirksame Einwilligung des Patienten in den Eingriff zu erlangen. Wenn der Arzt die Aufklärung in unzulässiger Weise verkürze, sei dies einer Nichtaufklärung gleichzustellen. „Ein bisschen Aufklärung hält den Patienten genau so unmündig wie gar keine". (Steffen)

Es ist zu bezweifeln, dass einem durchschnittlich befähigten Arzt ohne juristisches Engagement solche Gedanken geläufig sind.

V. Aufklärung bei sogenannten Bagatelleingriffen und ambulanten Operationen

Hierunter fallen z.B. Injektionen (i.m., Gelenk), Abszessspaltung, Excision einer perinatalen Thrombose und die Excision eines kleinen Hauttumors.

Die Unsicherheit in der Praxis ist dabei besonders groß, da eine Verschiebung des kleinen Eingriffs vom Patienten in der Regel nicht verstanden oder zunächst nicht gewollt wird. Ein informatives Gespräch findet – wenn überhaupt -, oft in Zusammenhang mit der Vorbereitung für den Eingriff statt. Die Dokumentation ist nicht selten gleich Null. Im Falle eines Schadens, und sei er prozentual noch so selten, werden aber an diese Eingriffe die selben Aufklärungsanforderungen gestellt wie im Falle einer „echten" Operation.

Muss vor der Excision eines kleinen Hauttumors auf eine sogenannte Fasciitis necroticans hingewiesen werden, deren Häufigkeit sicher weit im hinteren Promille-Bereich liegt, aber potentiell lebensgefährlich ist? Notwendig ist in jedem Fall der Hinweis auf die unmittelbar postoperativ sich einstellende Beeinträchtigung für Verrichtungen des täglichen Lebens oder auch bezüglich der Ausübung des Berufes, da der Patient in der Regel an solche Dinge nicht denkt, dies aber für seine Lebensführung nach der Operation wichtig und beeinträchtigend sein kann.

Bezüglich des Aufklärungszeitpunktes reicht bei Bagatelleingriffen in aller Regel die Aufklärung am selben Tage, dennoch sollte man dem Patienten verbal und nonverbal klar zu erkennen geben, wo das entscheidende Gespräch über die Erkrankung und deren Therapie zu Ende ist, wie groß der zeitliche Spielraum für eine Entscheidung ist und wo die eigentliche Therapie (Operation) beginnt.

Form und Inhalt der Aufklärung für ambulante Operationen unterscheiden sich in verschiedener Hinsicht von der Aufklärung für stationär durchzuführende Operationen. Diese speziellen Anforderungen finden nicht durchgängig Beachtung.

Wichtig ist zum Beispiel, dass man dem Patienten die Symptome erklärt, auf die er achten muss, und die ihn veranlassen sollten, sich wieder an den Operateur zu wenden. Der Patient muss wissen, wie sich ein Bluterguss äußert, worin sich eine Entzündung manifestiert, und bei welchen Symptomen akute Gefahr droht. Nur die Aufzählung von gewissen Risiken reicht hier keinesfalls, da dem Patienten das Expertenwissen fehlt, das zur Umsetzung des Symptoms in den Krankheitsbegriff notwendig ist.

VI. Sonderfälle der Aufklärung

Nach genetischen Untersuchungen bei der Partneraufklärung bei AIDS, der Aufklärung von Jugendlichen durch den Frauenarzt und Eingriffsaufklärung unter Zugrundelegung einer objektiven Fehldiagnose liegen besondere Bedingungen vor.

Die Aufklärung über Ergebnisse genetischer Untersuchungen hat zu berücksichtigen, dass meist nicht nur der Patient oder die Patientin betroffen ist, sondern auch Kinder und Kindeskinder. Die Übermittlung des Ergebnisses und die Information über die Bedeutung der Ergebnisse sollte daher zunächst nur mündlich mit dem Betroffenen besprochen werden.

Bezüglich der Partneraufklärung bei AIDS konkurriert die Aufklärungspflicht gegenüber dem Partner mit der Schweigepflicht gegenüber dem Patienten. Das Dilemma ist oft schwer zu lösen. Besondere Probleme können bei der Behandlung jugendlicher Frauen entstehen, wenn aufgrund fehlender Volljährigkeit die Eltern mit in die Behandlung einbezogen werden müssen. Die sorgfältige Abwägung der Persönlichkeitsrecht im einzelnen erfordert außerordentliches Fingerspitzengefühl und Erfahrung.

Eine wirksame Aufklärung über eine vorzunehmende Operation wird unwirksam, wenn der Patient unter falschen Prämissen zur Operation gedrängt wird. Im Falle eines Gutachtens stellte sich heraus, dass die Patientin an sich wirksam in die Operation einer Schilddrüsenoperation eingewilligt hatte, die Patientin aber durch den vorbehandelnden Internisten dahingehend informiert worden war, dass es sich um eine bösartige Schilddrüsenerkrankung handle, was tatsächlich nicht zutraf. Über die an sich indizierte Operation bei Struma nodosa Grad III war korrekt und sorgfältig aufgeklärt worden. Da die Voraussetzungen zur Operation aber aufgrund eines Missverständnisses einer Fehldiagnose gleichkamen, war die an sich korrekte Aufklärung unwirksam.

VII. Aufklärungspflicht bei diagnostischen Maßnahmen, interventioneller Behandlung und Arzneimitteltherapie

Im strikten Sinne ist auch hier in jedem Einzelfalle eine detaillierte Aufklärung erforderlich. In der Praxis unterbleibt sie fast regelmäßig.

Eine Coloskopie zum Beispiel oder eine Gefäßerweiterung durch den Radiologen oder Angiologen kann für den Patienten bei aller Notwendigkeit der Behandlung und bei klar gegebener Indikation Folgen haben, die im Einzelfall sein Leben schwer beeinträchtigen können (Anus praeter, Beinamputation), so dass auch für diese zunächst harmlos erscheinenden Maßnahmen eine definitive und in jeder Hinsicht genügende Aufklärung zu erfolgen hat.

Bis auf wenige Ausnahmen (zum Beispiel Marcumartherapie) wird in den allermeisten Fällen einer medikamentösen Therapie über die Medikamente und ihre möglichen Folgen nicht aufgeklärt. Das Informationsbedürfnis stillt der Patient meist selbst durch Lektüre des Beipackzettels. Selbstverständlich ist der Patient nicht in der Lage, die dort zur absoluten Absicherung des Pharmaunternehmers aufgelisteten Nebenwirkungen zu werten und das Risiko der Medikamenteneinnahme mit dem Risiko der Erkrankung in Relation zu setzen. Dies ist sehr häufig der Grund für die dann nachfolgende Nichteinnahme der oft sehr teuren Tabletten, wonach dann ärztlicherseits häufig die sogenannten Non-Compliance der Patienten beklagt wird (Tab. 4).

Tabelle 4. Von Patienten (n = 368) gewünschte Inhalte einer schriftlichen Arzneimittelinformation

	n	%
• Art und Zeitpunkt der Einnahme	334	90,8
• Nebenwirkungen und Verhalten bei Auftreten von • NW	325	88,3
• Vorsichtsmaßnahmen wie Beeinträchtigung der Fahrtüchtigkeit	320	87,0
• Wechselwirkungen mit Alkohol oder Medikamenten	309	84,0
• Name des Medikaments	305	82,9
• Zweck der Therapie	293	79,6
• Einnahmedauer	278	75,5
• Was ist bei vergessener Einnahme zu beachten?	237	64,4
• Was ist bei unzureichender Wirkung zu tun?	215	58,4

Nach RIDOUT et al., Br.J. Clin. Pharmac 21 (1986), 701-712

VIII. Aufklärung über wirtschaftliche Folgen

Hierbei handelt es sich um ein Problemfeld, das vielen Ärzten noch unbekannt ist. Ärzte, die das Problem kennen, haben sicher nur vage Vorstellungen über das Ausmaß dieser Informationspflicht. Andererseits bin ich immer wieder erstaunt, welch hohen Aufklärungswert die ärztliche Rechnung hat: Oft sieht der Patient erst postoperativ in der Auflistung der GOÄ-Ziffern, wie schwer krank er war: Aufklärung über wirtschaftliche Folgen ex post!

IX. Aufklärungspflichten unter den Bedingungen sich fortentwickelnder diagnostischer und therapeutischer Möglichkeiten

Über welchen jeweils gültigen Standard einer Operationsmethode ist aufzuklären? Gibt es eine freie Wahlmöglichkeit des Patienten für unterschiedliche Methoden zur Behandlung der selben Erkrankung? Wie weit darf, wie weit muss ärztlicher Rat die Patientenentscheidung beeinflussen?

Versteht der Arzt die Aufklärungspflicht richtig, so wertet er dem Patienten gegenüber die verschiedenen Methoden, vielleicht auch deren historische Entwicklung und rät ihm dann zum einen oder anderen Verfahren, wobei dieser Rat durchaus subjektiv gefärbt sein darf. Es wäre jedenfalls unärztlich, und dies wird auch juristisch nicht gefordert, den Patienten mit der Entscheidung alleine zu lassen. Die Selbstbestimmung kann nur ausgeübt werden, wenn der Expertenrat Grundlage hierfür schafft. Andererseits kann es auch nicht sein, dass man dem Patienten zum Beispiel das operative und konservative Behandlungsverfahren eines Außenbandrisses am Sprunggelenk erläutert, der Patient sich dann wider besseres Wissen und mangels einschlägiger Kenntnisse für das falsche Verfahren entscheidet und der Arzt sich anschließend aus der Verantwortung zurückzieht mit der Bemerkung, der Patient wollte das doch so haben.

X. Aufklärungserfordernisse im Zeitalter der Rationalisierung der Arzt-Patienten-Beziehung und Aufklärung als prospektives Risk-Management

Selbst wenn der stets vorherrschende Zeitdruck in vielen Fällen kein vorgeschobenes Argument ist, das informative Aufklärungsgespräch so nebenbei zu erledigen, oder gar zu unterlassen, ist das aufklärende Gespräch für die Arzt-Patienten-Beziehung aber auch den Heilerfolg von so eminenter Bedeutung und entspricht in vieler Hinsicht einem Hauptaspekt ärztlichen Tuns, dass man sich diese Zeit in jedem Fall nehmen sollte. Der Patient muss das Gefühl bekommen „gut aufgehoben zu sein". Zudem ist erwiesen und statistisch signifikant abgesichert, dass eine ausreichende Aufklärung das Risiko späterer Klagen wegen eines vermuteten Behandlungsfehlers deutlich mindert. Die Aufklärung ist also insoweit in die Maßnahmen eines prospektiven Risk-Managements einzubeziehen.

XI. Psychologisch-informationelle Folgen der Aufklärungspflicht

Ist der Patient wirklich so mündig, wie man denkt, oder handelt es sich beim „mündigen Patienten" um eine Phantomfigur der Jurisprudenz post festum?

Ein gesunder Mensch entscheidet in vieler Hinsicht anders als ein kranker. Das Informationsbedürfnis einzelner Menschen ist außerordentlich unterschiedlich ausgeprägt. Verständnis und Erinnerungsvermögen bezüglich präoperativ vermittelter medizinischer Inhalte weichen von Mensch zu Mensch außerordentlich voneinander ab (Abb. 4; Tab. 5).

Aufklärungspflicht: psycho-informationelle Wirkung

Höfer 1980

Verstehen von Indikation, Risiken der Krankheit und Op	18%
Erinnerung, daß über OP und Risiken gesprochen wurde	49%
Keinerlei Erinnerung oder falsche Erinnerung	33%

Giebel 1998

Wissenszuwachs	wenig	↑	(♂, <40 J., Abitur)
		↔	20%
Vertrauen		↗	60%
		↓	20%
		↔	40%
Angst		↘	40%
		↑	20%

Abb. 4

Tabelle 5

Informationsbedürfnis von Patienten	
Gar nicht	5,1 %
im großen und ganzen	2,5 %
andeutungsweise	0,8 %
nur das Wichtigste	0,8 %
wichtige Einzelheiten	1,7 %
ausführliche Aufklärung	23,0 %
über alles	65,8 %

(n. Giebel, Zentbl. Chir. 122 (1997), 186)

Aufklärung und Information, die in einem Gespräch zwischen Patient und Arzt humanen, ethischen, ärztlichen und nicht zuletzt auch forensischen Vorstellungen in gleicher Weise entsprechen und den Patienteninteressen genügen, bedürfen großer Anstrengung. Gerade angesichts der aufgezeigten Unzulänglichkeiten in der täglichen Praxis ist zu fordern, dass das aufklärende Gespräch nicht als lästige Pflicht abgewertet wird, sondern im positiven Sinne in bewusster Wahrnehmung des ärztlichen Berufes in den Therapieplan mit einbezogen wird. Ankermann formuliert das folgendermaßen: „Was der Arzt im Gespräch mit dem Patienten in Wahrheit leistet, geht fast immer über das hinaus, was der Jurist dem Arzt sagen kann, was er von Rechts wegen mit seinem Patienten bereden muss. Das Gespräch ist im besten Fall selbst die Therapie, weil es über die Weitergabe notwendiger Informationen hinaus Anteilnahme, Hilfe und Trost sein wird. Das ist wichtig, ja unentbehrlich in einer vertrauensvollen Beziehung zwischen Arzt und Patient. Es ereignet sich hoffentlich immer wieder in einer von Apparaten und Entfremdungen aller Art beherrschten medizinischen Umwelt."

Wittmann formulierte dies folgendermaßen: „Betrachtet man die Achtung vor der Autonomie des Willens des Patienten als Grundlage der Aufklärungspflicht des Arztes, so hat dies insgesamt Implikationen auf den Inhalt des Arzt-Patienten-Verhältnisses. Der Patient ist dann nicht mehr in erster Linie Repräsentant der Krankheit, an der er leidet, oder die an ihm diagnostiziert werden könnte. Es geht vielmehr von vorne herein um die ganzheitlich-individuelle Behandlung des Patienten auf der Grundlage der gegebenen medizinischen Situation und nach dem neuesten Stand der medizinischen Wissenschaft."

Literaturverzeichnis

Ankermann, Haftung für fehlerhaften oder fehlenden ärztlichen Rat. in: Deutsch/Klingmüller/Kullmann (Hrsg.), Festschrift für Erich Steffen zum 65. Geburtstag am 28. Mai 1995. Der Schadensersatz und seine Deckung, 1995

Bergmann/Kienzle, Krankenhaushaftung, Organisation, Schadenverhütung und Versicherung. Leitfaden für die tägliche Praxis, 1996

Bockelmann, Bericht über die Unfallmedizinische Tagung am 19./20.5.98. BG-Schriftenreihe Heft 38, S. 21

Brug, Konservative oder operierte Behandlung eines Handgelenkbruchs. Indikation im Rahmen der Therapiefreiheit oder Rechtsverständlichkeit?, Chir. Praxis 56 (1999/2000), S. 1

Carstensen, Forensische Fragen in der Chirurgie – gestern und heute, Rheinisches Ärzteblatt 1987, 951

Dunz, Operationsabbruch zu Aufklärungszwecken?, DMW 103 (1978), S. 1226

v. Engelhardt, D., Mit der Krankheit leben, 1986

v. Engelhardt, D., Die Wahrheit am Krankenbett im geschichtlichen Rückblick, Schweiz. Rundschau f. Medizin 14 (1996), S. 85

Franz/Hansen, Aufklärungspflicht aus ärztlicher und juristischer Sicht, 2.A., 1997

Franzki, Von der Verantwortung des Richters für die Medizin – Entwicklungen und Fehlentwicklungen der Rechtsprechung zur Arzthaftung, MedR 1994, 171

Freund, Risikoaufklärung – Zeitpunkt richtig wählen, Zentralbl. Chir. 118 (1993), S. 103

Geiß/Greiner, Arzthaftpflichtrecht, 2.A., 1999

Gerhardinger, Die emotionale Belastung chirurgischer Patienten, 1998

Giebel/Stock/Dievenich/Schweitzer, Aufklärungsgespräch: Was weiß der Patient, was will er wissen? Thrombose und Wundinfektion, Zentralbl. Chir. 122 (1997), S. 186

Giebel/Blöchl, Präoperatives Aufklärungsgespräch. Zum Wohl des Patienten?, Presseinformation Universität zu Köln 128/98

Herbig, Gravierende Einschnitte. Das große Buch der Operationen, 1999

Höfer/Streicher, Patientenaufklärung. Untersuchung zur Interaktion an chirurgischen Patienten, DMW 105 (1980), S. 694

Hoppe, Identitätskrise des Arztberufs. Wandel in der Berufsauffassung des Arztes im Kontext mit den Veränderungen in der Gesellschaft, in: Zukunft der ärztlichen Selbstverwaltung, Pressestelle ÄK Nordrhein 1999

Jansen, Zeitpunkt der Aufklärung bei ambulanten und stationären Operationen, Rheinisches Ärzteblatt 1995, 48

Kienzle, Die ärztliche Aufklärungspflicht. Gratwanderung zwischen Vertrauen und Vertrag, Dtsch. Ärzteblatt 76 (1979), 2584

Kuhlendahl, Die ärztliche Aufklärungspflicht oder der kalte Krieg zwischen Juristen und Ärzten, Dtsch. Ärzteblatt 1978, 1984

Laufs/Uhlenbruck:, Handbuch des Arztrechts, 2.A., 1999

Lopatecki/Zähringer (Hrsg.), Bildatlas der Patientenaufklärung. Anästhesie, Chirurgie, 1999

Oppikofer, Operationsführer. Das Patientenhandbuch durch die Chirurgie, 1988

Rössler/Waller, Medizin zwischen Geisteswissenschaft und Naturwissenschaft, 1989

Rumler-Detzel, Zu Inhalt und Zeitpunkt des Aufklärungsgespräches vor einer langfristig geplanten Operation, akt. chir. 27 (1992), 255

Schalast, Perspektiven einer künftigen europäischen Arzthaftung, Dtsch. Ärzteblatt 92 (1995), 865

Schlund, Streit vor Gericht: Konservative oder operative Behandlung eines Handgelenkbruches, Chir. Praxis 56 (1999 – 2000), 7

Smentkowski, Aufklärung vor der Behandlung. Referat eines Symposium der Gesellschaft für Recht und Politik im Gesundheitswesen, München 24./25.1.1997, Rhein. Ärzteblatt 1997, Heft 3, S. 17

Wertenbruch, Der Zeitpunkt der Patientenaufklärung, MedR 1995, 306

Wittmann, Die ärztliche Aufklärungspflicht aus rechtsethischer Sicht, in J.C. Joerden (Hrsg.), Der Mensch und seine Behandlung in der Medizin, 1999

Die zivilrechtliche Haftung des Arztes bei Aufklärungsmängeln auf dem Weg zu einem verschuldensunabhängigen Schadensersatz?

Christoph-M. Stegers

Inhaltsübersicht

I. Einführung

Namhafte Arztrechtler forderten 1993 Gerichte und Sachverständige auf, die Aufklärungspflicht haftungsrechtlich zu entlasten[1]. Damit formulierten sie ein Ansinnen, welches die prozessuale Rolle der Gerichtsgutachten als neutrale Berater des Gerichts verkennt.

Diese Kritik ist darüber hinaus wenig zukunftsorientiert. Wissen Mediziner nicht vielmehr:

Einsicht ist der erste Schritt auf dem Weg zur Genesung?

Bemühen sie sich nicht millionenfach um Aufklärung und Verständigung mit Kranken? Diese Ärzte lehren uns, nicht Glaubenskämpfe von vorgestern auszufechten, Schlachten von gestern zu führen und Vorurteile für heute zu pflegen, sondern sich die Fakten einer gefahrgeneigten Arbeit zu vergegenwärtigen, wechselseitige Kommunikation und Konsens als integralen Bestandteil, als Herausforderung des Arztberufs zu begreifen

---

[1] So Kern/Laufs, Grundregeln zur Aufklärungspflicht des Arztes nach deutschem Recht, abgedruckt in Laufs, Arztrecht, 5.A., 1993, Rz. 263

und aus unerwünschten Ereignissen wertvolle Erkenntnisse für die Medizin von Morgen zu gewinnen.

Der pragmatische Rechtsrat an den Arzt mag lauten:

- sich die Grundzüge der obergerichtlichen und höchstrichterlichen Rechtsprechung zur ärztlichen Aufklärungspflicht sowie das Fallrecht der eigenen Fachdisziplin anzueignen;
- im Zweifel so fallbezogen zu dokumentieren, dass ein medizinisch erfahrener Dritter daraus alle für Anamnese, Diagnostik und Therapieverlauf –wesentlichen Daten entnehmen kann;
- sich selbst in die Lage dieses Patienten zu versetzen und sich zu vergegenwärtigen, was er als Patient wissen müsse und wolle, um über einen Eingriff zu entscheiden.

Diese Ratschläge zu befolgen und ein gutes Verhältnis zum Patienten zu pflegen, heißt das Risiko zivilrechtlicher Haftung zu mindern. Ein Berufsleben ohne Klage wegen versäumter Aufklärung kann jedoch niemand garantieren. Verlangt ein Patient mit dieser Behauptung Schadenersatz, sind tatbezogen die Möglichkeiten einer Enthaftung zu prüfen.

II. Körperverletzungsdoktrin im Wandel

In seinem bekannten Beschluß zu verfassungsrechtlichen Fragen im Arzthaftungsprozeß hat das Bundesverfassungsgericht[2] die Körperverletzungsdoktrin und zugleich die Grundsätze zur ärztlichen Aufklärungspflicht, welche der Bundesgerichtshof seinerseits vom Reichsgericht[3] übernommen[4] hatte und weiterentwickelte[5], nicht beanstandet.

Die Debatte um das gedankliche Gerüst einer tatbestandsmäßigen Körperverletzung, deren Rechtswidrigkeit erst die Einwilligung des aufgeklärten Patienten entfallen läßt, verstummte jedoch insoweit nicht, als es um ihre tatsächlichen oder vermeintlichen Folgen im allgemeinen und den vereinzelt befürchteten „unheilvollen Weg in die defensive Medizin“[6] so-

---

2 BVerfG, NJW 1979, 1925 [1929 sub 2a) u. b) re. Sp.] Meinung der die Entscheidung tragenden Richter Rinck, Wand, Rottmann und Träger und S. 1930 abweichende Meinung der Richter Hirsch, Niebler und Steinberger, sub 2 re.Sp. u. 3 S. 1931 lk.Sp.

3 RGSt 25, 375

4 BGHSt 11, 111; BGH, AHRS 4680/1

5 Z.B. BGH, NJW 1980, 1333; BGH, NJW 1981, 633; BGH, NJW 1984, 1807; die Entwicklung ist keineswegs abgeschlossen

6 Vgl. Ulsenheimer, Arztstrafrecht in der Praxis, 2.A., 1998, Rz. 484, dort steht die Kritik freilich nur im Zusammenhang mit strafrechtlicher Haftung; gemeint ist die absichernde Medizin mit ausufernder irrationaler Diagnostik

wie die Gefahr einer „Denaturierung der Aufklärung zum Haftungsinstrument“[7] im besonderen geht.

Der seit längerem die höchstrichterliche Rechtsprechung nicht mehr prägende Rekurs auf ein striktes Rechtswidrigkeitskonzept[8] ging einher mit der Herausarbeitung des Selbstbestimmungsrechts des Patienten im Sinne einer zivilrechtlichen Konkretisierung der Verfassungsgarantie auf freie Entfaltung der Persönlichkeit und auf Achtung der personalen Würde. Doch bildete dieser Wandel bisher nicht den Ausgangspunkt für weitere Überlegungen, mit zwei Ausnahmen[9], worauf noch zurückzukommen sein wird.

Zentrales Schutzgut für die von der Körperverletzungsdoktrin herkommende Rechtsprechung ist heute also weniger der menschliche Leib an sich, sondern die Selbstbestimmung des menschlichen Individuums über seine körperliche und seelische Integrität, die Patientenautonomie. Schon die grundlegende Entscheidung des BGH[10] akzentuiert den „personalen Anspruch“ des Patienten, nicht Objekt, sondern Subjekt der Behandlung zu sein.

Die objektiv-rechtliche Bedeutung des allgemeinen Persönlichkeitsrechts mit seinen beiden Ausprägungen der körperlichen Unversehrtheit (Art. 2, II 1) und das Selbstbestimmungsrecht – Patientenautonomie – (Art. 2 I i.V.m. Art. 1 Grundgesetz) gewinnt Gestalt durch das vertrauensvolle und dokumentierte Arzt-Patienten-Gespräch.

Die Begegnung von ärztlicher Berufsfreiheit und Selbstbestimmung des Patienten wird erst dann zu einem partnerschaftlichen Treffen, wenn sich Kenntnisse und Erfahrungen der Profession dem Laien so weit öffnen, als es für dessen eigenverantwortliche Entschließung erforderlich ist. Einvernehmen setzt Informationen voraus.

---

[7] Steffen/Dressler, Arzthaftungsrecht, 8.A., 1999, Rz. 322; der genannten Gefahr steht als Gegenpol diejenige eines sanktionslosen Aufklärungsmangels gegenüber. Die zivilrechtliche Sanktion dient der Rechtsdurchsetzung nicht nur dem Nachteilsausgleich

[8] Ärztliche Heilbehandlung ist im Rechtssinne Körperverletzung (so das Reichsgericht im Jahre 1894, RGSt 25, 375). Eine pragmatische Abkehr deutet sich an bei Geiß/Greiner, Arzthaftpflichtrecht, 3.A., 1999 und Steffen/Dressler, a.a.0., Rz. 321, 32

[9] Hart, Autonomiesicherung im Arzthaftungsrecht – Ein Beitrag zur Entkopplung von ärztlicher Aufklärungspflicht und Körperverletzung, in Festschrift für Helmut Heinrichs, 1998, S. 291 ff; eher zustimmend Laufs, NJW 1998, 1750 [1756 l.Sp.: „... scheinen die dogmatische Grundlage eines erneuten Überdenkens zu bedürfen.“]

[10] BGHZ 29, 176 [181]

III. Unüberschaubarkeit der ärztlichen Aufklärungspflicht

Moses kam mit zehn Geboten zur Regelung der gesamten gesellschaftlichen Beziehungen aus. Hippokrates benötigte für den Schwur seines Berufsstandes bereits ein paar Sätze.

Will ein Arzt heute die gesamte Rechtsprechung zur Aufklärung[11], überschauen, die notwendig ist, damit der Patienten Wesen, Bedeutung und Tragweite des ärztlichen Eingriffs in ihren Grundzügen erkennt, müßte er eine ganze Sammlung von Ordnern und Jahrgängen der einschlägigen Fachzeitschriften präsent haben. So lautet ein gängiger Einwand.

Aber muß er das wirklich? Wohl kaum. Denn Unmögliches wird nicht verlangt, sondern im Rahmen der Aufklärung vor Standardeingriffen nur Kenntnis

- grundlegender Vorgaben der höchstrichterlichen Rechtsprechung;
- allgemeiner und spezieller Möglichkeiten und Gefahren angewandter Verfahren des eigenen Faches;
- der Grundzüge der Naturwissenschaft und Technik.

IV. Prozessrechtliche Auswirkungen

1. Die Alternativen zum Fallrecht heißen: Weniger Patientenautonomie oder zivilrechtliche Durchnormierung der Aufklärungspflichten in einem umfänglichen Gesetz, welches laufend zu novellieren wäre. Beide Alternativen sind abzulehnen.

Bereits nach der gegenwärtigen Rechtslage lassen sich Art und Umfang notwendiger Selbstbestimmungsaufklärung nicht, jedenfalls nicht stets, allein durch freies tatrichterliches Ermessen und damit ohne sachverständige Beratung klären.

Denn die tatsächlichen medizinischen Voraussetzungen für eine eventuell bestehende Aufklärungspflicht, eine entsprechende klinische Übung, die Lehrmeinung, die Komplikationsdichte im allgemeinen und die Zwischenfallhäufigkeit der involvierten Klinik im besonderen sowie die Auswirkungen bei Eintritt des Risikos, all das sind dem Sachverständigen- sowie Zeugenbeweis zugängliche Beweisthemen. Die Tatfragen eines informed consent bieten somit der Passivseite jedenfalls bei in Rede stehenden Risiken, über welche die Zivilgerichte noch nicht zu entscheiden hatten, Ansatzpunkte für die Abwehr. Fallrecht ist zwar Richterrecht, aber keine freie Rechtschöpfung. Seine Dynamik verdankt es dem Wandel der Medizin und der Anschauungen.

---

[11] Bereits im Elektroschockurteil aus dem Jahre 1954 formulierte der BGH die Voraussetzungen für die rechtswirksame Einwilligung; BGH, NJW 1956, 1106

Die Frage nach dem Inhalt der Aufklärung ist auch eine nach den Rechtstatsachen und daher nur beschränkt revisibel, weshalb das Revisionsgericht insoweit nur zu prüfen hat, ob der Tatrichter bei der Bejahung bzw. Verneinung einer konkreten Aufklärungspflichtverletzung von zutreffenden rechtlichen Vorgaben ausgegangen ist und er die maßgeblichen Verfahrensgrundsätze eingehalten hat[12]. Anders als bei der medizinischen Behandlung selbst gibt es bei der Aufklärung weithin keinen verbindlichen und abschließenden „Standard", welcher durch Leitlinien autorisierter ärztlicher Institutionen formuliert und von der Rechtsprechung anerkannt oder abgelehnt worden wäre.

Zwar könnten Leitlinien und Empfehlungen autorisierter fachärztlicher Institutionen und die weitverbreiteten Merkblätter zur Vorbereitung des Aufklärungsgesprächs in Grenzen – nämlich nur, soweit es um allgemeine Fragen und nicht um spezielle Informationsbedürfnisse wegen individuell verschiedener Risikopräferenzen von Patienten geht – künftig annähernd eine solche Bedeutung bekommen.

Bisher handelt es sich bei den genannten Dokumenten jedoch durchgängig um bloße Reflexe auf die Spruchpraxis der Zivilgerichte sowie auf neue Erkenntnisse der Medizin und, soweit es letztere anlangt, nicht um verbindliche Vorgaben legitimierter Fachgesellschaften oder anderer ärztlicher Gremien auf neue medizinische Fragestellungen. Andererseits beantwortet sich die Frage nach den tatsächlichen Voraussetzungen einer streitigen Aufklärungspflicht, also die nach möglichen Begleitschäden, ihrem Vorkommen, ihrer Bedeutung für das weitere Leben des Individuums im Falle der Behandlung oder Nichtbehandlung keineswegs ipso jure. Selbst bei unstreitigen Nebenfolgen und gleichgelagerten Präjudizien ist der Tatrichter gemäß § 286 ZPO gehalten, sich eine eigene Überzeugung zu bilden. Daher bestimmt ein von Instanzgerichten entschiedener Parallelfall nicht zwangsläufig den Prozeßausgang.

Im zweiten Elektroschock-Urteil hat der BGH[13] hervorgehoben, dass „es sich bei der Entscheidung über die Aufklärungspflicht des Arztes durchaus um materiell-rechtliche Erwägungen handelt, die die Verteilung der Verantwortlichkeit für die Heilbehandlung auf Arzt und Patient vernünftig und gerecht regeln sollen". Dieses Dictum gilt noch heute.

Der Tatrichter hat also das den Aufklärungspflichten innewohnende Spannungsverhältnis, die gleichermaßen Mittel zur Wahrung des Selbstbestimmungsrechts bilden, wie sie ein Instrument zur Risikoverlagerung abgeben, für den jeweiligen Einzelfall in wertender Betrachtung aufzulö-

---

[12] Vgl. BGH NJW 1973, 556 [557]; Weber/Steinhaus, Ärztliche Berufshaftung als Sonderdelikt, 1990, S. 216, meint sogar „überwiegend Tatfrage"

[13] BGHZ 29, 46 [55]; BGH, NJW 1959, 811, unter Berufung auf Engisch, Monatsschrift für Kriminologie und Strafrechtsreform 1958, 124 f.

sen[14]. Diese höchstrichterlich vorgegebene individuelle Komponente bei den Anforderungen an die Aufklärungspflicht schließt in concreto verschiedene Antworten auf die Frage, ob ein vorhersehbarer Begleitschaden (= aufklärungspflichtiges Risiko?) von erheblicher Bedeutung für die eigenverantwortliche Entschließung war und vorgelagert mit Blick darauf, dass es nicht primär auf eine generelle Kompliksationsdichte, sondern mitunter auch – so eine solche bekannt ist – auf diejenige der konkreten Klinik ankommt, verschiedene Antworten sowohl was die „Vorhersehbarkeit" des Risikos für den Arzt als auch, was seine Bedeutung für die Entscheidungsfindung des Patienten anlangt, nicht aus.

Daher läßt sich ein abgeschlossener bzw. vollständiger Aufklärungskanon für jeden Eingriff kaum bilden; eine Orientierung am Aufklärungsbedürfnis eines „verständigen Patienten" scheidet ohnehin aus.

2. Sieht man ferner die veröffentliche Rechtsprechung durch, so fällt auf, dass dort zwar ausnahmslos die Beweislast für die stattgehabte angemessene Aufklärung dem Arzt auferlegt wird und zu seinen Gunsten die Anforderungen „nicht zu hoch" sein sollten[15], man vermißt indes jegliche Differenzierung bei der Beweislastverteilung zwischen stattgehabter Aufklärung einerseits und der vorgelagerten Frage nach dem Bestehen einer Aufklärungspflicht, mithin dem Aufklärungsbedürfnis andererseits. Dem strikten Rechtswidrigkeitskonzept nach müßte, da erst die Einwilligung des aufgeklärten Patienten dem Eingriff die Rechtswidrigkeit nimmt, die Behandlungsseite die Darlegungs- und Beweislast hinsichtlich der tatsächlichen Voraussetzungen einer Aufklärungspflicht tragen.

Diese Konsequenz sieht der Bundesgerichtshof nicht. Vielmehr unterscheidet er in derartigen Fällen zwischen Darlegungs- und Beweislast, ohne diese Differenzierung als solche zu bezeichnen.

Besteht Streit, was alles zum Umfang der ordnungsgemäßen Aufklärung gehöre, sei es „Sache des Patienten, vorzutragen, über welches Risiko er aus seiner Sicht noch hätte aufgeklärt werden müssen"[16].

Die Beweislast der Behandlungsseite führe dann dazu, dass diese die weitergehende Behauptung des Patienten zum Umfang der erforderlichen Aufklärung widerlegen oder die Erfüllung der Aufklärungspflicht auch insoweit beweisen müsse[17].

Siedelt man die ärztliche Aufklärungspflicht vorrangig bei dem Persönlichkeitsrecht des Patienten an, so wäre die Pflicht, über ein bestimmtes

---

[14] BGHZ, 29, 46 [55]; BGH, NJW 1976, 363 [364]; BGH NJW 1979, 1933 [1934]; zustimmend auch Weber/Steininghaus, a.a.O., S. 217

[15] Z.B. BGH, VersR 1985, 361; BGH, VersR 1990, 1010; BGH, NJW 1992, 791; VersR 1990, 1010; siehe auch Wagner/Steinhaus, a.a.O., S. 235 f. mit Ausführungen zu weiteren möglichen Beweiserleichterungen zugunsten des Arztes

[16] BGH, NJW 1999, 863 [864 l.Sp. sub II 1]

[17] Zustimmend Geiß/Greiner, Arzthaftungsrecht, 3.A., 1999, S. 180 Rz. 132

Risiko aufzuklären, wie jede andere dienstvertragliche oder aus einer Garantenstellung folgende Pflicht vom Geschädigten darzulegen und zu beweisen. Eine Beweispflicht des Patienten für das „Bestehen" einer Risikobelehrungspflicht läßt sich daher durchaus begründen. Wegen der notwendigen Gesamtbetrachtung darf der Tatrichter dann allerdings nicht die Beantwortung der Rechtsfrage dem Sachverständigen überlassen, sondern nur die Klärung ihrer medizinischen Voraussetzungen.

Dabei handelt es sich im wesentlichen also um das, das gute klinische Übung ist, was gelehrt und praktiziert wird, ferner fallen hierunter die Relevanz des Risikos sowie die gesundheitlichen Folgen bei Risikoeintritt.

Hiervon muß sich der Tatrichter aus dem „Inbegriff der mündlichen Verhandlung" überzeugen (§ 286 ZPO). Zur Autonomiesicherung bietet sich die Anhörung beider Partien gem. §§ 141, 448 ZPO an.

3. Die Befürworter einer Entkoppelung von ärztlicher Aufklärungspflicht und Körperverletzung bewegt teils der Gedanke eines therapeutischen Privilegs des Arztes, welches die Aufklärungspflicht im Patienteninteresse mindern könne, wenn zugleich eine Förderung des Gesundheitsinteresses den damit verbundenen Nachteil für das Informationsinteresse aus Sicht des Patienten überwiege[18].Teils heben sie hervor, der Arzt könne sich, wenn die Aufklärungspflichten es dem Patienten ermöglichen sollen, sein Selbstbestimmungsrecht auszuüben und dessen Schutz bezwecken, nicht mehr auf rechtmäßiges Alternativverhalten berufen[19]. Mir scheint, dass der Einwand des rechtmäßigen Alternativverhaltens, also die Fiktion einer Einwilligung oder den nachtragenden Beweis einer hypothetischen Tatsache auch vor dem allgemeinen Persönlichkeitsrecht nicht Halt macht. Außerdem läßt sich das allgemeine Persönlichkeitsrecht nicht stets loslösen von dem leiblichen, seelischen und geistigen Befinden.

Wichtiger als diese von Franke und Hart benannte Folge scheint eine andere mögliche Auswirkung einer kompletten Entkopplung von Körperverletzung und Persönlichkeitsrecht zu sein:

Das Persönlichkeitsrecht umfaßt die aktive Entschließungs- und Handlungsfreiheit[20]. Es bewahrt so die persönliche Eigenart des Menschen in seinen Beziehungen zur Umwelt.

Ersatz des immateriellen Schadens in Geld gewährt die bisherige Rechtsprechung gemäß dem Schutzauftrag nur unter zwei einschränkenden Voraussetzungen:

---

[18] Laufs, NJW 1998, 1750 [1756] unter Berufung auf Rosner, Begrenzung der Aufklärungspflicht des Arztes bei Kollision mit anderen ärztlichen Pflichten. Eine medizinrechtliche Studie mit vergleichenden Betrachtungen des Rechts, 1998, S. 390

[19] Franke/Hart, Charta der Patientenrechte, 1999, S. 119 f.

[20] BGHZ 26, 349 [356]

Es muß sich um eine schwere Verletzung des Persönlichkeitsrechts handeln und Genugtuung durch Unterlassung, Gegendarstellung oder Widerruf darf nach Art der Verletzung auf andere Weise nicht zu erreichen sein[21].

Ob eine schwerwiegende Verletzung des Persönlichkeitsrechts vorliegt, die Schmerzensgeld erfordert, hängt insbesondere von der Bedeutung und Tragweite des Eingriffes, ferner von Anlaß und Bewegungsgrund des Handelnden sowie vom Grad seines Verschuldens und davon ab, in welche geschützte Sphäre der Eingriff stattgefunden hat[22]. Diese historisch gesehen auf die Werbewirtschaft und kommerzielle Medien zielende, umfassende Güter- und Interessenabwägung wird im Regelfall einer Verletzung des Persönlichkeitsrechts des Patienten durch den ein aufklärungspflichtiges Risiko verschweigenden und daher das Selbstbestimmungsrecht des Patienten verkürzenden Arzt zugunsten des Arztes ausgehen.

Liegt kein schweres Verschulden vor, und ist der Eingriff in das Recht nicht von großer Tragweite, so bestünde kein Schmerzensgeldanspruch.

Hierunter wird man die Fallgruppe der indizierten und erfolgreichen Operationen, die jedoch mit einem Aufklärungsmangel behaftet waren, zu zählen haben.

Ob sich in Fällen mit schweren Komplikationen bei kompletter Loslösung der ärztlichen Aufklärungspflicht von der Körperverletzungsdoktrin weiterhin Forderungen auf Ersatz des immateriellen und materiellen Schadens begründen lassen, wird von der Tragweite des Eingriffs, worunter man die Auswirkungen der Komplikation für das weitere Leben zu zählen haben wird, und dem Grad des Verschuldens und insbesondere davon abhängen, ob diese Voraussetzungen kumulativ erfüllt sein müssen. Zwar haben sich die Gerichte hierzu – soweit ersichtlich – bisher nicht geäußert. Da es sich jedoch um einen offenen Tatbestand handelt, der eine umfassende Gütertrennungs- und Interessenabwägung verlangt, sind alle Gesichtspunkte in die Prüfung mit einzubeziehen. Fälle grober Fahrlässigkeit oder des Vorsatzes gar sind die Ausnahme. Wollte man daher die Körperverletzungsdoktrin durch eine strikte Anbindung der Aufklärung an das allgemeine Persönlichkeitsrecht ersetzen, so würde bei Aufklärungsmängeln eine hohe Haftungsschwelle errichtet. Die Folgen wären für Ansprüche auf Ersatz des materiellen wie immateriellen Schadens die gleichen.

Ein effektiver und präventiver Rechtsschutz scheidet bereits aus tatsächlichen Gründen und ein Ersatzanspruch gem. § 847 BGB aus den genannten Rechtsgründen aus.

---

[21] BGH, NJW 1971, 698; BGH, NJW 1985, 1617; BGH, NJW 1996, 985

[22] BGH, NJW 1985, 1617

Hiergegen läßt sich nicht die Entscheidung des OLG Jena vom 3.12.1997[23] anführen. Die Entscheidungsgründe jenes Urteils verweisen lediglich darauf, dass die Klägerin „psychisch schwer getroffen war und das Geschehen in der Folgezeit erst allmählich verarbeiten mußte". Feststellungen im Sinne der erforderlichen umfassenden Güter- und Interessenabwägung fehlen. Nähere Ausführungen macht der Senat nicht. Solche zum Grad des Verschulden sucht man in der abgedruckten Entscheidung vergebens.

V. Objektivierender Fahrlässigkeitsbegriff und Bildung von Bezugsgruppen

Kaum Möglichkeiten zur Haftungsabwehr ergeben sich aus einer Differenzierung zwischen deliktischen und vertraglichen Pflichten. Die Rechtsprechung hat die Sorgfaltsmaßstäbe angeglichen. Für eine Differenzierung bleibt kein Raum.

Der – deliktisch wie vertraglich – geschuldete Sorgfaltsmaßstab[24] richtet sich nach dem, was gute fachärztliche Übung zum Zeitpunkt der Behandlung ausmacht.

Er wird sowohl dem Stationsarzt ist ersten Jahr der Weiterbildung als auch dem erfahrenen Operateur und Facharzt abverlangt. Der Assistenzarzt kann sich mithin nicht darauf berufen, wegen gerade begonnener Weiterbildung seien ihm Art und Umfang der Aufklärung in Sonderheit – ein fachärztlich bekanntes Risiko – nicht geläufig gewesen. Geringere Anforderungen an die eigene Aufklärungspflicht unter Hinweis auf die Stellung in der klinischen Hierarchie oder den Status des Hauses als solches der Grund- und Regelversorgung („Periphere Klinik") zu stellen erscheint wegen der gemäß § 276 BGB stark objektivierenden Maßstäbe kein Erfolg versprechender Weg für die Behandlungsseite zu sein.

Ausgangspunkt der Berufshaftung ist die Stellung als Experte, wie sie sich aus den nach Versorgungsstufen unterschiedlichen Aufgabenbereichen der Kliniken ergibt; Einzelheiten regeln die Krankenhausbedarfspläne und die ergangenen Bescheide. Im ambulanten Bereich ist Anlehnung an die Weiterbildungsordnung der Ärztekammer bzw. den Zulassungsbescheid zunächst geboten. Die beanspruchte Expertenautorität[25] bestimmt – so Steffen/Dressler – Befugnisse und Verantwortung der Behandlungsseite entscheidend.

---

[23] OLG Jena, VersR 1998, 586 [588 re. Sp.]; zur Kritik s. Kullmann, VersR 1999, 1190; Rumler-Detzel, in Festschrift für Erwin Deutsch, S. 699 [708]

[24] Zwischen deliktischem und vertraglichem Sorgfaltsmaßstab differenziert das Arzthaftungsrecht im Verhältnis zum Patienten nicht, da im wesentlichen die Medizin selbst maßgebend ist (vgl. Steffen/Dressler, a.a.O., Rz. 5, 150)

[25] So Steffen/Dressler, a.a.O., Rz. 1 und 2

Im Rahmen von Ausführungen über den darzubietenden Standard hat der Bundesgerichtshof[26] allerdings schon 1987 in etwas allgemeiner Form gemeint, dass für die Kapazität, die z.B. als Hochschullehrer über besonderes Fachwissen verfüge, ein höherer Sorgfaltsmaßstab gerechtfertigt sein könne, der sich freilich an dem gesicherten Stand der medizinischen Erkenntnisse orientieren müsse. Überträgt man diesen Rechtsgedanken auf das Gebiet der ärztlichen Aufklärung, so liegt es nahe, bei einem Spezialisten umfassenderes Wissen und eine Pflicht zur Unterrichtung zu unterstellen wegen des frühzeitigeren Zugangs zu neuesten Erkenntnissen durch Spezialseminare, Tagungen, Literatur, Datenbanken etc.. Das Haftungsrecht ermöglicht mithin die Bildung engerer Bezugsgruppen als die Weiterbildungsordnung der zuständigen Ärztekammer.

Die Aufgabenstellungen von Häusern der Maximalversorgung mit Lehr- und Forschungsaufgaben einerseits und die von Häusern der Grund- und Regelversorgung wie der Schwerpunktversorgung andererseits ergeben sich aus den Krankenhausbedarfsplänen bzw. aus den tatsächlich – häufig hoch arbeitsteilig – erbrachten Leistungen.

Dieses Spektrum, der Grad an tatsächlich geübter Spezialisierung kann bei der Bezugsgruppenbildung und damit normativ nicht gänzlich folgenlos bleiben.

Ärztliche Bestrebungen, Aufklärungsdefizite zu vermeiden, Methoden zur Risikominimierung zu entwickeln und diese Aufgabe nicht nur als Reflex auf die Spruchpraxis der Justiz zu begreifen, haben weniger mit absichernder Medizin zu tun, sondern bedeuten vielmehr eine stetige Vergegenwärtigung sachgerechten Gefahrumgangs. Sie mögen sogar einer Erstarrung in Routine vorbeugen. Die ständig neu aufgelegten Merkblätter und Infosysteme sind freilich zugleich geeignet, neue medizinische Fakten zu schaffen, einen entsprechenden beruflichen Brauch zu kreieren, was sich wiederum später in Streitfällen anderer Häuser mittelbar normativ auswirken kann. So gesehen setzt die gute Tat des einen die Aufklärungsspirale in Gang und kann andernorts zum Versäumnis mutieren.

Der strikt objektivierende Fahrlässigkeitsbegriff ist als Heben zur Haftungsfreistellung allerdings generell ungeeignet. Die Grundzüge der Rechtsprechung und der Instanzgerichte, bezogen auf die eigene – fachlich begrenzte – Tätigkeit werden ebenso vorauszusetzen sein wie Entwicklungen der medizinischen Forschung, soweit sich hieraus neue Erkenntnisse über erhebliche Risiken für den Patienten ergeben.

---

[26] BGH, NJW 1987, 1479

VI. Vorhersehbarkeit und Validität eines Risikos

Der Arzt haftet freilich nicht für jedes Aufklärungsdefizit; vielmehr nur dann, wenn es um eine nicht völlig unerhebliche Gefahr geht, die dem Stand der medizinischen Wissenschaft, Technik und Erfahrung nach bekannt war oder bekannt sein mußte[27]. So mußte nach Meinung des OLG München[28] Anfang 1991 einem niedergelassenen Gynäkologen, der im Rahmen der Schwangerschaftsbetreuung Ultraschalluntersuchungen gemäß DEGUM (Deutsche Gesellschaft für Ultraschall in der Medizin) Stufe I durchführte, eine besondere Ausprägung des sich im Ultraschallbild zeigenden kindlichen Kopfes (Lemon-sign) seinerzeit noch nicht bekannt sein, obwohl erste Hinweise in der internationalen Literatur bereits einige Jahre zurücklagen und auf deutschen Kongressen und in Spezialzeitschriften das Lemon-sign als Hinweiszeichen auf ein defektes Neuralrohr diskutiert wurde.

Dabei handelte es sich nicht nur um Spezialliteratur für Sonographieexperten, zum Teil auch aus Deutschland, deren Lektüre man dem Arzt vielleicht noch hätte zumuten können, sondern auch um Erkenntnisse, deren Validität noch nicht gesichert war.

Bei Neuland-Medizin hat dahingegen der Arzt auf deren besonderen Charakter und nicht auszuschließende, bisher unbekannte Risiken[29] aufmerksam zu machen. Gibt es neuere Hinweise auf Risiken, so sollte unter Berücksichtigung der Art des Risikos und der Validität der Erkenntnisse das Spannungsverhältnis auf der Aufklärungsebene zugunsten einer eigenverantwortlichen Entscheidung des Patienten gelöst werden. Eine solche Lösung folgt aus dem Grundsatz des primum nil nocere. Zuflucht in einer obsoleten ärztlichen Vernunfthoheit zu suchen, widerspräche dem Leitbild wechselseitiger und gleichrangiger Autonomie.

Für die Fallgruppe in der Fachwelt zwar bekannter, aber von der Rechtsprechung bisher nicht entschiedener Behandlungsrisiken wird man zu klären haben, ob erstens Gerichte bereits über dieselben oder vergleichbare Nebenfolgen im Zusammenhang mit einer anderen Behandlung entschieden haben (Analogiebildung), und zweitens inwieweit sich das neue Risiko unter die allgemeinen höchstrichterlichen Maßstäbe subsumieren läßt.

---

[27] BGHZ 29, 46 [57], 2. Elektroschock-Urteil, vgl. FN 11; Möglichkeit der Eigenblutspende bei diagnostischer Laparoskopie; z.B. bei bis dato nicht bekannter Erkrankung (hier: Leiomyom des Dünndarms) nicht hinweispflichtig; OLG Zweibrücken, ArztR 1999, 196.

[28] OLG München, MedR 1999, 466 [467]. Um Missverständnissen vorzubeugen: In jenem Fall ging es nicht um Eingriffsaufklärung, sondern Mitteilung eines im Rahmen der Selbstbestimmung möglicherweise abklärungsbedürftigen Befundes (Diagnoseaufklärung)

[29] So Steffen/Dressler, a.a.O., Rz. 171; zustimmend Franke/Hart, a.a.O., 1999, S. 126

Die Behandlungsseite wird darüber hinaus ihr besonders Augenmerk – zumal bei Analogiebildung – darauf richten, dass zwar die allgemeinen Beurteilungsmaßstäbe der Obergerichte und des Bundesgerichtshofs als bekannt unterstellt werden müssen, aber „wegen der ausgeprägten Kasuistik der Rechtsprechung im Einzelfall die Vorhersehbarkeit“[30] also des Bewußtseins von einer Aufklärungspflichtigkeit und es damit drittens an der Vorwerfbarkeit fehlen könnte. Dass sich die zuständige Fachgesellschaft zum Behandlungszeitpunkt noch nicht erklärt hat, reicht allein sicherlich nicht, um ein Verschulden auszuschließen. Denn Recht wird im Namen des Volkes nicht nach dem Zeitplan einer Fachgesellschaft gesprochen. Wenn der BGH[31] in anderem Zusammenhang aber immerhin in der Regel einen Schuldvorwurf für unbegründet hält, soweit der deliktische Schuldner Empfehlungen kompetenter Fachleute befolgt, so ist nach der Rechtslage im Falle fehlender Urteile und fachlicher Empfehlungen zu fragen.

Eine tatsächlich weit verbreitete Praxis an vergleichbaren Häusern, fehlende Publikationen, fehlende Hinweise der zuständigen wissenschaftlichen Fachgesellschaft wie des ständischen Interessenverbandes darf der Tatrichter bei Beantwortung der Schuldfrage im Sinne des § 276 BGB nicht unberücksichtigt lassen.

Zwar geht die Forderung nach einer persönlichen Vorwerfbarkeit und konkret individuellen Vermeidbarkeit[32] für das Zivilrecht an der Gesetzeslage vorbei, doch ist bei der Eingriffsaufklärung das im Berufsrecht (z.B. § 2 i.V.m. der Präambel der Berufsordnung der Ärztekammer Westfalen-Lippe) in § 70 II SGB V niedergelegte Humanitätsgebot zu beachten. Aufklärung muß schonend erfolgen. Dies kann bei neuen Risiken mit unklarer Validität eine Ausgrenzung vertretbar erscheinen lassen, wenn die übrigen Voraussetzungen an eine ordnungsgemäße Aufklärung erfüllt sind, insbesondere der Patient nicht über das Gewicht der sonstigen Risiken und damit die Schwere des Eingriffs im Unklaren gelassen wurde.

Auch im Falle bekannter und zu erwartender schwerwiegender krankhafter psychischer Reaktionen scheint es im Einzelfall vertretbar, nämlich nach Abwägung zwischen mitteilungspflichtigem Risiko einerseits und zu

---

[30] So Pelz, in Laufs u.a., Die Entwicklung der Arzthaftung, „Verschulden – Realität oder Fiktion“, 1997, S. 55

[31] BGH, NJW 1971, 1882; BGH, NJW 1972, 151

[32] Zu weitgehend Ulsenheimer, der die Frage der Aufklärungspflichtverletzung auch im Zivilprozeß unter dem Blickwinkel der persönlichen Vorwerfbarkeit und konkret-individuellen Vermeidbarkeit der Pflichtverletzung geprüft wissen will und als Beispiel dafür, dass dem nicht so sei, eine Entscheidung des BGH über eine kosmetische (!) Operation anführt, in welcher höchstrichterlich festgehalten wurde, dass der Arzt die Patientin nicht über den Umfang der Narbenbildung und vor allem nicht über die länger andauernden Beschwerden im Hals- und Nackenbereich unterrichtet habe, anführt. Zeitschrift für ärztliche Fortbildung 1994, 964 [965 und 966 sub b]; BGH, VersR 1991, 261

befürchtendem Risiko andererseits – die Aufklärung des Patienten, ohne dass dem Arzt dies zum Verschulden gereichen kann, zu begrenzen.

Allerdings sollten dann die Regeln, welche die Rechtsprechung im Falle bewußtloser oder nicht einwilligungsfähiger Patienten entwickelt hat, sinngemäß gelten[33].

Eine ober- oder höchstrichterliche Entscheidung zum befürchteten psychoreaktiven Akutfall selbst bei schonender Aufklärung liegt, soweit ersichtlich, bisher nicht vor.

Die Rechtsprechung hat bisher keine Befreiung von der Aufklärung anerkannt[34].

Aufgrund der herausragenden Bedeutung der Selbstbestimmungsaufklärung einerseits, sowie der Tatsache, dass sich der Bundesgerichtshof andererseits zu den Voraussetzungen einer möglichen Aufklärungsbefreiung noch nicht abschließend geäußert hat, dürfte es gegenwärtig nicht empfehlenswert sein, von der Aufklärung wegen naheliegender – psychischer Fehlreaktionen abzusehen.

Der Arzt wird in solchen Fällen gut beraten sein, wenn er – eine Schweigepflichtsbefreiung vorausgesetzt – Angehörige mit in den Entscheidungsprozeß einbezieht. Bedenkt man gleichzeitig, dass das Gebot des primum nil nocere die gesamte ärztliche Tätigkeit beeinflußt und der Arzt zudem gehalten ist, sich im Zweifel über den Umfang eines Aufklärungsbedürfnisses bei dem Patienten zu vergewissern[35], zeichnet sich ein weiteres Spannungsverhältnis ab.

VII. Aktive Mitwirkung des Patienten

Neu diskutiert werden sollte die Fragepflicht des Patienten, welche der Bundesgerichtshof[36] bisher lediglich bei einer möglichen Behandlungsalternative anerkannt hat.

Wenn künftig

- die Patientencharta popularisiert bzw. Gemeingut in der Mediengesellschaft wird,
- ein Merkblatt zur Patientenaufklärung grundsätzlich in allgemeiner Form deutlich macht, dass auch ein Arzt etwas übersehen oder im Gespräch untergehen kann,

[33] Eine kritische Übersicht liefern Francke/Hart, a.a.O., S. 141, 143, 154 - 157; Steffen/Dressler, a.a.O., Rz. 417 – 422; vgl. auch BGH, NJW 1988, 2310

[34] Im Gegenteil. Vgl. Nachweise bei Giesen, Arzthaftungsrecht, 4.A., 1995, Rz. 311, 319

[35] Giesen, a.a.O., 308; Francke/Hart, a.a.O., S. 144; Steffen/Dressler, a.a.O., Rz. 130

[36] BGHZ 102, 17 [23]

und

- Merkblätter und Info-Systeme deutlich patientenzentrierter werden, ihn geradezu auffordern: „Fragen Sie!"

Dann wird man die Bedeutung einer unterlassenen Nachfrage des Patienten bei geplanten elektiven Eingriffen neu bewerten können.

Gleichwohl setzt eine eigenverantwortliche Entscheidung voraus, dass der Experte sich dem in einer Ausnahmesituation befindlichen Laien Entscheidungsgrundlagen offenbart. Patientenautonomie setzt Wissen voraus. Eine eigene individuelle Entscheidung des Patienten zu ermöglichen, bleibt ärztliche Pflicht.

Bei einem Patienten ohne Erkenntnisinteresse gehört das Schweigen zur Autonomie; das Recht hat eine solche Selbstbeschränkung zu respektieren.

Sie läßt sich unter den oben genannten Voraussetzungen auch nicht zum Haftungsinstrument umwerten.

Patientenautonomie bedeutet außerdem Bewußtsein von einem Kommunikationsprozeß und Verständigung. Aufklärung kann jedoch nicht als Monolog, als Einbahnstraße verstanden werden. Die wechselseitigen Autonomieansprüche von Arzt und Patient sind, wie Francke und Hart formulieren, nach „Maßgabe der praktischen Konkordanz auszugleichen"[37].

Dies kann seinen Ausdruck dadurch finden, dass man dem Patienten unter den vorgenannten Voraussetzungen abverlangt, in laienhafter Weise die möglichen konkreten Auswirkungen der Behandlung und Nichtbehandlung auf seine Befindlichkeit, auf seinen Beruf, seine wirtschaftliche Lage, auf seine Freizeit, auf sein Leben zu erfragen. Die Mitwirkungspflicht umfaßt daher eine Mitteilungs- und Fragepflicht, soweit es um solche Tatsachen aus der eigenen Sphäre geht, die dem medizinischen Laien erkennbar sind.

Dies erscheint jedenfalls vertretbar bei ambulanten und elektiven Eingriffen, sofern der Patient nicht unter akuten Schmerzen oder hohem Leidensdruck steht.

Die Ablösung des Leitbildes vom paternalistischen Doktor, von der „Vernunfthoheit" des Arztes, durch das der Selbstbestimmung, verträgt keine strikte Ablehnung einer partnerschaftlichen Pflicht zur eigenverantwortlichen Nachfrage.

[37] Francke/Hart, a.a.O., 1999, S. 118

Erfolgt diese bei unzureichender Aufklärung nicht, so wird eine Haftung zwar kaum an fehlender Zurechenbarkeit[38] scheitern, jedoch ist die Frage des mitwirkenden Verschuldens zu prüfen.

Es empfiehlt sich daher, Merkblätter zum Aufklärungsgespräch, soweit nötig, patientenorientierter umzuarbeiten und Patienten nachdrücklich zu ermutigen, den Arzt zu befragen.

Der Passus über „Das Recht auf Information" im Entwurf der Charta der Patientenrecht[39] sollte daher ergänzt werden um die Pflicht zur Mitwirkung und Nachfrage unter dem Gesichtspunkt der beiderseitigen Vergegenwärtigung von Krankheits- und Behandlungsrisiken für das weitere Leben.

Dies entspräche auch dem Leitbild des eigenverantwortlichen Patienten, der gem. § 1 Satz 2 SGB V i.V.m. 60, 65 SGB I durch aktive Mitwirkung an der Behandlung dazu beitragen soll, den Eintritt von Krankheit und Behinderung zu vermeiden oder ihre Folgen zu überwinden.

VIII. Zusammenfassung

1. Ausgangspunkt für die Berufshaftung ist die Stellung als Experte. Die Bildung eines starren Aufklärungskanons für jeden Eingriff ist kaum möglich, weil sich Art und Umfang der Aufklärung nach den gesicherten Erfahrungen der Medizin einerseits und dem erkennbaren Bedürfnis des Patienten, die Bedeutung eines Risikos zu erfahren, richten.

Die Ausgestaltung der ärztlichen Pflicht zur Herbeiführung eines informed consent bietet der Passivseite bei Risiken, über welche die Zivilgerichte noch nicht entschieden haben, Ansatzpunkte für die Abwehr.

In Fällen der Fachwelt zwar bekannter, von der Judikatur bisher jedoch nicht entschiedener Behandlungsrisiken ist auf die Validität der Risikohinweise und vergleichbare Fälle mit ähnlich gelagerten Nebenfolgen abzustellen; neue Risiken sind ferner unter die allgemeinen höchstrichterlichen Maßstäbe zu subsumieren.

Das Haftungsrecht ermöglicht Bezugsgruppen („Verkehrskreise") in Anlehnung an die Weiterbildungsordnung der Ärztekammern und die sich aus der Versorgungsstufe ergebende Aufgabenstellung des Krankenhauses.

Überträgt man den Rechtsgedanken, wonach es für die Kapazität gerechtfertigt sein kann, einen höheren Sorgfaltsmaßstab zu fordern, auf die Berufspflicht zur Aufklärung, so läßt sich differenzieren. Danach können

---

[38] Selbst das ist denkbar, weil vom Arzt nicht Kenntnis von einem verborgen gebliebenen Umstand verlangt werden kann, der den Patienten bei ordnungsgemäßer Aufklärung abgehalten hätte, dem Eingriff zuzustimmen

[39] Abgedruckt bei Francke/Hart, a.a.O., S. 256; auch der überarbeitete Entwurf, den die GMK-Konferenz zur Kenntnis genommen hat, formuliert keine Informations- und Nachfragepflicht

bei einem Spezialisten ein entwickelteres Problembewußtsein, umfassendere Kenntnisse und ein früheres Wissen erwartet werden.

Die Haftungsabwehr wird ihr besonderes Augenmerk darauf richten, dass es wegen der ausgeprägten Kasuistik im Einzelfall an der Vorhersehbarkeit fehlt. Ist dies der Fall, kann die Risikorealisierung dem Schuldner nicht zugerechnet werden.

Auch die von der höchstrichterlichen Rechtsprechung vorgegebene individuelle Komponente (persönliche Risikopräferenz) schließt verschiedene Antworten auf die Fragen, ob ein Begleitschaden „vorhersehbar" (= zuzurechnendes aufklärungspflichtiges Risiko?) und seine Bedeutung für die eigenverantwortliche Entscheidung des Patienten „erheblich" war und mit Blick darauf, dass es auf die konkreten Verhältnisse der Klinik ankommt, nicht aus.

2. Eine komplette Entkopplung der Aufklärung von dem Recht auf körperliche Unversehrtheit würde eine hohe Haftungsschwelle errichten und die Steuerungsfunktion des zivilen Haftungsrechts punktuell einschränken.

Begreift man die ärztliche Aufklärungspflicht primär aber nicht ausschließlich als solche zur Wahrung des Persönlichkeitsrechts, hat der Geschädigte diese, wie jede andere dienstvertragliche oder aus einer Garantenstellung heraus bestehende Pflicht darzulegen und zu beweisen. Eine Darlegungs- und Beweispflicht des Patienten für das „Ob" einer Risiko-Belehrungspflicht läßt sich daher begründen.

3. Im Arzt-Patienten-Verhältnis begegnen sich wechselseitige Autonomieansprüche. Die Ablösung des Leitbildes vom paternalistischen Doktor durch das der Selbstbestimmung des Patienten, verträgt keine strikte Ablehnung einer partnerschaftlichen Pflicht zur eigenverantwortlichen und zumutbaren Nachfrage über mögliche Auswirkungen eines Eingriffs für das weitere Leben. Geschieht dies nicht, stellt sich die Frage eines mitwirkenden Verschuldens.

Wegen des objektivierenden Fahrlässigkeitsbegriffs des Zivilrechts ist zwar die Behauptung fehlenden Verschuldens nur selten geeignet, den Arzt von der Haftung freizustellen.

Die Entwicklung der Medizin, die Bildung von Bezugsgruppen und das Fallrecht zur ärztlichen Aufklärung ermöglichen durchaus differenzierende Judikate. Dass die Haftung wegen Aufklärungsmangel weder zur verschuldensunabhängigen Haftung mutiert, noch auf Fälle der Verletzung des Persönlichkeitsrechts mit schwerem Verschulden begrenzt wird, bleibt Aufgabe der Organe der Rechtspflege.

3. Diskussion

Radermacher: Meine Damen und Herren, wir haben im Verlaufe der Vortragsveranstaltung die Frage „Wohin führt die Aufklärungsrechtsprechung?“ aus verschiedenen Blickwinkeln betrachten können. Wir haben Vorträge gehört, die dieser Rechtsprechung sehr kritisch gegenüberstehen, andere, die sie eher verständnisvoll erläutern, und wir haben auch einen Blick in den Klinik- und Praxisalltag werfen können. Wir wollen nun versuchen, Resümee dieser Veranstaltung in Form der abschließenden Form zu ziehen. Ich bitte Sie um Ihre Fragen an die Referenten, Ihre Kommentare und Ihre Anmerkungen.

Merkle, Gynäkologin, Stuttgart: Zunächst eine Anmerkung zu dem Diskussionsbeitrag des Herrn Schabram, der sich mit den Hinweisen des peri-med-Merkblattes zu Sterilisationsversagern bei der bipolaren Tubenkoagulation beschäftigt. Ich bin seit 1996 Fachherausgeberin für Gynäkologie in diesem Verlag. Wir haben diesem Jahr 1996 die Bögen geändert; seitdem gibt es in keinem der peri-med-Bögen irgendwelche Wahrscheinlichkeitsangaben, auch nicht mehr diese Promille-Angabe zu den Sterilisationsversagern. Unsere Aufklärungsbögen werden ständig überarbeitet und – was Herr Rechtsanwalt Stegers zu Recht gefordert hat – auch die Patienten aufgefordert, nachzufragen. Patienten haben die Gelegenheit, ihre speziellen Fragen schriftlich niederzulegen oder sich auch für bestimmte vorformulierte Fragen zu entscheiden. Dies zur Ergänzung und Richtigstellung.

Nun zu meinen Fragen an das Gremium: Wir haben heute mehrfach gehört, dass das Aufklärungsgespräch zu spät erfolgt. Meine Frage dazu: Kann eine Aufklärung auch unwirksam sein, weil sie zu **früh** erfolgt ist? Hierzu zwei Beispiele: Die Patientin kommt zu mir und ich kläre sie über die Hysterektomie auf. Der vereinbarte Operationstermin wird jedoch aus persönlichen Gründen der Patientin um drei Monate verschoben. Liegt zum Zeitpunkt des um drei Monate verschobenen Eingriffs noch eine rechtswirksame Aufklärung vor? Als zweites Beispiel nenne ich das einer Frau, die mit beginnenden Wehen im Kreißsaal aufgenommen wird. Ich kläre sie über die Kaiserschnittentbindung auf, obwohl keinerlei Anhalt besteht, dass diese Frau eine Sectio benötigen wird. Ist eine solche Aufklärung rechtswirksam?

Außerdem stellt sich heute die Frage, ob es eine rechtswirksame Aufklärung zur Wunschsectio, also zu einem Eingriff, der medizinisch nicht indiziert ist, gibt. Kann man in solchen Fällen rechtswirksam aufklären, wie es zum Beispiel bei kosmetischen Operationen der Fall ist? Hierzu sind sehr viele unterschiedliche Stellungnahmen zu hören. Schließlich würde mich noch interessieren, wie Sie die Wichtigkeit der posttherapeutischen Aufklärung einschätzen.

Radermacher: Vielen Dank. Die erste Frage, Herr Dr. Ratajczak.

Ratajczak: Es gibt meines Wissens eine einzige Entscheidung, die sich mit der Zeitspanne, die zwischen Aufklärung und Eingriff vergehen darf, befasst. Das OLG hat ein Jahr akzeptiert. Bei drei Monaten hätte ich persönlich keine Bedenken. Was vor drei Monaten richtig war, dürfte regelmäßig auch noch nach drei Monaten richtig sein.

Die zweite Frage betraf die prophylaktische Eingriffsaufklärung. Machen Sie es vorsorglich, weil es ärztlicher Erfahrung nach unter der Geburt zu einer Sectioindikation kommen kann, dann ist das zulässig. Machen Sie es aber, ohne jeglichen Anhaltspunkt für eine spätere Indikation zu haben, dann halte ich eine solche Aufklärung nicht für zulässig, weil die Konfliktsituation, nämlich Chancen und Risiken eines Eingriffs abzuwägen, für die Patientin nicht besteht. Das ist genauso gut, wie wenn sich die Patientin ein Buch kauft und darin liest, was bei einer Sectio so alles passieren kann.

Die posttherapeutische Aufklärung läuft in der Rechtsprechung unter Sicherungsaufklärung oder therapeutische Beratung. Was nach einer Hysterektomie oder nach einer Sectio an Sicherungsaufklärung notwendig sein kann, kann ich als Rechtsanwalt nicht sagen. Es ist eine Frage, die sich eher an den gynäkologischen Gutachter richtet.

Radermacher: Herr Stegers zur Frage der sogenannten Voraufklärung.

Stegers: In dem heute schon mehrfach erwähnten Verfahren vor dem Oberlandesgericht Jena, welches mit der heiß umstrittenen Entscheidung vom 3.12.1997, VersR 1998, S. 586 ff. endete, ist auch dieser Einwand erhoben worden. Es ging um eine gynäkologische Operation, bei der es zu einer nicht beherrschbaren Blutung gekommen war, so dass eine Generalausräumung stattfinden musste. In diesem Rechtsstreit hat die Passivseite behauptet, die Patientin habe ich etwa ein Jahr vor dem streitgegenständlichen Eingriff schon einmal einer ähnlichen Operation unterziehen müssen. Es ist in der Rechtsprechung (BGH, VersR 1973, S. 244 – und auch in der

Literatur – Staudinger, Anm. 471 zu § 823 BGB) anerkannt, dass über bekannte Risiken nur in geringerem Maße aufgeklärt werden muss. Der Arzt darf Kenntnisse, die der Patient im Rahmen früherer Operationen erworben hat, berücksichtigen und seine Aufklärung insoweit einschränken. Wie aber eine solchermaßen „eingeschränkte Aufklärung" konkret aussehen soll, ist offen. Vielleicht darf der Arzt sich etwas kürzer fassen. Generell eine früher stattgehabte Aufklärung ausreichen zu lassen, erscheint mir problematisch, so lange der Arzt nicht sicher um das Risikobewußtsein des Patienten weiß. Das gilt insbesondere bei zahnärztlichen Behandlungen.

Merkle: Mich beschäftigt noch meine Frage, ob man rechtswirksam aufklären kann für eine „Wunschsectio" – also eine Sectio, für die es keine medizinische Indikation gibt, vergleichbar mit der Aufklärung im Rahmen von Schönheitsoperationen, die ebenso wenig indiziert sind. Oder ist es etwa so, dass man sich haftungsrechtlich verantwortlich macht, wenn man eine Wunschsectio durchführt, auch wenn man vollständig aufgeklärt hat?

Ratajczak: Diese Frage ist ausgesprochen schwierig zu beantworten. Umformuliert würde sie lauten: Können Sie eine Frau dazu zwingen, eine Geburt auf natürlichem Wege durchzuführen? Ich denke: vermutlich kann man sie nicht dazu zwingen. Diese Frage ist noch nie gerichtlich entschieden worden, weil in der Regel solche Dinge ja gut ausgehen. Eine Sectio, für die es überhaupt keine medizinische Indikation gibt, birgt in der Regel auch kaum Risiken – ich terminiere diese Sectio, wenn es besonders günstig ist und nicht dann, wenn Risiken eintreten. Dennoch ist die Frage nach einer „Wunschsectio" ein brisantes Thema. Man wird es wohl zulassen müssen, weil die Alternative dazu wäre, die Schwangere zu einer natürlichen Geburt zu zwingen, die sie partout nicht haben will. Die Anforderungen an die Aufklärung, die einer solchen „Wunschsectio" vorangehen muss, dürften dann aber ebenso extrem sein wie bei kosmetischen Eingriffen. Zu fordern wäre dann die sogenannte „Brutalaufklärung".

Kümper, Gynäkologe, DBV-Winterthur, München: Da bin ich anderer Auffassung. Sie sectionieren nicht nur die Frau, sie sectionieren auch das Kind. Eine Sectio ohne Indikation ist ärztlich nicht vertretbar und dürfte auch juristisch nicht möglich sein.

Ratajczak: Kann ich eine Schwangere wirklich dazu zwingen, das Kind auf natürlichem Wege zur Welt zu bringen, wenn sie das nicht will?

Kümper: Sie müssen eine Indikation finden – und sei es eine Indikation aus seelischen oder aus psychologischen Gründen. Ohne Indikation bleibt Ihnen gar nichts anderes übrig, als die natürliche Geburt durchzuführen.

Ratajczak: Allen kosmetischen Eingriffen fehlt die Indikation. Deswegen sind sie nicht unzulässig.

Kümper: Kosmetische Eingriffe sind etwas völlig anderes. Dahinter steht ja auch der Leidensdruck; das sind echte Indikationen[1].

Radermacher: Diese Frage ruft erheblichen Widerspruch und Diskussionsbedarf hervor, sowohl im Plenum wie auch auf dem Podium.

Putz, Rechtsanwalt, München: Ich meine, weder kann der Arzt seine Patientin dazu zwingen, das Kind auf natürlichem Wege zu gebären, noch kann die Patientin den Arzt zwingen, sie per Kaiserschnitt zu entbinden. Insoweit besteht Vertragsfreiheit. Wenn die Patientin einen Arzt findet – und zwar langfristig vor dem Entbindungstermin –, der wunschgemäß den Entbindungsmodus akzeptiert und der die Patientin entsprechend aufklärt, dann ist gegen eine „Wunschsectio“ nichts zu sagen. Anders in einer Notsituation: Wenn die Patientin kreißend in der Klinik erscheint und auf Durchführung einer Sectio besteht, dann muss ein Arzt sich mit Sicherheit dazu nicht zwingen lassen.

Keilbar, Rechtsanwalt, Frankfurt: Ich möchte nochmals zurückführen zu den Problemen im Zusammenhang mit der Aufklärung. Ich habe Bedenken dagegen, dass ein AiP Aufklärungsgespräche führen kann und soll. Grundsätzlich gilt doch, dass der AiP selbständige verantwortliche ärztliche Tätigkeit nicht leisten darf. Wir können nicht sagen, die Aufklärung sei **keine** selbständige verantwortliche Tätigkeit. Überdies: Wir zwingen dem AiP ein Haftungsrisiko auf, das er noch nicht tragen kann. Das ist mein eines Problem. Das andere ist ein eher grundsätzliches: Ich hätte mir gewünscht, dass wir heute auch über die Antinomie zwischen Aufklärung, also Berücksichtigung des Selbstbestimmungsrechts des Patienten einerseits und andererseits an der Garantenstellung des behandelnden Arztes gesprochen hätten, der den widerstrebenden Patienten zu einer unbedingt erforderlichen Behandlung zu überreden hat.

---

[1] Der Redner – Herr Prof. Dr. med. Hans Jürgen Kümper – hat im Anschluß an das Symposium zu dieser kontroversen Frage einen schriftlichen Diskussionsbeitrag eingereicht, den wir im Anhang in Ergänzung des Veranstaltungsbeitrages abdrucken.

Bergmann: Entgegen Ihrer Auffassung, Herr Kollege Dr. Keilbar, bleibe ich dabei, dass der AiP – vorher ordnungsgemäß instruiert und eingewiesen – zunächst gemeinsam mit dem Oberarzt, anschließend auch selbständig aufklären darf. So sieht es auch die ärztliche Berufsordnung vor. Man kann auch nicht fragen: „Warum soll solch ein armer AiP haften?" Er ist ebenso wie ein Pfleger, wie eine Schwester, aber auch wie der Oberarzt Mitglied eines ärztliches Teams; als solches treffen ihn Haftungspflichten. Wegen dieser Haftungspflichten ist er auch – ebenso wie der Oberarzt und die Krankenschwester – in die Betriebshaftpflichtversicherung des Krankenhauses eingeschlossen. Es besteht also kein Grund, warum der AiP von dieser Haftung ausgenommen werden sollte.

Kienzle: Der AiP ist eine Berufsgruppe für sich, sondern ein heranwachsender Arzt – ein Arzt, der langsam in seine Aufgaben hineinwächst. Auch ich meine nicht, dass man dem AiP durch Übertragung der Verantwortung für die Aufklärung ein unzumutbares Haftungsrisiko auferlegt. Die Haftung übernimmt viel eher der leitende Arzt. Er hat zu überprüfen und zu entscheiden, ob der AiP den Anforderungen im Rahmen eines Aufklärungsgespräches gewachsen ist. Wenn dieser junge Arzt ein- oder zweimal bei einem Leistenbruch oder einer vergleichbaren normalen einfachen Operation dabei war und die Risiken kennt, dann meine ich schon, dass ein AiP aufklären kann und darf wie jeder andere Arzt auch. Andererseits: Über die Risiken einer Oesophagusresektion sollte – bitteschön – schon der Operateur selber aufklären. Man sollte die Entscheidung, wer mit dieser Aufgabe betraut wird, abhängig machen von der Arzt und Dringlichkeit des Eingriffes und der jeweiligen Berufserfahrung des AiP.

Ratajczak: Es stellt sich ja ohnehin die Frage – Herr Kollege Dr. Bergmann hat es angesprochen -, mit welchem Recht man eigentlich fordern kann, dass ein Arzt den Patienten aufklären muss. Wenn es darum geht, dem Patienten in einem Entscheidungskonflikt Wissen zu vermitteln, ist möglicherweise die Aufklärung durch eine dazu speziell ausgebildete Mitarbeiterin oder einen Mitarbeiter ungleich besser als durch einen Arzt, der dafür ohnehin keine Zeit hat. Für den Anspruch „Aufklärung nur durch Arzt" gibt es – als Diskussionsbeitrag einfach mal in den Raum gestellt – überhaupt keinen rechtfertigenden Grund und auch keinen inneren Zusammenhang mit dem Arztvertrag. Für mich ist nicht einsehbar, dass Aufklärung keine delegationsfähige Leistung sein soll. Wenn man die AiP's aus dieser Verantwortung herausnehmen würde, dann müssen wir davon ausgehen, dass in den Krankenhäusern wesentlich mehr Assistentenstellen benötigt werden als zur Zeit verfügbar sind. Und dafür gibt es kein Geld mehr.

Bergmann: Kurzer Widerspruch: Wir können natürlich nicht irgendeinen beliebigen Mitarbeiter für die Aufklärung anstellen, der möglicherweise mehr Zeit hätte. Möglicherweise hat auch die Putzfrau mehr Zeit. Das ist nicht das Kriterium, sondern die ärztliche Aufklärung ist Behandlungsleistung im Sinne der MBO und deshalb auch Verantwortung des Arztes. Da nützt nun alles nichts.

Makiol: Der AiP haftet ohnehin nicht wegen einer fehlerhaften Aufklärung. Eine fehlerhafte Aufklärung produziert keinen Schaden. Ich kenne keine Entscheidung, in der eine fehlerhafte Aufklärung an sich zu einem Schadenersatzanspruch geführt hätte.

Putz: Mir ist im Rahmen des heutigen Symposiums die eigentliche Rolle der Aufklärung ein wenig zu kurz gekommen. Bei den Referenten wurde eine gewisse Polarisierung deutlich: Es war immer ersichtlich, auf welcher Seite der Vortragende steht. Deutlich ist eines: An der Aufklärungsrechtsprechung „zerrt" und „zieht" argumentativ die Behandler- ebenso wie die Patientenseite.

In der Praxis fällt mir immer wieder auf, dass Ärzte in der Klinik die Aufklärung sehr viel selbstverständlicher handhaben als es sich in den diversen Arzthaftpflichtprozessen darstellt. Ich danke insbesondere Herrn Kollegen Stegers, dass er auf eine wesentliche Funktion der Aufklärung nochmals hingewiesen hat, nämlich darauf, dass Aufklärung Ausdruck und Inbegriff der menschlichen Würde und der Selbstbestimmung ist. Nicht wenige Krankenhäuser dokumentieren bereits in ihrem Eingangsbereich, dass im Mittelpunkt ihres Handelns der Patient steht. Das sind auch keine Floskeln. Wir brauchen kein amerikanisches Recht zu übernehmen, um bei uns Patientenrechte zur Geltung zu bringen. In diesem Jahr feiern wir den 50. Geburtstag des Grundgesetzes, und unser gesamtes Recht ist entwickelt aus den ersten beiden Artikeln dieses Grundgesetzes. Man muss sich das vor Augen halten: Die Würde ist unantastbar, und die Achtung seiner Selbstbestimmung prägt das gesamte Arzt-Patienten-Recht. Wenn wir diese Grundsätze ernst nehmen, dann müssen wir erkennen, dass die Integrität des Patienten und die Achtung seiner Würde eigentlich das oberste Rechtsgut sind. Vor diesem Hintergrund dürften Sie, Herr Kollege Dr. Schünemann, nicht so erstaunt sein über Urteile, die eine Haftung schon für den Fall der fehlenden Aufklärung festschreiben. Ein Orthopäde, der einfach in ein Knie hineinsticht und einen Erguss absaugt, ohne seinen Patienten über den Vorgang und seine Risiken aufzuklären, der behandelt diesen Patienten als Objekt und nicht als selbstbestimmtes Subjekt. Das stellt per se eine solche Verletzung der Selbstbestimmung des Menschen dar, dass diese einen Schmerzensgeldanspruch begründet, auch wenn kein Schaden durch den Eingriff entstanden ist. Wenn ein Schaden entsteht, dann muss dieser Patient noch einmal 100 % höher entschädigt werden. Das finde ich vollkommen richtig, weil erst damit Selbstbestimmung des Patienten und Patientenautonomie umgesetzt werden. Die gesamte Diskussion um Wahrscheinlichkeiten des Eintritts von Risiken löst sich in Wohlgefallen auf, wenn man den Patienten tatsächlich als Individuum sieht, das Entscheidungen für sich selbst trifft. Diese Entscheidungen muss ich respektieren – auch wenn es noch so unsinnige Entscheidungen sind. Ich kann als Arzt einen Patienten weder zu seinem Glück zwingen noch gar ihn prügeln oder eine Garantenpflicht dergestalt entwickeln, dass sie über das Selbstbestimmungsrecht des Patienten hinausgeht. Ich denke, nach dem bisherigen Verlauf der Diskussion: Das Thema des heutigen Tages hätte besser „Aufgabe Aufklärung" statt „Risiko Aufklärung" heißen sollen.

Teichner, Rechtsanwalt, Hamburg: Ich möchte mich den Ausführungen des Kollegen Putz mit drei Gedanken anschließen:

Herr Prof. Dr. Kienzle hat uns veranschaulicht, dass nur ein verschwindend geringer Prozentsatz von Patienten tatsächlich versteht, was ihnen im Rahmen des Aufklärungsgespräches vermittelt wird. Wir haben weiter gehört, dass Statistiken im Hinblick auf ihre Aussagekraft nur mit Vorbehalt zu behandeln sind.

Wir sollten uns aber fragen: Warum verstehen nur so wenige Patienten, was ihnen im Rahmen der Aufklärung vermittelt wird? Was machen die Ärzte falsch? Dies ist ein Gesichtspunkt, den ich hinterfragen möchte. Der zweite: Als Patientenanwalt warte ich immer noch darauf, dass Ärzte auch die Chance in der Aufklärungsverpflichtung erkennen. Indem dem Patienten im Aufklärungsgespräch Risiken und Grenzen ärztlicher Behandlung zugleich mit den ärztlichen Möglichkeiten aufgezeigt werden, gibt der Arzt ihm die Verantwortung für seine Gesundung zurück. Ich verstehe deshalb die Ärzteschaft nicht, die die Aufklärung nach wie vor nur als lästige, ihnen von den Juristen auferlegte Pflicht betrachten. Eine typische Formulierung: „Ich muss es Ihnen sagen, weil es die Juristen so wollen."

Gut, ich will nicht im Glashaus sitzen und mit Steinen werfen. Ich kennen Anwaltskollegen, die die Kostenfrage mit Ihren Mandanten nicht besprechen. Ich tue es regelmäßig, weil ich meinen Beruf so verstehe, und meine, dass Verbraucher vor mir sitzen, die einen Anspruch, alles von mir zu erfahren, auch die mit meiner Tätigkeit verbundene finanzielle Seite. Ich bespreche das, weil ich es für fair halte, und nicht, weil es meine Pflicht ist.

Die letzte Bemerkung zu Herrn Kollegen Dr. Schünemann: Ihre Ausführungen klangen fast so, als ob Patientenanwalt und Patient konspirativ zusammensitzen und Strategien entwickeln. 50 % meiner Arbeit ist etwas, wofür ich gar nicht ausgebildet bin: Es ist therapeutische Arbeit. Zu meiner Klientel gehören Opfer – vermeintliche Opfer, tatsächlich Opfer, die einen großen Gesprächsbedarf haben. Fragen der Aufklärung und des Entscheidungskonflikts müssen offen und ehrlich angesprochen werden. Selbstverständlich muss diskutiert und überlegt werden, in welcher Form man sich in den Prozess einlässt. Für mich ist in diesem Zusammenhang Wahrheit ein Faktor, der erhebliche Relevanz besitzt.

Schünemann: Ich äußere mich gleich zu Ihren letzten Anmerkungen:

Ich habe durchaus damit gerechnet, dass meine These – eine isolierte Aufklärungspflichtverletzung, die keinen Schaden hervorruft, muss sanktionslos bleiben – Anlass zur Kritik von Seiten der Patientenanwälte geben wird. Ich darf Ihnen zur Erläuterung sagen: Ich selbst vertrete nicht nur Ärzte, sondern auch Patienten. Das ändert nichts an meiner Auffassung.

Ihre letzte Bemerkung zur Besprechung von Strategien war für mich noch sehr interessant. Wir haben heute morgen gehört, dass in Amerika „gecoacht" wird. Ich bin sicherlich missverstanden worden, wenn Sie meinen, dass Patienten von ihren Anwälten etwas eingeredet werden sollte. Allerdings muss man meiner Ansicht nach dem Patienten schon sagen, dass die Berufung auf einen Entscheidungskonflikt möglicherweise eine prozessuale Sackgasse sein kann – dann nämlich, wenn es eine Behandlungsalternative gar nicht gibt. Andererseits ist die Berufung des Patienten auf religiöse oder weltanschauliche Gründe als Anlass zur Ablehnung oder als Anlass zu weiterem Nachdenken durchaus erfolgversprechend. Man muss selbstverständlich in Gespräche mit dem Mandanten eruieren, ob und welche Konflikte bei ihm angelegt waren, die dazu geführt haben könnten, dass er eine aus ärztlicher Sicht sinnvolle Maßnahme abgelehnt oder doch intensiv darüber nachgedacht hätte. Wenn Sie die obergerichtlichen Entscheidungen dazu sehen, dann müssen wir in vielen Fällen selbstkritisch feststellen, dass dazu gar nichts vorgetragen worden ist. Herr Kollege Prof. Krämer hat heute morgen zu Recht darauf hingewiesen, dass man in den Tatsacheninstanzen als Anwalt sorgfältig arbeiten sollte. Und dazu gehört auch, dass man als Anwalt die Möglichkeiten sieht und nutzt, die die Rechtsprechung einräumt.

Schwarz-Schilling, Rechtsanwältin, Kreuztal: Es gibt bekanntlich kaum ein Thema, das Ärzte und Juristen so polarisiert, wie die Problematik der Aufklärung. Dass diese Polarisierung mittlerweile auch bei Juristen untereinander stattfindet, ist angesichts der Streitbarkeit des Berufsstandes zwar nicht verwunderlich; die Schärfe allerdings, in der diese Polarisierung hier und heute auch unter Mitgliedern der Arbeitsgemeinschaft stattfindet – dokumentiert u.a. durch die Beiträge von Herrn Kollegen Dr. Ratajczak und Herrn Kollegen Putz – ist doch für mich etwas überraschend.

Wenn wir das Thema „Risiko Aufklärung" zum Gegenstand des diesjährigen Symposiums gemacht haben, heißt das ja nun gerade nicht, dass wir die Aufklärungsverpflichtung als ein Übel betrachten, mit dem auch wir als Juristen zu brechen beabsichtigen. Es heißt aber, dass wir durchaus eine klare Sicht auf die Problematik haben, die die Aufklärung für die Ärzte mit sich bringt.

Eines war immer unser Anliegen und sollte es auch jetzt und hier sein: Die von der Rechtsprechung entwickelte und bis heute wichtige Aufklärung ist – das hat Herr Kollege Dr. Bergmann ganz klargestellt – ein ärztlicher Behandlungsauftrag und das aus gutem Grund: Die Aufklärungsverpflichtung stellt eine Chance dar für das Arzt-Patienten-Verhältnis und für die Entstehung des Vertrauens, auf dem das Arzt-Patienten-Verhältnis basieren sollte.

Ein Vortragender bei einem der früheren Symposien hat einmal gesagt, eine sorgfältig und vernünftig durchgeführte Anamnese sei die beste Basis für eine verlässliche Diagnose. Ich sage: Eine vernünftig durchgeführte Aufklärung ist die beste Haftungsprophylaxe für einen Arzt. Diese beiden Bereiche – Anamneseerhebung und Aufklärung – sind die Berührungspunkte, in denen Arzt und Patient sich nahe kommen. Hier wird Verständnis für den Patienten, das Erkennen des Menschen hinter dem Krankheitsbild, der Blick auf die Menschenwürde, wie sie Herr Kollege Putz dargestellt hat, am ehesten möglich. In der Auseinandersetzung und im Gespräch mit dem Patienten werden Sachverhalte für den Arzt offenbar und auch für den Patienten transparent, was wiederum dessen Compliance erhöht, das Dulden bestimmter Belastungen unter der Behandlung ebenso auch wie das Dulden und Hinnehmen eines Misserfolges, eines Fehlschlages der Behandlung. In einer vernünftig durchgeführten Aufklärung wird der Patient auch mit der Tatsache vertraut gemacht, dass Medizin eben nicht alles vermag und dass nicht jede fehlgeschlagene Behandlung, jeder ausbleibende Heilungserfolg notwendig auf einen Fehler des Arztes zurückzuführen sein muss. Ein Patient, der zu seinem Arzt Vertrauen hat, weil auch dieser Arzt vertrauensvoll und offen mit ihm umgeht, wird diesen Arzt haftungsrechtlich nicht in Anspruch nehmen. Deshalb liegt in der Aufklärungsverpflichtung eine Chance. Das muss man bei allen Risiken, bei allen Belastungen, die die Aufklärung – auch das Urteil von Jena – mit sich bringt, einfach sehen. Wenn wir als Juristen diese Chance verkennen und Ärzten nicht zu vermitteln vermögen, dann schaffen wir auch in Zukunft noch größere Haftungsrisiken, als sie ohnehin schon bestehen.

Ratajczak: Der Vortrag von Herrn Kollegen Schünemann hat das Problem der Aufklärungsrechtsprechung verdeutlicht. Diese Rechtsprechung hat jegliches Maß verloren. Die zitierte Myelographie-Entscheidung verlangt als Grundaufklärung, dass man über den denkbar schwersten Fall berichtet. Da wird die Aufklärung von Eltern, deren Kind bei der Operation „nur“ eine Querschnittslähmung erlitten hat, für wirksam angesehen, weil über das Risiko, dass das Kind sterben könnte, aufgeklärt war. Die Frage ist doch: Kann irgendein Jurist – auf welcher Seite auch immer er stehen mag – eine solche Aufklärung ernsthaft verlangen? Ich habe nicht ohne Grund die Entscheidung des OLG Celle aus dem Jahre 1981 in meinen Vortrag aufgenommen. Hauptaufgabe des Arztes ist zunächst einmal, Trost zu spenden und nicht die Pferde scheu zu machen. Genau das und nichts anderes aber verlangt die Rechtsprechung. Ich soll einem Patienten das denkbar schwerste Risiko nennen – was bedeutet denn dann das restliche Aufklärungsgespräch noch für ihn? Welche Entscheidungsalternativen gebe ich ihm? Die Rechtsprechung macht noch ein weiteres: Wenn der Patient sich ärztlichem Sachverstand gegenüber unvernünftig verhalten will, dann verlangt sie, dass der Arzt auf den Patienten einwirkt, damit dieser sich zu einem „medizinisch vernünftigen Verhalten" bereit erklärt. Vor drei Jahren hat der BGH einen solchen Fall entschieden, in dem der Arzt auf den Patienten „eingewirkt" hat: Der Patient hatte zunächst die Einwilligung zur Operation abgelehnt, dann hat der Arzt ihn überzeugt, und dann sagt der BGH: An dem Beweis der hypothetischen Einwilligung sei in solchen Fällen eine besonders strenge Anforderung zu stellen, weil der Patient zunächst einmal abgelehnt habe, und offenbar die Einwilligung nur deshalb erteilt wurde, weil der Arzt auf ihn „eingewirkt" habe, also genau das gemacht hat, was die Rechtsprechung von ihm verlangte. Das sind doch schlicht groteske Entwicklungen!

Zu Ihnen, Herr Kollege Putz: Gehen wir einmal weg von der Grundlage der Einwilligungstheorie und gehen wir hin zur Patientenautonomie. Das hätte wirklich grundlegende Konsequenzen, über die aber keiner nachdenkt: Es gäbe dann keine Beweislastumkehr mehr. Wir wären dann wieder im allgemeinen Prozessrecht: Wer finanzielle Ansprüche geltend macht, muss beweisen, worüber er hätte aufgeklärt werden müssen und dass er nicht aufgeklärt worden ist. Das wäre die Konsequenz der Patientenautonomie. Und deswegen finden Sie nicht eine einzige Entscheidung, die auf Patientenautonomie gründet. Nur die BGH-Richter Steffen und Dressler schreiben das in ihren Aufsätzen.

Man muss einfach erkennen, dass wir inzwischen eine Rechtsprechung haben, die vollkommen unvorhersehbar geworden ist. Es gibt keine Entscheidungssicherheit. Mit der Plausibilität des Entscheidungskonfliktes können Sie praktisch revisionssicher begründen. Das ist auch einer der Gründe, warum die Annahmequote des 6. Senates mittlerweile unter 10 % liegt.

Wir brauchen aber Entscheidungssicherheiten – für beide Seiten! Deshalb insistiere ich auch auf den Vorteilen des amerikanischen Rechtes: In den USA können Sie den Arzt fragen, wie viele Eingriffe dieser Art er bereits durchgeführt hat, wer ihm dabei assistierte, was evtl. passiert ist. Der Arzt muss Ihnen wahrheitsgemäß antworten. Solche Fragen kann hier allenfalls ein Gericht stellen, wenn es die Offizialmaxime sehr ernst nimmt. Ebenso können Sie in den USA den Patienten fragen, wenn Sie vermuten, dass andere als die behaupteten Gründe zu seiner Erkrankung geführt haben, wo er bislang in Behandlung gewesen ist, welcher Behandlung er sich unterzogen hat, und Sie können die Behandlungsdokumentation verlangen. In diesem Rechtssystem wird nicht mit verdeckten Karten gespielt; die praktizieren tatsächlich Waffengleichheit.

Radermacher: Vielen Dank. Wir haben jetzt zunächst eine Meldung von Herrn Prof. Müller, dann Wortmeldungen aus dem Plenum.

Müller: Wir sind Anhänger einer sehr weitgehenden Aufklärung. In der letzten Woche habe ich einer Patientin mitteilen müssen, dass ihre Überlebenswahrscheinlichkeit 50 % beträgt. Jeder zweite in ihrem Zustand, den ich operiere, wird sterben. Das muss ich der Frau sagen, weil ich es vorher weiß. Es ist dann allerdings nicht so, dass die Frau sagt „Huch!" Wenn sie in dieser Operation ihre einzige Chance sieht, um wieder auf die Beine zu kommen, nimmt sie dieses Risiko in Kauf, weil sie so, nämlich ohne Gehfähigkeit, nicht mehr weiterleben will.

Bei Bandscheibenoperationen kann es im ungünstigsten Falle zu einer Querschnittslähmung kommen. Ich sage zwar auch, dass mir dies in unserer Klinik, solange ich da bin, und das sind mehr als 15 Jahre, noch nicht passiert ist. Ich muss aber auch darauf hinweisen, das in der Literatur von solchen Fällen berichtet wird. Und auf dieser Basis haben wir überhaupt keine Probleme. Ich muss es einfach mal aus der Praxis so sagen.

Auf der anderen Seite haben wir es als Sachverständige immer wieder mit Fällen von Querschnittslähmungen nach Bandscheibenoperationen zu tun. Im cervikalen Bereich sind solche Eingriffe noch etwas gefährlicher, weil Sie hinten auf das Halsmark treffen. Als Sachverständiger, der solche Fälle zu begutachten hat, meine ich, dass die Geschäftsgrundlage fehlt, wenn heute jemand mit einer degenerativen Halswirbelsäule kommt, bestimmte Beschwerden hat, dann operiert wird, hinterher an beiden Armen und Beinen gelähmt ist und ihm vorher nicht einmal gesagt wurde, was bei dem Eingriff wirklich passieren kann. Ich selbst würde mich doch nicht operieren lassen, wenn ich gar nicht weiß, was alles passieren kann.

Ich stelle immer wieder fest, dass draußen in der Praxis alles mögliche gemacht wird. Hinterher sagt man dann: Das ist so eben mal an der Grenze. Man kann nicht sagen, es ist falsch. Aber richtig ist es eben auch nicht.

In solchen Fällen lässt sich ein Verstoß gegen die Sorgfaltspflicht nicht nachweisen, weil aufgrund wissenschaftlicher Erkenntnisse sich nicht feststellen lässt, dass diese Operation eindeutig falsch war. Ich persönlich hätte die Operation zwar nie gemacht, aber es kann nicht gesagt werden, aufgrund wissenschaftlicher Erkenntnisse, diese Operation war falsch. Und dann bleibt dem Patienten nur, vorher zu erfahren und zu entscheiden, welche Risiken er in Kauf nehmen will. Sind die Lebensumstände so wie bei dieser Frau, die sagt, ich will so nicht mehr leben. Dann ist das für uns ein Signal, ernsthaft zu prüfen, ob wir diese Frau operieren. Liegen die Dinge aber nicht so, dann würde ich für mich auch als Patient ein großes Problem sehen.

Stegers: Ich möchte jetzt nicht vertiefen, was aus seiner möglichen Entkoppelung des Rechtes auf Selbstbestimmung einerseits und dem Recht auf den eigenen Leib andererseits materiell bzw. evtl. auch prozessrechtlich folgen könnte. Ich habe nur gesagt, dass es keine strikte Körperverletzungsdoktrin mehr gibt und dass bei diesem Stand der Dinge die Frage nach dem Bestehen einer Aufklärungspflicht dem Patienten zugeordnet wird. Zu Herrn Dr. Ratajczak: Die pre-trial-discovery in den USA ist nichts anderes als die umfangreiche Abwicklung von Auskunftsansprüchen. Die Frage ist: Wer hat entsprechendes bei uns jemals versucht? Wann hat jemals außergerichtlich die Passivseite gegenüber dem Patienten Anspruch auf Auskunft über die Anzahl der vorangegangenen Zahnextraktionen geltend gemacht? Die Frage nach den vorbehandelnden Zahnärzten, über evtl. bereits erfolgte Aufklärung über Risiken der Nervenläsion wird nicht gestellt. Diese Auskunftsansprüche wären im Falle eines Haftungsprozesses nach folgendem Modell zu handhaben:

1. Die Fachsenate der Gerichte fordern durchweg die Behandlungsunterlagen der vor- und nachbehandelnden Ärzte an, so dass sich daraus auch Hinweise für die Passivseite ergeben können.
2. Es bleibt der Passivseite unbenommen, Auskunft dahingehend zu erwirken, inwieweit der Patient vorher bereits in einem entsprechenden Fall aufgeklärt worden ist.

Was die Qualifikation des Arztes betrifft, ist dieser Auskunftsanspruch völlig unstreitig von der Rechtsprechung akzeptiert worden. Jederzeit kann ein Patient von dem Arzt verlangen, seine Qualifikation zum Zeitpunkt des Eingriffs nachzuweisen, selbst ohne dass Schadensersatzansprüche geltend gemacht werden. Das ist völlig einhellige Rechtsprechung mit der Darlegungslast auf der Arztseite. Wenn man das Arzt-Patienten-Verhältnis als synalagmatisches Verhältnis begreift, als Austauschverhältnis oder – wie ich gerne sage – als Begegnung oder Kommunikation, dann würde eigentlich nichts dagegen sprechen, einen entsprechenden Auskunftsanspruch auch für den Arzt aus dem Wesen des Arzt-Patienten-Verhältnisses herzuleiten.

Natzel, Zürich-Agrippina, Köln: Zwei kleine Fragen:

Das ärztliche Aufklärungsgespräch findet in der Regel unter vier Augen statt. Was spricht dagegen, diese Aufklärungsgespräche auf Kassette oder

CD aufzuzeichnen? Zweite Frage: Inwieweit gibt es bei Ärzten oder sogar Fachärzten als Patienten eine geminderte Aufklärungspflicht?

Kienzle: Die Aufzeichnung eines Aufklärungsgespräches ist eine Frage der Praktikabilität. Wenn der Patient eine solche Kassette wünscht, dann hätte ich nichts dagegen, wenn er selbst eine solche fertigt. Aber wenn ich in der Klinik Kassetten von Aufklärungsgesprächen archivieren soll, dann hätte ich erhebliche Bedenken, und ich könnte mir vorstellen, der Träger hätte das auch. Das, was da besprochen wird, sind keine Geheimnisse. Was aber soll mit diesen Kassetten und Bändern passieren? Sollen wir die nachher wegwerfen oder soll sie der Patient mit nach Hause nehmen? Bis jetzt bin ich mit dieser Frage noch nie konfrontiert worden.

Bergmann: Ihre zweite Frage betrifft die Qualifikation des Aufklärungsadressaten. Es geht darum, ob man bei einem aufgrund eigenen Wissens bereits aufgeklärten Patienten auf die Aufklärung verzichten kann oder ob tatsächlich aus rechtlichen Gründen eine Aufklärung nicht erforderlich ist. Das hat die Rechtsprechung mehrfach entschieden. Ich selbst hatte vor kurzem einen Fall, in dem eine Fachärztin geltend machte, sie war über ein bestimmtes Leiden nicht aufgeklärt worden, das genau in ihr Fachgebiet fällt. Offensichtlich handelt es sich dabei um eine rechtsschutzversicherte Ärztin. Klare Entscheidung: Ein aufgeklärter Patient muss nicht aufgeklärt werden.

Radermacher: So wörtlich auch das OLG Köln.

Makiol: Wenn das richtig ist, was Herr Kollege Dr. Bergmann gerade gesagt hat, dann stellt sich die Frage, ob nicht tatsächlich auch die Putzfrau aufklären und den Patienten wissend machen kann. Konsequenterweise würde das ja bedeuten: Wenn der Patient weiß, was er wissen muss, dann ist es egal, woher er es weiß.

Müller: In der Praxis verläuft ja tatsächlich zwischen den einzelnen Fachgebieten eine Mauer. Im Klartext: Der Internist hat keine Ahnung, was wir machen – wir haben keine Ahnung, was der Internist macht. Und deshalb rate ich dringend, jeden aufzuklären – auch den Kollegen! Wenn natürlich ein Kollege kommt, der z.B. an der Universität München in einer vergleichbaren Position tätig ist wie ich, dann würde ich sagen: „Grüß Gott, pack mer's an!" Aber ansonsten....

Lersch: Wenn ich den Verlauf der bisherigen Diskussion richtig verstehe, dann habe ich den Eindruck, dass Ärzte und Juristen bei der Frage der Aufklärungspflicht so weit gar nicht auseinander stehen. Wir müssen festhalten, dass jeder Eingriff in die Unversehrtheit des menschlichen Körpers eine Körperverletzung darstellt und dass zu seiner Rechtfertigung eben die Einwilligung notwendig ist. Die Notwendigkeit einer Rechtfertigung ist auch der Grund für die Verteilung der Beweislast. In der Erteilung der Einwilligung sieht – wenn ich es richtig verstehe – die Rechtsprechung den Ausdruck der Menschenwürde und des Selbstbestimmungsrechtes. Dort ist es, wie ich denke, auch richtig angesiedelt. Wenn es um die Frage nach Art und Umfang der Aufklärung geht, dann – meine ich – müssen wir uns am Einzelfall orientieren, so gerne wir klare Regeln wünschen und fordern und so wichtig für uns Rechtssicherheit sein mag. Wenn ich das Risiko einer schwerwiegenden Verletzung sehe, dieses Risiko in einer wie auch immer gearteten Prozentzahl auszudrücken und auch medizinisch anerkannt ist, dann muss ich darüber aufklären. Umgekehrt muss ich natürlich auch darüber aufklären, wie wichtig unter Umständen ein medizinischer Eingriff für den Patienten und seine Heilung sein kann. Ich muss dem Patienten auch Hilfestellung geben zur Beantwortung der Frage, ob er den Eingriff an sich zulässt oder auch nicht. Insbesondere gilt dies dann, wenn der Eingriff eher kosmetische Bedeutung hat. Ich denke, das alles ist eine Frage der Abwägung, und soweit die Rechtsprechung versucht, in diese Fälle Rechtsklarheit hineinzubringen, kann es nur ein Grenzbereichen gelingen. Alles andere ist Frage des Einzelfalles, und meiner Meinung nach liegt die Beweislast auf Seiten des Arztes.

von Schirach, Rechtsanwalt, München: Ich möchte zum Thema Aufklärungsbedarf aufmerksam machen auf eine Fallgruppe, die in der Praxis eine große Rolle spielt: Das sind die misslungenen Sterilisationen von Frauen. Wir haben dann folgende Fallgestaltung: Die Sterilisation misslingt, die Frau bleibt fruchtbar, ist also eigentlich körperlich intakt. Dennoch haben wir einen Vermögensschaden. Wir machen uns darüber keine Gedanken, aber es ist eigentlich eine nicht ganz typische Fallgestaltung. Der Arzt haftet, wenn er einen Behandlungsfehler begangen hat – z.B. Verwechslung der Tuben mit dem Mutterband – aus Schlechterfüllung des Behandlungsvertrages. Er haftet wegen einer Verletzung der Aufklärungspflicht, wenn die Misslingensquote der Sterilisationsoperation nicht mitgeteilt wurde. So in etwa ist die Argumentation der bislang ergangenen Entscheidungen. Im Grunde genommen ist es für mich dogmatisch eine andere Fallgestaltung, und für mich stellt sich die Frage: Muss über die vermögensrechtlichen Auswirkungen einer Operation, die gerade dadurch misslungen ist, dass die Patientin körperlich integer bliebt, tatsächlich aufgeklärt werden?

Makiol: Ich sehe nicht ganz, wo das Problem liegt. Die Fälle sind bekannt, in denen der Eileiter mit dem Mutterband verwechselt wurde. Das ist dann ein Behandlungsfehler.

von Schirach: Ich meine den Fall, in dem die Tuben durchtrennt wurden und eine Rekanalisation stattfand.

Makiol: Das ist eine Frage der Risikoaufklärung.

von Schirach: Nehmen Sie die Situation, dass der Arzt über die Misslingensquote nicht aufgeklärt hat. Es kommt zu Auswirkungen, nämlich einer Schwangerschaft und der Geburt eines Kindes und zu einem Schaden vermögensrechtlicher Art. Muss darüber aufgeklärt werden?

Bergmann: Nach meiner Auffassung und der der Rechtsprechung ist dies eine Frage der Sicherungsaufklärung. Die Aufklärung über die Misslingensquote einer Sterilisationsoperation ist erforderlich – ganz einfach deshalb – weil es nicht um eine Schlechterfüllung des Behandlungsvertrages, sondern um ein Risiko, das die Patientin postoperativ durch entsprechendes Verhalten vermeiden kann. Sie muss nur wissen, dass eine Misslingensquote besteht, um sich darauf einstellen zu können. Darauf bezieht sich die Aufklärungspflicht, und sie ist Teil der ärztlichen Behandlung im Rahmen der Sicherungsaufklärung.

Schwarz-Schilling: Ich habe das Bedürfnis, einige Fäden aufzunehmen, von denen ich meine, dass sie im Verlauf der Diskussion nicht verknüpft werden konnten.

Sie, Herr Kollege Lersch, haben gerade erklärt, Sie hätten den Eindruck, um Bereich Aufklärung seien sich Ärzte und Juristen im wesentlichen einig. Diesen Eindruck habe ich gerade nicht. Ich denke vielmehr, dass die hier anwesenden Ärzte der Aufklärungsverpflichtung sehr viel positiver gegenüberstehen als einige meiner juristischen Kollegen. Nun ist die generell ablehnende Haltung und das Zurückschrecken der Ärzte vor der Aufklärung aus meiner Sicht kaum verwunderlich. Diese völlig verwickelte, unübersichtliche und unkalkulierbare Rechtsprechung, die heute aus verschiedener Sicht kritisiert wurde, ist sicherlich ursächlich dafür, dass Ärzte Aufklärung als ein per se bedrohliches und belastendes Geschehen empfinden. Vor diesem Hintergrund verstehe ich auch die von Herrn Kollegen Dr. Ratajczak vertretene Position. Insbesondere sehe ich die Verantwortung, der die Gerichte sich stellen müssen. Gerichte sind gerade an dieser Stelle berufen, Aufklärungsverpflichtungen für Ärzte kalkulierbar zu machen, damit diese das Verhältnis zu ihren Patienten belastungsfrei gestalten können. Statt dessen sehen Ärzte sich zur Zeit einer unberechenbaren Rechtsprechung ausgeliefert, die sie nur als bedrohlich empfinden und in der sie nicht zu reagieren vermögen. Daran droht das Arzt-Patienten-Verhältnis zu zerbrechen.

Das alles ist nicht neu, keine Erscheinung oder Entwicklung der letzten Jahre. Ich erinnere mich an eine medizinrechtliche Veranstaltung Mitte der 80er Jahre. Der damalige Vorsitzende des 6. Senates des BGH, Steffen, hat seinerzeit auf die Frage eines Kölner Gynäkologen, wie er sich einer bestimmten Aufklärungssituation zu verhalten habe, sehr zurückhaltend reagiert und erklärt: „Wenn dies zu einem Haftungsfall wird und dieser zu uns, zum BGH, gelangt, dann werde ich Ihnen sagen können, was zu tun gewesen wäre." Für mich heißt das: Selbst der langjährige Vorsitzende des Arzthaftungssenates des BGH vermochte damals schon nicht vorauszusehen, wie ein konkreter Fall sich unter den Grundsätzen der damaligen Rechtsprechung entwickeln würde. Da, so meine ich, liegt in der Tat ein Missstand. Hier sind wir Juristen gefragt. Das ist ein Appell von Seiten der Mediziner, den ich wiederholt in sämtlichen Veranstaltungen der letzten Jahre gehört habe: Die Hilflosigkeit, die Ärzte empfinden aufgrund der Unbeherrschbarkeit und Unkalkulierbarkeit dessen, was die Rechtsprechung zum Thema Aufklärung produziert. An dieser Stelle sind wir alle in der Verantwortung – nicht nur die Richter, auch wir Anwälte, die wir Prozesse auf Kläger- und auf Beklagtenseite vorbereiten und führen. Wenn wir etwas verändern wollen, dann müssen wir bei der Prozessführung anfangen und versuchen, im Interesse des Arzt-Patienten-Verhältnisses und im Interesse der Wahrung der Patientenrechte die Aufklärungsrechtsprechung im Sinne einer Verlässlichkeit für alle Beteiligten zu beeinflussen.

Radermacher: Mit diesem Resümee möchte ich die heutige Veranstaltung enden lassen. – Sie kennen wahrscheinlich alle das chinesische Schriftzeiten, das sowohl Chance als auch Risiko bedeutet. Wir haben unser Symposium begonnen mit der Frage: „Ist die Aufklärung ein Risiko?" Antwort: Das ist sie sicher; das hat die Diskussion des heutigen Tages gezeigt. Aber: Die Aufklärung ist auch eine Chance.

Anhang:

Kümper, H.J.:

Detail-Frage: „Wie weitgehend muss die Aufklärung für eine Sectio caesarea sein, welche eine Schwangere „auf eigenen Wunsch" begehrt?

Antwort-Versuch unter Zuziehung durch medizin-rechtliche Aspekte:

„Gefälligkeits-Geburtshilfe – so U. Kirchhoff auf einem Symposium in X/1987 – sind Leistungen des Geburtshelfers, die er aus Gefälligkeit gegenüber der Patientin[1] *oder deren Familienangehörigen von sich aus anbietet oder auf Wunsch erbringt, wobei die geleistete Gefälligkeit von den Regeln des medizinischen Standards abweicht.*"

Laut juristischer Definition unterliegen „Angebote" des Geburtshelfers schärferen rechtlichen Kriterien als „Begehren" der Schwangeren, wobei zu unterscheiden ist zwischen *vertretbaren Gefälligkeiten,* zu denen die Risiken mit der Schwangeren einvernehmlich nach intensiver Aufklärung abgestimmt werden müssen, und *unvertretbaren Gefälligkeiten mit Gefahrenfolgen,* die als unzulässig auszugrenzen sind: hierbei – vermeint Unterzeichner – ist gerade auch das Ungeborene betroffen, das aber medizinethisch ebenso mit einzubeziehen wäre. Dass – wie diesmal ein Symposiums-Teilnehmer äußerte – „sich immer ein Geburtshelfer zur Sectio bereitfinden werde", dürfte nicht als eine dazu gangbare Lösung dieses Problems in praxi anzuerkennen sein. **Vermerk: Als „kosmetische" Indikation** könnte sich Unterzeichner vorstellen, dass die Schwangere ein Begehren weitestgehender Intaktheit hinsichtlich des Geburtsweges – i.e. Verletzungsnarben und/oder Senkungsfolgen durch eine Geburt per vias naturales – erreichen will.

Als *familiäre Indikation* könnte sich Unterzeichner vorstellen, dass die Schwangere ein Begehren termingebundener Entbindung hinsichtlich des Geburtstages – i.e. ein besonderer Tag – erreichen will. Dazu benennt die Presse derzeit die mögliche „Milleninium-Geburt", dem Geburtshelfer – so J. Dudenhausen, W. Holzgreve u.a. – mit großer Skepsis begegnen: „Es ist völlig unsinnig, in dieser Nacht mutwillig zu operieren" – Beide Indikationen sind da nicht stichhaltig.

Wenngleich – so U. Kirchhoff vormals – „Zwischenstufen zwischen der modernen klinischen Geburtshilfe und vertretbaren Gefälligkeiten sowie Abstufungen zwischen den vertretbaren und unvertretbaren Gefälligkeitsleistungen denkbar" seien, so ist aber an gleicher Stelle § 226a Strafgesetzbuch zitiert, wo es da diesbezüglich derartig heißt:

Danach „handelt derjenige rechtswidrig, der eine Körperverletzung mit Einwilligung des Verletzten vornimmt, wenn die Tat trotz Einwilligung gegen die guten Sitten verstößt". – Jedoch scheint da eine Grauzone.

„Leistungen im Bereich der Geburtshilfe – so nach U. Kirchhoff – sind zulässig, wenn sie nach den Kunstregeln der gynäkologischen Wissenschaft als unvertretbar angesehen werden. Mag man sich in Wissenschaft und Praxis in Grenzbereichen darüber streiten können, ob eine in den Beispielen als unvertretbar bezeichnete Methode vielleicht doch als fraglich

[1] Eine „Schwangere" gilt da grundsätzlich nicht als eine „Patientin".

eingestuft werden kann, so handelt es sich hierbei um Einzelfallentscheidungen, die in Konfliktfällen rechtlich individuell nach Maßgabe gynäkologisch-wissenschaftlicher Sachverständigengutachten entschieden werden.

Gelangt ein Gericht mit Hilfe der Sachverständigen zu dem Ergebnis, dass es sich um ein unvertretbares Risiko gehandelt habe, hilft dem Arzt auch nicht der Hinweis auf ausdrückliche Einwilligung der Patientin nach Aufklärung – selbst über das spezifische Risiko. "

Dem würde Unterzeichner grundsätzlich zustimmen und dies auch in der Praxis so handhaben, wie er anlässlich des Symposiums äußerte: hierbei wäre für diesen Arzt die Schwangerschaft insgesamt bewertet!

Wie das Medizinleben lehrt, gibt es auch fragwürdigere Indikationen. Diesbezüglich ist juristischerseits – so U. Kirchhoff dazu – „die Beurteilung zwar fraglicher, aber letztlich noch vertretbarer, wenn auch nicht ratsamer Gefälligkeitsleistungen" angesprochen: „In diesem Bereich kommt der ärztlichen Aufklärung eine zentrale Bedeutung zu."

„Die juristische Grundlage der Einwilligung nach Aufklärung – dieses U. Kirchhoff letztlich – ist Art. 2 Grundgesetz, in welchem die freie Entfaltung der Persönlichkeit garantiert wird. Wesentlicher Bestandteil dieses Persönlichkeitsschutzes ist im Arztrecht der Vorbehalt der Zustimmung des Patienten nach erfolgter Aufklärung...

Der Umfang der Aufklärung ist umgekehrt proportional zur Dringlichkeit des Eingriffs...

Der Umfang ist besonders ausgedehnt bei Eingriffen, die der Patientin wünschenswert erscheinen, medizinisch aber nicht geboten sind. Dies gilt ausgeprägt für Gefälligkeitsleistungen, so dass die Rechtsprechung in diesen Fällen an den Inhalt der Aufklärung einerseits und die Möglichkeit des Nachweises der Aufklärung andererseits strengste Anforderungen stellt...

Wenn schon fragwürdige und besser ausgelassene oder zwar vertretbare, aber nicht unbedingt ratsame Gefälligkeiten des Geburtshelfers erbracht werden, ist dringend neben der Aufklärung auch die sorgfältige Dokumentation derselben zu empfehlen," so dieser Autor.

Für den Unterzeichner ist medizin-ethisch die Ganzheit der Schwangerschaft der Maßstab des Handeln als eine Conditio sine qua non, wobei er die medizin-rechtlichen Aspekte hier nur bedingt teilen kann, wenngleich mit derartiger Problematik in praxi gehäufter konfrontiert.

Teilnehmerverzeichnis

Aberle, Klaus
Westfälische Provinzial Feuersozietät
Provinzial-Alle 1, 48131 Münster

Abicht, Hartmut
Versicherungskammer Bayern
Maximilianstr. 53, 80538 München

Ackermann, Hans-Joachim
GVV Kommunalversicherung VVaG
Aachener Str. 1040, 50858 Köln

Albrecht, Astrid
Rechtsanwältin,
Verbraucher-Zentrale NRW
Mintropstr. 27, 40215 Düsseldorf

Altemeyer, Susanne
Rechtsanwältin
Gerichtsstr. 47, 45355 Essen-Borbeck

Aulich, Dieter
SIGNAL IDUNA Gruppe
Joseph-Scherer-Str. 3, 44139 Dortmund

Baumhackel, Monika
Rechtsanwältin
Moltkestr. 54, 74076 Heilbronn

Baxhenrich, Dr. Bernhard
Rechtsanwalt
Heßlerstr. 24, 59065 Hamm

Berger, Antje
Gerhardstr. 34, 47137 Duisburg

Bergmann, Dr. Karl-Otto
Rechtsanwalt
Schützenstr. 10, 59071 Hamm

Bodenburg, Dr. Reinhard
Rechtsanwalt
Bühlstr. 9, 37073 Göttingen

Boss, Heidi
Rechtsanwältin
Fahrgasse 91 - 95, 60311 Frankfurt

Bühler, Klaus
Rechtsanwalt
Neckarstaden 16, 69003 Heidelberg

Bürger, Dr. Raimund
Rechtsanwalt
Hufelandstr. 68, 45147 Essen

Büsken, Dr. Rainer
Rechtsanwalt
Wilhelm-Waldeyer-Str. 14, 50937 Köln

Christ, Hans
Rechtsanwalt
Alexanderstr. 18, 70184 Stuttgart

Cramer, Dr. Regine
Rechtsanwältin
Haumannplatz 28/30, 45130 Essen

Dautert, Dr. Ilse
Rechtsanwältin
Steinweg 40, 26122 Oldenburg

Deißler, Hanspeter
Rechtsanwalt
Ulmer Str. 7, 73054 Eislingen

Dierenfeldt, Marita
Zürich-Agrippina Beteiligungs AG
Riehler Str. 90, 50668 Köln

Dolle, Dr. Detlev
Rechtsanwalt
Grafenstr. 77, 59821 Arnsberg

Donié, Stephan
General Accident
Neumarkt 15, 66117 Saarbrücken

Engler, Matthias
Colonia Nordstern Versicherungs-
Management
Colonia-Allee 10 – 20, 51067 Köln

Fabian, Heinz-Peter
Rechtsanwalt
Seminarstr. 1 A, 49074 Osnabrück

Fad, Wilhelm
Rechtsanwalt
Am Lustnauer Tor 4, 72074 Tübingen

Finster, Christian
Kassenzahnärztliche Vereinigung
Josepf-Meyer-Str. 8-10, 68167 Mannheim

Francke, Joachim
Rechtsanwalt
Oststr. 80, 40210 Düsseldorf

Frey, Dr. Felicitas
Rechtsanwältin
Südring 4, 59065 Hamm

Gabriel, Bernd
Rechtsanwalt
Maximilianstr. 29, 80539 München

Gaus, Prof. Dr. Wilhelm
Universitätsklinikum Ulm
Abteilung Biometrie und Medizinische Dokumentation
Schwabstr. 13, 89075 Ulm

Gdaniec, Thomas
Rechtsanwalt
Rüttenscheider Str. 106,45130 Essen

Gerhard, Kurt-Henning
Rechtsanwalt
Am Sande 5, 21335 Lüneburg

Geyer, Dr. Diethard
Rechtsanwalt
Haumannplatz 2, 45130 Essen

Gläser, Rudolf J.
Rechtsanwalt
Außer d. Schleifmühle, 75, 28203 Bremen

Grambow, Dr. Hans-Jürgen
Rechtsanwalt
Holstenwall 10, 20355 Hamburg

Grathwohl, Dr. Egon
Rechtsanwalt
Fürstenbergstr. 1b, 51379 Leverkusen

Groß, Michael
General Accident
Neumarkt 15, 66117 Saarbrücken

Grüne, Maximilian
Rechtsanwalt
Gut Gedau 1, 52223 Stolberg

Gurgel, Detlef
Rechtsanwalt
Wegenerstr. 5, 71063 Sindelfingen

Hackhausen, Dr. Winfried
Verband Dt. Rentenversicherungsträger
Eysseneckstr. 55, 60322 Frankfurt

Harbusch, Iris
Rechtsanwältin
Schlichtungsstelle f. Arzthaftpflichtfragen
Berliner Allee 20, 30175 Hannover

Hartmann, Andrea
Rechtsanwältin
Alexanderstr. 18, 70184 Stuttgart

Hastrich, Gudrun
Rechtsanwältin
Clarenbachstr. 4, 50939 Köln

Heidekrüger, Ralf
Rechtsanwalt und Notar
Holzkamp 13, 25524 Itzehoe

Heimann, Dr. Nicole
Rechtsanwältin
Oxfordstr. 21, 53111 Bonn

Herkenhoff, Michael
Rechtsanwalt
Schützenstr. 10, 59071 Hamm

Hertwig, Dr. Volker
Rechtsanwalt
Contrescarpe 10, 28203 Bremen

Herzog, Hans-Jürgen
General Accident
Neumarkt 15, 66117 Saarbrücken

Hirsch, Nikolaus
Rechtsanwalt
Kaiserstr. 77, 72764 Reutlingen

Hirschkorn, Frank
Rechtsanwalt
G-Mahler-Str. 2, 04109 Leipzig

Hölzer, Dr. Helge
Rechtsanwalt
Uhlandstr. 11, 70182 Stuttgart

Hoffmann, Bärbel
Rechtsanwältin
Bundesplatz 8, 10715 Berlin

Jaklin, Johannes
Rechtsanwalt
Von-Steuben-Str. 20, 48143 Münster

Jobst, Heidi
Rechtsanwältin
Brienner Str. 3/III, 80333 München

Jungbecker, Dr. Rolf
Rechtsanwalt
Erbprinzenstr. 8, 79098 Freiburg

Kaesbach, Elmar
Zürich-Agrippina Beteiligungs AG Riehler Str. 90, 50668 Köln

Karthaus, Iris Carolin
Rechtsanwältin
Schützenstr. 10, 59071 Hamm

Kauerz, Brigitte
Gothaer Versicherungen
Gothaer Allee 1, 50969 Köln

Keilbar, Dr. Fritz
Rechtsanwalt
Myliusstr. 15, 60323 Frankfurt

Kessler Karl-Peter
Rechtsanwalt
August-Klotz-Str. 2, 52349 Düren

Kia, Dr. A.R.
Facharzt für Augenheilkunde
Schadowstr. 80, 40212 Düsseldorf

Kienzle, Prof. Dr. Hans Friedrich
Arzt für Chirurgie, Unfall- u.
Gefäßchirurgie
Städt. Krankenhaus Köln-Holweide
Neufelder Str. 2, 51067 Köln

Klein, Susanne
Rechtsanwältin
Kaiserstr. 42, 60329 Frankfurt

Kolvenbach, Dagmar
Victoria Versicherungen
Victoriaplatz 1, 40198 Düsseldorf

Koster, Richard
General Accident
Neumarkt 15, 66117 Saarbrücken

Krämer, Prof. Dr. Achim
Rechtsanwalt
Baischstr. 5, 76138 Karlsruhe

Kucera, Dr. Stefan
Rechtsanwalt
Heßlerstr. 24, 59065 Hamm

Kümper, Prof. Dr.med.
DBV Winterthur
Leopoldstr. 204, 80804 München

Kusserow, Dr. Maria
Braaker Mühlenweg 23, 23701 Eutin

Lenzen, Dr. Rolf
Rechtsanwalt
Merlostr. 2, 50668 Köln

Lersch, Elmar
Rechtsanwalt
Zehnerstr. 29, 53498 Bad Breisig

Linhart, Gerhard
Alte Leipziger Versicherung AG
Alte Leipziger Platz 1, 61440 Oberursel

Lippert Dr. Hans-Dieter
Akademischer Direktor
Universitätsklinikum Ulm
Albert-Einstein-Allee 47, 89081 Ulm

Löffler, Hanna
Rechtsanwältin
Arminiusstr. 2, 90402 Nürnberg

Lohmann-Mack, Sigrid
Rechtsanwältin
Am Westerntor 6, 33098 Paderborn

Lutterbeck, Christian
GVV Kommunalversicherung VVaG
Aachener Str. 1040, 50858 Köln

Maeder, Helmar
Rechtsanwalt
Eppendorfer Baum 6, 20249 Hamburg

Makiol, Hans-Joachim
Rechtsanwalt
Erftstr. 78, 41460 Neuss

Manok, Andreas
Rechtsanwalt
Meersburger Str. 3, 88213 Ravensburg

Meinecke, Sabine
Rechtsanwältin
Hoefftstr. 30, 29525 Uelzen

Merkle, PD Dr.Dr. habil. Elisabeth
Ärztliche Direktorin
Frauenklinik Berg, Obere Str. 2
70190 Stuttgart

Meyer, Hartwig
Rechtsanwalt
Buschkrugallee 53a, 12359 Berlin

Michalcik, Martina
Rechtsanwalt
Getrud-Piter-Platz 7, 14770 Brandenburg

Mihatsch-Lippert, Dr. Christine
Oberärztin Anästhesieabteilung
Krankenhaus, 89143 Blaubeuren

Mildenberger, Dieter
Mildenberger Versicherungsmakler KG
Palaisstr. 14, 32756 Detmold

Morsch, Hans-Werner
General Accident
Neumarkt 15, 66117 Saarbrücken

Müller, Annette
Rechtsanwältin
Schmeller Str. 13, 80337 München

Müller, Hartmut
Rechtsanwalt
Dithmarscher Str. 39, 22049 Hamburg

Müller, Prof. Dr. Reinhold Traugott
Orthopädische Universitätsklinik Essen
Hufelandstr. 55, 45122 Essen

Natzel, Odilo
Zürich-Agrippina Beteiligungs AG
Riehler Str. 90, 50668 Köln

Neu, Johann
Rechtsanwalt
Schlichtungsstelle für
Arzthaftpflichtfragen
Berliner Allee 20, 30175 Hannover

Neuroth, Bettina
Victoria Versicherung
Victoriaplatz 1, 40198Düsseldorf

Nicola, Claudia
General Accident
Neumarkt 15, 66117 Saarbrücken

Nix, Karl-Heinz
Rechtsanwalt
Zähringerstr. 9, 66119 Saarbrücken

Oehler, Dr.Dr. K.
Arzt und Zahnarzt
Widukindplatz 5, 49086 Osnabrück

Ortner, Franz-Josef
Rechtsanwalt
Holzdamm 49, 20099 Hamburg

Osswald, Hildegard
Rechtsanwältin
Wilhelmstr. 42, 65183 Wiesbaden

Otto, Reinhold
Rechtsanwalt
Hauptstr. 23, 34431 Marsberg

Peltzer, Helmut
Rechtsanwalt
Rathenaustr. 2, 30159 Hannover

Pesch, Rainer
Rechtsanwalt
Kesselsdorfer Str. 14, 01159 Dresden

Petry, Michael
Rechtsanwalt – Leiter Sachgebiet Schaden
Ecclesia Versicherungsdienst
Klingenbergstr. 4, 32758 Detmold

Peyerl, Andrea
Rechtsanwältin
Alicenstr. 33, 35390 Gießen

Pietsch, Martina
Leiterin der Geschäftsstelle
Wegenerstr. 5, 71063 Sindelfingen

Pörner, Marita
Gothaer Versicherungsbank VVaG
Gothaer Allee 1, 50969 Köln

Pohl, Hermann
GVV Kommunalversicherung VVaG
Aachener Str. 1040, 50858 Köln

Preis, Roland
Rechtsanwalt
Sternberger Str. 9, 65329 Hohenstein

Putz, Wolfgang
Rechtsanwalt
Eduard-Schmid-Str. 30, 81541 München

Radermacher, Dirk
Rechtsanwalt
Wiener Platz 4, 51065 Köln

Rampfl-Platte, Elke
Rechtsanwältin
Nördl. Auffahrtsallee 1, 80368 München

Raspe, Peter
Rechtsanwalt
Körnerstr. 25, 58095 Hagen

Ratajczak, Dr. Thomas
Rechtsanwalt, Fachanwalt für Sozialrecht
Wegenerstr. 5, 71063 Sindelfingen

Riepe, Wolfgang
Rechtsanwalt
Lange Str. 3, 38100 Braunschweig

Rockensüß, Hartmut
Rechtsanwalt
Heinrichstr. 4, 30175 Hannover

Rohde, Dr. Ernst-R.
Rechtsanwalt
Petterweilstr. 44, 60385 Frankfurt

Rommeiß, Roul
KZV Thüringen
Theo-Neubauer-Str. 14, 99085 Erfurt

Rompe, Prof. Dr. Gerhard
Facharzt für Orthopädie
Orth. Universitätsklinik
Schlierbacher Landstr. 200 a,
69118 Heidelberg

Rulands, Heinz
Rechtsanwalt
Steinmetzstr. 20, 41061 Mönchengladbach

Sander, Burkhard
Rechtsanwalt
Neustädter Passage 3, 06122 Halle

Sauer, Hans
Rechtsanwalt
Landolinsteige 1/1, 73728 Esslingen

Sauer, Dr. Otfried
Rechtsanwalt
Richard-Wagner-Str. 8, 72336 Balingen

Schabram, Peter
Rechtsanwalt
Zasiusstr. 42, 79102 Freiburg

Schallemacher, Dr. Rainer
Rechtsanwalt
Schwanallee 10, 35037 Marburg

Scharnhorst, Uwe
Rechtsanwalt
Konstanzer Str. 10, 10707 Berlin

Scheid, Wolfgang
General Accident
Neumarkt 15, 66117 Saarbrücken

Schellhorn, Markus
Rechtsanwalt
Ruhe-Christi-Str. 15, 78628 Rottweil

Schimpf, Elfriede
General Accident
Neumarkt 15, 66117 Saarbrücken

Schirach, Dr. Klaus von
Rechtsanwalt
Leopoldstr. 48, 80802 München

Scheuer, Priv. Doz. Dr. I.
Chefarzt Klinikum Kreis Herfold
Postfach 2151/2161, 32045 Herford

Schmidt, Peter M.
Rechtsanwalt
Königsallee 14, 40212 Düsseldorf

Schmittel, Gerhard
Alte Leipziger Versicherung AG
Alte Leipziger Platz 1, 61440 Oberursel

Schünemann, Dr. Hermann
Rechtsanwalt
Hannoversche Str. 57, 29221 Celle

Schütz, Petra
Gothaer Versicherungen
Gothaer Allee 1, 50969 Köln

Schwarz, Winfried
Rechtsanwalt
Bahnhofstr. 1, 89073 Ulm

Schwarz, Wolfgang
Rechtsanwalt
Wallstr. 2, 79098 Freiburg

Schwarz-Schilling, Gabriela
Rechtsanwältin und Notarin
Marburger Str. 2, 57223 Kreuztal

Schweinitz, Guido Graf von
Rechtsanwalt
Koblenzer Str. 99 – 103, 53177 Bonn

Sievers, Kurt
Rechtsanwalt
Almsstr. 20, 31134 Hildesheim

Smentkowski, Ulrich
Gutachterkommission f. ärtzl.
Behandlungsfehler b.d. Ärztekammer
Nordrhein
Tersteegenstr. 31, 40474 Düsseldorf

Smets, Matthias
AXA-Colonia Versicherung AG
Colonia-Allee 10 – 20, 51067 Köln

Sponheimer, Franz-Rainer
Rechtsanwalt
Oberanger 36/III, 80331 München

Stegers, Christoph-M.
Rechtsanwalt
Leopoldstr. 10, 44147 Dortmund

Stein, Sonja
Rechtsanwältin
Alte Poststr. 4, 70173 Stuttgart

Steldinger, Beate
Rechtsanwältin
Oberfeldweg 3, 83209 Prien

Stelzl, Dr. Stefan
Rechtsanwalt
Wegenerstr. 5, 71063 Sindelfingen

Stobrawe, Sabina
Rechtsanwältin
Hauptstr. 79A, 63486 Bruchköbel

Stöber, Alfred G.
Rechtsanwalt
Arnoldstr. 9, 99734 Nordhausen

Tacke, Wolfram
Rechtsanwalt
Ostring 6, 47441 Moers

Tacke, Dr. Andreas
Hannover Rückversicherungs AG
Karl-Wiechert-Allee 50, 30625 Hannover

Teichner, Matthias
Rechtsanwalt
Alsterarkaden 12, 20354 Hamburg

Teipel, Frank
Rechtsanwalt und Notar
Bundesplatz 8, 10715 Berlin

Theissen-Graf Schweinitz, Ingobert
Rechtsanwalt
Eilper Str. 60, 58091 Hagen

Thiemann, Ilse
Continentale Sachversicherung AG
Ruhrallee 92 - 94, 44139 Dortmund

Thimm, Hans-Joachim
Barmer Ersatzkasse
Untere Lichtenplatzer Str. 100-102
42289 Wuppertal

Tholen, Heiner
Rechtsanwalt
Alexanderstr. 127, 26121 Oldenburg

Uden, Dirk
Badischer Gemeinde-Versicherungs-Verband
Durlacher Allee 56, 76131 Karlsruhe

Uphoff, Dr. Roland
Rechtsanwalt
Pützstr. 34, 53129 Bonn

Urschbach, Dr. Roland
Rechtsanwalt
Adam-Karrillon-Str. 23, 55118 Mainz

Visse, Edmund
Rechtsanwalt
Widukindstr. 19, 49477 Ibbenbüren

Vogelbruch, Jürgen
Rechtsanwalt
Kurt-Schumacher-Platz 11-12,
44787 Bochum

Wachenheim, Otmar
Rechtsanwalt
Ludwigstr. 7, 77933 Lahr

Weber, Dr. Beate
Gutachterkommission f. ärztl.
Behandlungsfehler b.d. Ärztekammer
Nordrhein
Tersteegenstr. 31, 40474 Düsseldorf

Wegner, Matthias
Rechtsanwalt
Schlichtungsstelle für
Arzthaftpflichtfragen
Berliner Allee 20, 30175 Hannover

Weidinger, Patrick
DBV Winterthur
Leopoldstr. 204, 80804 München

Weltin, Mechthild
Rechtsanwältin
Königsallee 14, 40212 Düsseldorf

Weltrich, Herbert
Vorsitzender der Gutachterkommission
für ärztl. Behandlungsfehler b.d.
Ärztekammer Nordrhein
Tersteegenstr. 31, 40474 Düsseldorf

Wemhöner, Dr. Gabriele
Rechtsanwältin
Ostring 15, 59007 Hamm

Wenz, Dr.med. K.F.
Medizinischer Dienst der
Krankenversicherung
Gabelsbergerstr. 2a, 97080 Würzburg

Wessel, Dr. Joachim
Rechtsanwalt
Hohenstaufenring 62, 50674 Köln

Weufen, Karl Heinz
Rechtsanwalt
Barbarossastr. 29, 41061
Mönchengladbach

Winkler, Cornelia
Rechtsanwältin
Sophienstr. 4, 80332 München

Wolf, Dr. Gerhard
Rechtsanwalt
Brüderstr. 32, 59555 Lippstadt

Wolters, Dr. Jürgen
Rechtsanwalt
Wilhelm-Waldeyer-Str. 14, 50937 Köln

Zacharias, Dr. Franzjosef
Rechtsanwalt
Am Westerntor 6, 33098 Paderborn

Zierau, Roland
Rechtsanwalt
Westliche 41, 75172 Pforzheim

Zimmermann, Robert
Rechtsanwalt
Apfelstr. 26 – 28, 52525 Heinsberg

Zurstraßen, Arno
Rechtsanwalt
Clarenbachstr. 4, 50939 Köln

Arbeitsgemeinschaft Rechtsanwälte im Medizinrecht e.V.

Gutachterkommissionen und Schlichtungsstellen
Anspruch, Praxis, Perspektiven
1990. X, 174 S.
ISBN 3-540-52774-5

Die ärztliche Behandlung im Spannungsfeld zwischen kassenärztlicher Verantwortung und zivilrechtlicher Haftung
1992. VIII, 144 S.
ISBN 3-540-55438-6

Die Budgetierung des Gesundheitswesens
Wo bleibt der medizinische Standard?
1997. X, 163 S.
ISBN 3-540-63071-6

Zulassung und Praxisverkauf
Ist das GSG partiell verfassungswidrig?
1997. VIII, 199 S.
ISBN 3-540-63502-5

Arzneimittel und Medizinprodukte
Neue Risiken für Arzt, Hersteller und Versicherer
1997. XII, 201 S.
ISBN 3-540-63500-9

Krankenhaus im Brennpunkt
Risiken - Haftung - Management
1997. VIII, 194 S.
ISBN 3-540-63505-X

Medizinische Notwendigkeit und Ethik
Gesundheitschancen in Zeiten der Ressourcenknappheit
1999. VIII, 187 S.
ISBN 3-540-64855-0

Medizin und Strafrecht
Strafrechtliche Verantwortung in Klinik und Praxis
2000. VIII, 189 S.
ISBN 3-540-66631-1

Waffen-Gleichheit
Das Recht in der Arzthaftung
2001. Ca. 200 S.
ISBN 3-540-41800-8
In Vorbereitung

GPSR Compliance

The European Union's (EU) General Product Safety Regulation (GPSR) is a set of rules that requires consumer products to be safe and our obligations to ensure this.

If you have any concerns about our products, you can contact us on ProductSafety@springernature.com

In case Publisher is established outside the EU, the EU authorized representative is:

Springer Nature Customer Service Center GmbH
Europaplatz 3
69115 Heidelberg, Germany

Batch number: 10844675

Printed by Printforce, the Netherlands